广元皇泽寺
文物保护维修工程报告

皇泽寺博物馆　编

罗宗勇　主编

文物出版社

北京·2010年

《广元皇泽寺文物保护维修工程报告》编委会

主　编　罗宗勇

副主编　王剑平　梁咏涛

编　委　（按姓氏笔画排列）

张　宁　张建荣　陈　洁　陈　钢

吴春丽　杨瑞清　唐志工　秦小萌

盛　涛　黄晓芳　魏　飞

图书在版编目（CIP）数据

广元皇泽寺文物保护维修工程报告/皇泽寺博物馆编，罗宗勇主编．

—北京：文物出版社，2010.4

ISBN 978-7-5010-2713-2

Ⅰ．广… Ⅱ．皇… Ⅲ．佛教－石窟－文物保护－研究报告－广元市

Ⅳ．K879.29

中国版本图书馆 CIP 数据核字（2009）第 032446 号

广元皇泽寺文物保护维修工程报告

编　者　皇泽寺博物馆

主　编　罗宗勇

封面题签　苏士澍

装帧设计　周小玮

责任印制　陈　杰

责任编辑　李克能　王　戈

出版发行　文物出版社

地　址　北京市东直门内北小街 2 号楼

　　　　邮政编码　100007

　　　　http://www.wenwu.com

　　　　E-mail：web@wenwu.com

制版印刷　北京美通印刷有限公司

　　　　北京燕泰美术制版印刷有限责任公司

经　销　新华书店

版　次　2010 年 4 月第 1 版第 1 次印刷

开　本　889×1194　1/16

印　张　21.5　插页 1

书　号　ISBN　978-7-5010-2713-2

定　价　350 元

目　　录

插 图 目 录

实 测 图 目 录

彩 色 图 版 目 录

序

孙　华

　　广元市皇泽寺博物馆编撰的《广元皇泽寺文物保护维修工程报告》就要出版了，担任此书主编的罗宗勇先生请我为此书写篇序。二十五年前，我曾在四川绵阳地区从事文物工作。那时广元县是绵阳地区最北面的县，我因工作缘故多次到过广元，并且因广元县是当时绵阳地区文物志编写的试点县，还在广元住了好几个月，以便协助广元县文物管理所编写《广元县文物志》。1984年离开绵阳到北京大学读书和工作后，我也经常前往广元。2000年暑期，我带领我校首届文物建筑专业的学生在广元进行暑期实习，我与罗宗勇先生也就是那时相识的。2001年秋冬，北京大学考古文博学院在四川举办"佛教考古研究生课程进修班"，课堂教学阶段也是在广元进行的。我因为负责该班教学行政管理事务的缘故，在该课程进修班的筹备、开学、期中等阶段，都曾经到过广元。2001年，北京大学考古文博学院与成都市文物考古研究所等单位共同进行"四川石窟寺考古"的科研项目，按照马世长等先生的建议，最先启动的工作就是四川北部石窟的考古调查。广元石窟是四川石窟寺最早遗存所在地，四川石窟内容总录、考古报告和专题研究，自然先要从广元开始。我因在四川工作过，与参加合作诸方都比较熟悉，被大家推举为四川石窟考古项目的联络人，这些年多次前往广元，与罗宗勇先生经常交往，通过相互了解，逐渐成为朋友。据我所知，罗宗勇先生是学美术出身，有很好的审美修养，又爱好古代文物，以前主持苍溪县文化馆工作时，就将苍溪县的群众文化和艺术创作搞得有声有色。他担任广元市文物管理所负责人，广元市的文物工作也取得了长足的进展。在皇泽寺保护、修缮和环境治理工程中，能够以文物保护的原则和理念为准绳，严格按照上级主管部门批复的保护内容和范围，圆满地完成相关工作。现在，罗宗勇先生请我给这本书写序言，我不仅不能推辞，而且很高兴地接受这个任务。

　　皇泽寺是四川广元市的著名寺院遗存。寺院位于在嘉陵江西岸的乌龙山下，与广元旧城隔江相望。这里山崖壁立，崖壁与江水之间又有一段缓坡，可以修建寺院，并给建筑和造像提供理想的空间。自从北魏河西和萧梁建康传来的佛教造像风气相继影响到广元一带以后，乌龙山东侧江边的坡地就成为崇信佛教的人们营建寺院的理想场所，寺后崖壁和寺前从崖壁上脱落的巨石，也成为佛教徒们雕凿佛教龛像的极佳对象。自南北朝后期以来，就有一些寺庙的赞助人在这里的石壁上凿龛造像，保存至今的编号为45号的中心柱窟诸龛，就是这个时期的遗留。稍后的隋代及初唐，皇泽寺造像活动达到高潮，其中最引人瞩目的俗称"大佛窟"的28号窟，按照广元市文物管理所王剑平先生的意见，应当是《续高僧传》卷十二所记隋文帝第四子蜀王杨秀为赞助人、高僧善胄主持开凿的蜀道尊像。皇泽寺的造像活动一直延续到盛唐，唐代中期以后，乌龙山下的凿龛造像活动就已经终止，广元城附近的佛教造像地点转移到了城北嘉陵江东岸的千佛崖。也正由于这个缘故，再加上武则天这个著名女皇帝又出生在广元，这座寺院因而也受到皇帝的恩泽，"皇泽寺"的名称大概从武则天得势后就有了。也是从寺院被冠以"皇泽"之名后，大佛窟前靠近崖壁的"依岩为楼"的殿宇中，就有一座供奉武则天夫妇的"真容殿"。这个武则天真容殿及其附属建筑构成的"则天庙"，是唐以后皇泽寺中最吸引人的去处，两宋文人游览皇泽寺的诗文和当时志书的记载都说明了这一点。元代以后，则天庙与皇泽寺都被毁，明代和清代重建皇泽寺时却没有再重建祭祀武则天的殿堂庙宇，就连还保存着的武则天石像，清人都还有是否保存之议。皇泽寺在明清时期，从唐宋偏重祭祀则天武后回归到初唐以前纯粹的佛教寺院，从某种角度反映了当地人们观念的微妙变化。因此，从某种意义上来说，皇泽寺文化遗产的价值不仅仅是因为这里有四川早期的佛教造像，而且还因为这里是孕育武则天以及受到武后"皇泽"的历史纪念地。1949年后重新在皇泽寺中修建的新则天殿，也说明了在新的历史观影响下人们对皇泽寺衍生文化价值的认识。

皇泽寺在清代末期及民国年间已经相当破败，但自古以来的寺院地貌环境还基本保留。20世纪50年代修建的宝成铁路从皇泽寺中通过，将寺院拦腰截断，形成了一个分隔寺院前部与后部的隔离带。随后修建的与铁路平行的上西公路，更加宽了这个隔离带。从此，皇泽寺前部毁弃，缩小了的皇泽寺只包括寺后崖壁区的佛教造像，武则天父母造像所在的寺前巨石区（写心经洞区），已经被两条道路分隔在寺外乡民的住房旁边。我们知道，皇泽寺原先是坐落在山水之间的坡地上，前有宽阔的嘉陵江水，后有壁立的乌龙山，广元旧城与寺院隔江相望，寺院景观非常宜人。自铁路和公路穿寺而过以后，皇泽寺的风貌景观已经完全改变。20世纪后半叶去过广元皇泽寺的人，都会得到这样一个印象：皇泽寺摩崖造像前有宝成铁路和上西公路，皇泽寺仅存崖壁区前一块地势局促的狭长区域。这块小小的区域，顺着铁路与崖壁之间的空地，从南向北密集分布着红军碑林展览馆、广元市文物管理所办公室及文物库房、五佛亭、宋墓石刻、魁星阁、大佛楼、小南海等建筑物和构筑物，留下的空地已经很少。钢筋混凝土的仿古覆室和窟檐不仅加重了地面和崖壁的负担，而且建筑造型很难看，缺乏仿古建筑应有的美感。那座为皇泽寺最庄严精美的造像龛遮蔽风雨的大佛楼，原为重檐三层，下檐两层加在一起的高度还比上檐低许多，再加上出檐处理欠妥等问题，整座建筑给人以头重脚轻、比例失当的感觉。那座用作红军碑林展览馆的建筑物，其承托屋顶大部分重量的檐柱、柱础直接落在石构台基边缘，并且为了保证室内空间，檐柱间还垒砌了檐墙。整幢仿古建筑不仅全然没有古建筑出檐深远、台基崇厚的感觉，而且从该建筑物启用后就成为危房。造成皇泽寺原先这种状况，其原因是多方面的，除了铁路和公路将皇泽寺限制在路西的狭小范围外，皇泽寺博物馆及广元市文物管理所还担负着广元市辖区内文物的管理、抢救保护任务也是一个重要原因。由于在广元市区调查、发掘和征集的历史文物只能保管在皇泽寺的库房里，故广元市区征集的川陕革命根据地的大型红军石刻也要保管和展示在这个区域内。狭小的空间与众多职能之间的矛盾，再加上当时设计水平、管理水平等限制，使得皇泽寺的附属建筑显得拥挤杂乱。恢复皇泽寺的文物环境，不仅是文物管理部门的长期企盼，也是广元当地人士的强烈心愿。

随着国家经济实力的增强，国家各部门对文物保护逐渐重视。20世纪90年代中期，铁路部门将横穿皇泽寺的宝成铁路改道。21世纪初叶，广元市政府又将寺庙前上下西坝公路改为下穿式隧道，并搬迁了皇泽寺前河边的居民。这为皇泽寺文物保护和环境风貌的恢复创造了条件。从21世纪初开展的皇泽寺文物保护修缮工程，是在皇泽寺文物保护规划的指导下开展的建设工作，主要包括了四项内容：一是对皇泽寺后摩崖造像所在崖体、边坡、保坎等进行加固，以防止出现滑坡、垮塌等灾害；二是用木材取代钢筋混凝土重建大佛楼（皇泽寺主要摩崖造像的窟檐）上层建筑，以减轻崖面的负荷，并采用仿唐建筑风格改变原先不古不今的大佛楼外观；三是按照唐风重建皇泽寺的山门、二圣殿、武氏家庙等建筑群，部分恢复寺院中轴线临水依崖的寺院建筑环境；四是将原先修建在皇泽寺内的红军碑林迁至南山森林公园，专门建立新的红军碑林展示馆，使皇泽寺的功能变得相对单纯。经过五年多紧张的施工，这些保护修缮和环境治理工程于2005年底全部完成。如果现在人们去皇泽寺参观可以发现，皇泽寺的面貌发生了很大的变化。隔着嘉陵江远远望去，黑瓦红墙的庙宇掩映在绿树丛中，古色古香的庙门临江而立，接纳来自水陆的来客。皇泽寺新建的山门、正殿、则天庙和改造过的大佛楼，由低到高依次排列，错落有致，古色古香。从山门进得寺来，拾级而上，瞻仰完女皇真容，便可在新改建的大佛楼上下及其两侧，观看精美的古代摩崖造像。最后在步出皇泽寺前，还可以在寺前别院观摩武则天父母造像的遗迹，遥想这位中国历史上著名女皇诞生地的昔日荣光，再也不会有呼啸而过列车的隆隆轮声打断观光者的历史沉思，再也不会有往来汽车鸣笛的噪音和带起的尘埃扰乱观光者的思绪，也不会再有那些不古不今的危楼和与皇泽寺无关的文物影响观光者的心情。

文物的保护、修缮和环境治理工作是一项经常性的工作，即使像石窟寺这样比较耐久的石质文物，文物本体也面临着日晒雨淋和地下水渗透所导致的崖面崩塌和雕像风化的威胁，文物环境更面临着城市化、现代化和庸俗化的影响。作为一个文物保护单位的管理者，除了有责任保护好这些文物本体免遭人为和自然的破坏外，对于文物环境也有义务逐步治理，使之更有利于文物本体的保护和管理，更能够满足社会公众对文物保护单位观览的要求。这就对基层的文博从业人员（尤其是他们的负责人）的业务素质和业务范围提出了更高的要求。就业务素质来讲，一个基层的遗址或纪念地的博物馆和文物保管所，其人员既需要有文物考古的专业背景，也需要有文化遗产保护和管理的专业知识，还应当有具体督导保护工程实施所需要的历史和美学修养。就业务范围来说，一个基层的文物保护和管理机构，特别是那些向公众开放的文物单位，除了需要关注文物安防、消防和游客管理方面的问题，研究所保护对象蕴含的价值，记录所保护对象发生的变化，发现所保护对象面临的威胁，监控保护工程的实施状况，以及不断用报告的形式将以上这些方面的内容公布给学术界和公众，这些都是基层文物保护管理机构应有的工作职能。广元市皇泽寺博物馆和广元市文物管理所这些年来一直注重包括皇泽寺在内的文物记录、勘察和研究，除完成了《广元市石窟内容总录》（其中《广元皇泽寺石窟内容总录》已经出版）外，还正在与其他科研机构合作开展编写《广元皇泽寺石窟考古报告》的基础工作。在皇泽寺保护维修工程告一段落后，收集有关工程资料，及时编写出保护维修工程报告，使人们了解工程的情况并检验工程的质量，给后人留下工程的资料，以评判工程的得失，这更是一件非常有意义的工作。编写文物保护维修工程的报告，虽然是承担该工程的设计单位和施工单位的职责，不过对于涉及多个项目的综合保护维修工程来说，当地文物保护管理机构也有义务协助甚至主动承担保护修缮工程报告的编写任务。广元市皇泽寺博物馆编写的这本《广元皇泽寺文物保护维修工程报告》，尽管内容还有一些不尽如人意的地方，但我们需要记住，这是一本由基层博物馆和文物保护管理机构编写的工程报告，报告的编写及其出版，本身就使人兴奋和感动。我们每年进行了多少文物保护修缮工程，迄今为止，又有几个工程得以编写和出版报告呢？

为此，我要在这里感谢广元市皇泽寺博物馆，感谢他们及时编写公布皇泽寺保护维修工程报告。

2010 年 2 月 18 日

于北京大学考古文博学院

前　言

　　皇泽寺位于广元市城西的乌龙山脚下，隔嘉陵江与老城区遥遥相望。它是纪念中国历史上唯一的女皇帝武则天的祀庙，寺内保存有历代石刻摩崖造像五十七龛，计一千二百余躯，是国务院1961年公布的第一批全国重点文物保护单位。

　　寺庙创建于北魏晚期，南朝梁武帝天监四年（505年），北魏政权派遣尚书邢峦为镇西将军，都督征梁、汉诸军事，其统军王足将兵入剑阁，所至皆捷，梁州十四郡地，东西七百里，南北千里，皆入于北魏，北魏在广元置西益州进行统治。随着军事上的占领，在北魏境内盛行的开窟造像的传统也很快传入广元。1983年在广元老城区出土的北魏延昌三年（514年）造像碑就是由来自梁、秦（今陕西汉中、甘肃天水一带）的显明寺比丘惠楞与平都寺比丘僧政所造。皇泽寺45、38号窟就开凿于这个时期。45号窟为三壁三龛式窟，窟内立中心方柱。38号亦为三壁三龛式窟，龛楣雕双龙交缠，龙首反顾。三壁三龛式窟在龙门石窟较常见，中心柱在巩县石窟中也很流行。当时来此做官的人多来自京城，如傅竖眼以及北魏宗室元法僧等都曾先后在此出任刺史。因此，45、38号窟带有更多的北方石窟因素，可以明显反映出来自京城洛阳的影响。

　　北魏末年，由于政权分裂，南朝萧梁政权曾一度重新占领该地。西魏废帝三年（554年），大将尉迟炯率军伐蜀，一举攻占成都，从此，四川纳入北朝版图。皇泽寺属于这个时期的造像数量比较少，多是一些小龛，其中15号窟规模要大一些，为方形平顶窟，正壁开一大龛，龛内造一坐佛二弟子二菩萨五尊像。主佛戴耳珰，着双领下垂袈裟，袈裟一角绕腹前，敷搭于左臂上，内穿僧祇支，腹部有十字形结带，袈裟下摆垂于须弥座前，形成悬裳座式，左手施与愿印，四指曲握桃形宝珠。造像趋于丰满健壮。

　　隋朝一统，虽时间短暂，但由于皇帝的提倡，佛教十分兴盛。皇泽寺在这个时期开凿出一窟规模最大、造像最精美的洞窟，就是编号为28号窟的大佛窟。28号窟为敞口、尖拱形大窟，窟高6.86米，宽5.55米，深3.6米。窟内造一佛二弟子二菩萨二力士七尊像，窟后壁浮雕天龙八部护法群像。主尊为阿弥陀佛，高4.9米。内圆外桃形头光，内重高浮雕尖角莲瓣一周。螺发，面相长圆，眉间白毫呈圆孔状，双目细长，鼻高直，嘴角略翘，有下颌线，耳坠花形圆珰垂肩。颈三道纹，着双领下垂式袈裟和袒右肩僧祇支，胸前有十字形结带，带尾垂于腹部。腹前大衣衣纹呈规则圆弧状下垂。左手前伸，掌心向外，四指略曲，中握如意宝珠。右手屈举施无畏印。裙摆垂至足背，略外撇，跣足，直立于束腰仰覆莲圆座上。二菩萨束发高髻，头戴三珠冠，面相长圆，耳坠圆珰垂肩，颈三道纹。戴宽项圈，中坠悬铃，饰臂钏、手镯，上身穿袒右肩衣并束带。璎珞粗大，交叉于腹前，交叉处饰铺首。另一道璎珞自双肩下垂横过足踝，中饰二龙抢宝珠。帔巾自双肩沿体侧下垂，绕臂后垂于座上。下身着长裙，腰束宝带，裙摆垂于足背上。整窟造像气势恢弘，装饰华丽，雕刻精细，实是隋代造像的代表性作品。据考证，此窟为隋文帝的儿子蜀王杨秀出资，长安净影寺的高僧善胄所开凿。

隋代末年，天下大乱，留守太原的李渊在其次子李世民的协助下，夺取了隋王朝的政权，建立大唐帝国。由于利州是控制进出四川的门户，军事位置非常重要，唐初在此置都督府。贞观元年（627年），由于当时的利州都督义安郡王李孝常在京城谋反被诛，唐太宗挑选武士彟来此出任都督。武士彟到任后，招辑叛亡，抚循老弱，社会很快就稳定下来。贞观二年，武士彟和夫人杨氏在寺内开窟造像，现在编号为12、13号。另外一件大事就是武则天的出生。《元丰九域志》云："武士彟为利州都督，生后曌于其地，皇泽寺有武后真容殿。"广元民间有乌龙感孕的传说，晚唐诗人李商隐在大中五年（851年）赴东川途中，经过利州时有感于这一传说写了一首《利州江潭作》来记叙这件事。诗题下自注："感孕金轮所"，说利州江潭是金轮皇帝武则天之母感龙而孕的地方。

690年，武则天当上皇帝以后，因为利州曾是自己的龙兴之地，加之她的父母曾在寺内开窟造像，故将原有的寺庙更名为皇泽寺，取其"皇恩浩荡，泽及故里"之意。《广元县志》记："武后秉正，建皇泽寺，至今乡号则天焉，或曰寺已前有，则天复修，更名皇泽。"寺庙在北魏晚期就已存在，武则天重修后更名皇泽寺，寺庙北面的坝子五代时称则天坝，有乡号则天乡。

初唐、盛唐时期应是皇泽寺历史上比较繁荣的时期，这可从寺内保存的摩崖石刻造像主要是这一时期的遗存得到证实。这个时期的造像多为一佛二弟子二菩萨二力士七尊像的组合，多为中小型龛，显现出民间信仰的情况。代宗广德元年（763年），颜真卿自蓬州长史迁为利州刺史，曾在皇泽寺写《心经》一卷。到中晚唐时，寺内的造像活动似乎就停止了。宝历二年（826年），当时的利州刺史曾出资维修皇泽寺，这次维修的情况被记录在13号窟口的《并修西龛佛阁记》中。从碑题看，当时的维修活动规模比较大，不仅修了佛阁，可能还对寺内其他建筑进行了维修。皇泽寺由于位于州城之西，又被俗称为"西龛"。

皇泽寺在五代后蜀广政二十二年（959年）曾进行过一次大规模的维修，主持此次维修工作的是"昭武军节度使管界沿边诸寨屯驻都指挥使北路供军粮□使检校太傅李奉虔"，事见"大蜀利州都督府皇泽寺唐则天皇后武氏新庙记"碑。该碑1954年修宝成铁路时在寺内出土，现陈列在则天殿内。碑文中记：由于旧庙地势欹斜，李奉虔重修新庙，规模为"殿肆间，对廊肆间并两廊及别塑神像"，并添置了各种设施，有红罗帐、镀金熟铜香炉、准帘并帘钩、红滔全蜡烛台、黑漆立柜、朱漆书案、朱漆砚台、小油画墨子、金漆桌子、五水大锅等家什。除了以上所做工作外，为了保持寺庙的长远发展，还给寺庙添置了地产。"山坝壹段计叁拾贰亩，东接水溪为界，南接石荡溪为界，西至雍公坉后面亚溪为界。坝田三契合为一段计叁拾亩，南畔与贾进豪地连界，从东畔河岸一直量至西畔任洪集、广行周地连接为界，计六十八亩。西畔何黄地界一直量至河岸为界，计七十五丈。一契使钱柒拾伍贯文，省除并别支钱伍贯文，省除于白沙里百姓高师全处绝价买得山田……一契使钱壹拾伍贯伍佰伍拾文，省除于白沙里百姓侠景重处绝价买得坝田壹段计……一契使钱壹拾贯文，省除于白沙里妇人何黄处绝价买得坝田壹段计肆亩半"。根据碑文记载和现今地貌，可以推断这些地产就位于寺庙北侧现上西坝一带。

皇泽寺经过唐、五代的发展，到宋代时，多妆銮佛像之举和游人的题记。但自宋代开始，有关皇泽寺的记载逐渐多起来，皇泽寺已经成了利州的一处名胜古迹，是文人墨客的游览之地。除北宋年间的《元丰九域志》中的相关记载外，司马光年轻时曾在此读书，也写有《题读书台》诗。诗云："舟航日上下，车马不少闲。近邑辖商贾，远峰自云烟。"他的另一首《题宝峰亭》诗云："髻鬟乌奴翠，衣带嘉陵碧。"诗中提到的乌奴即皇泽寺背靠的乌龙山。《舆地纪胜》记：皇泽寺"在州城西北渡二里，有唐高宗、则天真容，倚岩为楼，俗传为阿武婆婆梳洗楼（又叫天后梳洗楼）"。在利州城西还有"则天顺圣皇后庙"。在"州西告成门外，旧碑云：其母感溉龙而生后，庙旧号则天金轮皇帝庙。嘉定乙亥（1215年）运使曹彦约谓理有未安，乃改曰则天顺圣皇后庙，唐李义山有感孕金轮所诗意即此地也"。"狄梁公祠，在则天庙内"。另外，在城北还有天后故宅。"旧经云，报恩寺在州城北一里，即唐天后故宅，蜀明德二年立为院"。

宋末元初，由于蒙古和南宋长期在四川交战，广元又是元兵盘踞的据点，所以社会生产遭到了极大的破坏。皇泽寺可能没有经济上的来源，也就衰败了。一直到明初，才得到恢复。景泰六年（1455年），利州卫右所一个叫王道的人和他的家人出钱在寺内修佛龛，万历年间进士黄辉也曾和其上司在皇泽寺泛月纪兴，并有诗作留下。当时的皇泽寺新修了一些殿宇，有山门、大雄宝殿、关帝庙、铁观音殿等。大雄宝殿塑有佛像，关帝庙塑关羽像，铁观音殿供有三尊铁观音，可惜在20世纪60年代被毁。另外，寺内还供奉有武后石刻像，为菩萨装扮，从造像风格看应该是明代雕刻的作品。但是，到了明代晚期，寺庙就又荒废了。天启年间，广元县令陈鸿恩在《皇泽寺书事碑记》中记："寺在治河之西，上负悬崖，下瞰洪流，城郭千家，桑麻四野，颇堪极目，簿书之暇，间从眺游焉，而荒芜圮废，唐人石刻漫灭不可寻……今刻石树栏，以存遗迹。寺旁有地一块，土民好善者施之寺中，被人侵没，清出已成室矣，倍取其贾十金，另置付僧道清看守。"

在此后六十多年中，由于明末战乱和吴三桂叛乱，战争不断，皇泽寺一直缺乏修缮，昔之殿宇，端严金碧辉煌者，尽为虎穴鹿场。直到清康熙二十六年（1686年），皇泽寺才从根本上得到了修复，在寺内中心柱窟内有一则题记专记其事。其云："皇泽寺刹，其来尚矣，余丙寅之秋，节锁汉寿，见殿宇久圮，如来像蔽，感念捐资，率众标员起建殿宇，庄严法像，梅月兴工，阳月告

图1　广元皇泽寺（1908年摄）

图2　皇泽寺大佛窟（1908年摄）

成，勒石以志。"建成的寺院一依明代旧例，最下层紧靠河边的是戏楼，第二重为大雄宝殿，第三重为观音殿。武后石刻像存放在现则天殿后紧靠崖壁的一个小龛内。乾隆年间县令张赓谟进寺所观的武后像即此像，并为此写了《不扑武曌石像说》一文。在他主编的《广元县志》中也有对此像的记载，并和朋友在此题诗应和。诗云："江山何逼仄，古寺抱崖开。亭自江心见，泉从佛顶来"，生动地记述了皇泽寺背山面水、抱崖而建的特点，亭台楼阁倒映江中，寺内泉水淙淙好像从佛顶上流下来。至今小南海泉水甘甜清冽，乃是品茗之佳品。光绪末年，著名画家马履安来广元讲学游皇泽寺时，受到当时云山方丈的盛情接待，为皇泽寺留下了兰花画册，宣统二年勒石上碑，现仍陈列在皇泽寺内。

　　1908年，德国建筑师恩斯特·柏石曼（Ernst Boerschmann）西游四川时，第一次拍摄了皇泽寺的图片（图1、2）。1914年，法国人色伽兰等调查了皇泽寺，并拍摄了一些图片，发表在他所著的《中国考古图录》中。从图片来看，当时的皇泽寺规模已经很小，建筑多为小青瓦屋面，寺内有两棵古树，裸露在崖壁上的摩崖造像也没有建筑保护，整个情况显得比较残破。另外，他还拍摄了石刻造像，当时都还保存得相当完好，而这些造像在后来都有所损毁，因此，这批资料就显得十分珍贵（图3、4）。1939年8月，梁思成、刘敦桢等先生也曾来此调查石刻造像。他们拍摄了皇泽寺大部分龛窟，保存了一批十分珍贵的资料。

　　1949年后，百废待兴，经济建设任务很重。50年代，沟通西南大动脉的宝成铁路不得不从寺内穿过，将皇泽寺从中一分为二，河边部分逐渐变为民房，铁路以内的部分则由文管部门逐年修葺，对外开放。1961年，皇泽寺石刻摩崖造像被国务院公布为全国重点文物保护单位。1962年3月，郭沫若为皇泽寺题写"政启开元治宏贞观，芳流剑阁光被利州"的对联。1963年5月，国家名誉主席宋庆龄应广元文物部门的请求，为皇泽寺题写了"武则天是中国历史上唯一的女皇帝，封建时代杰出的女政治家"的题词。1966年4月19日，郭沫若偕夫人于立群来广元考察文物，先后参观了皇泽寺、千佛崖等。4月20日下午，郭沫若在广元县文化馆为皇泽寺作五言诗一首。

图 3　皇泽寺（1914 年摄）　　　　　　图 4　皇泽寺 45 号窟（1914 年摄）

诗曰："广元皇泽寺，石窟溯隋唐。媲美同伊阙，鬼斧似云冈。三省四通地，千秋一女皇。铁轨连西北，车轮日夜忙。"七八十年代，文物部门相继修建了大佛楼、则天殿、五佛楼、蚕桑亭、茶楼、红军石刻标语碑林等建筑，使皇泽寺渐具规模。90 年代中期，宝成复线建设，横亘在皇泽寺前近半个世纪的铁路改线绕后山穿洞而行，为皇泽寺的发展创造了十分有利的条件。皇泽寺的建设和保护工作也提上了议事日程。1998 年 8 月，中国文物研究所和四川省文物考古研究所完成了《四川省广元皇泽寺摩崖造像抢险保护工程设计方案》。

1999 年 4 月，铁道部科学研究院西北分院承担了皇泽寺大佛楼周围坡体病害的地质勘察工作。提交了《广元皇泽寺坡体病害地质报告》。10 月，山东省文物科技保护中心开始设计皇泽寺大佛楼改造方案。2000 年 1 月 30 日，《四川广元皇泽寺大佛楼（改造）设计方案》完成。2 月，广元市人民政府批准，同意按该方案对大佛楼实施改造。

2000 年 6 月 26 日，皇泽寺坡体病害整治工程正式开工，8 月 20 日完工。该工程总投资人民币 90 万元，由国家文物局拨款支付。

2002 年 6 月 28 日，皇泽寺大佛楼改造工程开工，9 月 26 日主体工程完成。2002 年 9 月，《广元皇泽寺石窟文物保护规划》完成。该规划由中国建筑设计院建筑历史研究所设计，并于 2003 年由国家文物局正式批准实施。

2004 年 2 月 8 日，按照《文物保护规划》的要求，皇泽寺第二期改扩建工程正式动工。市委、市政府投资近 3000 万元，搬迁了沿河居住的二十余户居民，并由水电农机局施工，修建了嘉陵江河堤，将寺庙前连接上、下西坝的公路改为下穿式隧道。同时，文物部门投入近 2000 万元的资金完成寺庙仿建区的山门大殿、正殿、武氏家庙、角楼、水榭、亭子、景区公路等主体建筑。2005 年 12 月 31 日，皇泽寺改扩建工程寺庙仿建区全部竣工。同年，广元市文物管理所又出资 60

万元，收购了位于景区北侧的原女皇山庄，并在原址修建了仿唐式建筑风格的 2000 余平方米的皇泽寺陈列馆。2006 年 11 月 20 日，皇泽寺创建国家 4A 级旅游景区通过国家旅游局专家组验收，一举创建成功。

经过近几年的建设，皇泽寺逐渐形成了三重大殿中轴式对称布局，水榭亭台散布，花草树木遍植。不仅扩大了参观面积、丰富了游览内容，也为文物保护创造了一个十分优美的环境。

欣逢盛世，皇泽寺迎来了历史上最为辉煌灿烂的时期。

上　编

石窟调查与研究

壹　皇泽寺石窟调查记

　　皇泽寺石窟坐落在四川省广元市西 1 公里的嘉陵江上游西岸，与东岸的千佛崖隔江遥遥相望，为第一批全国重点文物保护单位。20 世纪 50 年代及 60 年代初，发表过关于皇泽寺石窟的简介。在前人工作的基础上，我们又进行了调查。皇泽寺石窟现存龛窟 50 个，大窟 6 个，造像 1203 躯。现按时代顺序作简要介绍。

一　北朝后期造像

（一）中心柱窟（编号 45 号窟）

　　方形平顶窟，前凿窟门，窟中央凿中心方柱，窟室三壁各凿一大龛，龛中雕一佛二弟子二菩萨五尊像。龛顶雕七佛、八飞天，大龛两侧各开一小龛。中心柱一、二层四面各凿一龛，龛中雕一佛二菩萨三尊像。三壁上部凿千佛。

　　大龛作圆拱形，龛楣雕二龙交缠，龛尾龙首反顾。主佛高 110 厘米，肩宽 53 厘米，结跏趺坐于方座上。螺髻，圆形头光，外缘饰翘角莲瓣，身后为舟形通身大背光。着双领下垂大衣，内着僧祇支，右肩敷偏衫，大衣下摆呈同心圆纹披覆佛座上部，不露足。左手抚膝，右手反置膝上，中置宝珠，为降魔印。身躯扁平，肩稍窄，衣纹雕刻较浅，多用阴线。二弟子较小，高 55 厘米，肩宽 19 厘米，立佛座上，双足没入座中。圆形头光，着双领下垂衣及内衣，其中一弟子右肩敷偏衫。作拱手或双手交叠于胸状，一弟子捧方经箧。二菩萨高 94 厘米，肩宽 23 厘米，立于低圆座上。束发三珠小冠，发辫披肩，圆形头光外有桃形光。上身斜披络腋，佩手镯，帔帛自双肩横过膝间两道，再绕双臂垂于体侧。下着大裙，衣纹疏朗，基本用线刻出。龛内过去七佛高 13 厘米，作禅定印，掌中置珠。着双领下垂和通肩大衣两种服式，大衣下摆作两端向外扩展的造型。八飞天高 16 厘米，束攒天髻，上着短衫，腰束带，长裙曳空，帔帛绕双臂及肩后，迎风上扬。一手外扬，一手捧物，做飞翔状。大龛顶及两侧各浮雕十二排千佛，龛顶千佛中部凿小龛，中雕袖手小坐佛，龛外各一身立菩萨。大龛两侧龛中，坐佛高 5 厘米，面相方圆，坐束腰方座，着双领下垂大衣和内衣，披座呈半圆形，座下部作二层叠涩或覆莲八角座。唯正龛北侧龛佛为倚坐式，双足置长圆覆莲足踏上。大多施禅定印，掌心置珠。二胁侍弟子高 45 厘米，圆形头光，着双领下垂衣，立覆莲圆座上。多为双手合十，唯南龛西侧龛内左弟子双手捧宝珠，右弟子捧方经箧。

中心方柱由塔基、塔身及塔顶三部分组成。塔基高 27 厘米，边长 75 厘米。塔身为二层四面龛，每层由龛楣、龛身及龛座组成。第一层龛座高 33 厘米，边长 56 厘米，下部四角各卧一象，雕出头及前腿，中间雕莲花托博山炉。座上部为卐字栏杆，中辟踏道，上为尖楣圆拱龛，中雕一佛二菩萨。坐佛头残，圆形头光，舟形身光，着双领下垂衣，下摆两侧向外扩展，中垂圆弧衣纹，坐方座。二菩萨束发无冠，着裙，帔帛于双肩呈三角状，尖角上扬，立于圆莲座上。龛楣三重，上施莲瓣，中为椭圆垂帐，下为三角垂帐纹。一、二层佛龛间各面中部雕兽面，角雕地神托持。塔顶无座，四面两旁各凿一阿育王塔，塔龛中各一小坐佛。塔基三层，方形，龛上二重覆钵、五重相轮、摩尼珠塔刹。四面双塔间经后代磨平，中凿重妆题记。塔顶直达窟顶。柱通高 256 厘米。

此窟无直接开凿纪录，中心柱顶四面题刻，为宋、明、清历代重妆龛像记事。南大龛西侧及北大龛西侧，壁面遗有帔帛残迹，故知原有菩萨像被大龛打破，大龛造像风格与其他造像迥异。由此可以推断，此窟至少曾经历两次工程，第一次凿成中心柱、窟内千佛和大龛两侧造像，时当西魏或北周。第二次为大龛中造像改雕，约在初唐。

（二）38 号窟

位居皇泽寺迎晖楼二楼上，为一造像群，龛像多为唐代凿造，38 号窟居中。窟形为方形近平顶，前凿窟门（大多崩坍，仅存窟门上部），门楣上遗有双龙残迹。窟中三壁各凿一圆拱大龛，中雕一佛二菩萨三尊像，龛顶浮雕七佛、八飞天。正龛两侧后代各补凿一单身像龛。

坐佛高 111 厘米，肩宽 59 厘米（正龛像系后代敷泥改塑）。螺髻，面相略显长圆，上唇厚而翻凸。圆形头光，饰翘角莲瓣，外为舟形通身大背光。着双领下垂衣，内着僧祇支，右肩敷偏衫。肩宽，腰细，胸肌平直。衣纹疏简，多用阴线浅刻。一手抚膝，一手置膝上握珠，方座。二菩萨圆头光，外有桃形身光，束发三珠小冠，冠带垂肩。上身斜披络腋，饰项圈、手镯与 X 形交叉璎珞。腰束扎帛，下着曳地大裙。身肢修长，腹部微凸。龛内雕过去七佛，坐覆莲圆座，有舟形通身背光，交领衣，广袖垂于膝侧作扩展状，中垂圆形衣裾披座。飞天束攒天髻，上着短衫，腰束带，下着长裙，不露足，两臂及肩后帔帛上扬飞举，较中心柱窟飞天稍矮胖，双手或外扬，或持排箫、细腰鼓等做演奏状。小坐佛及飞天，仅刻出身形与衣纹大体走向，手法古拙。

此窟形制、布局及造像风格接近千佛崖三圣堂、皇泽寺中心柱等窟，应凿于西魏或北周，造型手法受麦积山石窟影响较多。

门拱北上方有题记一则，可以辨认"麟德二年（665 年）……过江同游此寺"等字，故知皇泽寺至迟建于唐初，高宗麟德年间已有游人西过嘉陵江来谒此寺。这为 38 号窟开凿的下限年代提供了佐证，也为研究皇泽寺历史增添了新资料。

二 唐代造像

（一）唐代造像（编号1~13号窟）

这一唐代窟群位于皇泽寺外铁道下方，造像多风化残泐，中有几窟凿陀罗尼经幢。第12、13窟为外方内圆双重窟，前室平顶，后室顶略呈弧形。13窟中雕一铺九尊像，后室门前为二力士像。12窟前室左下侧有一方唐碑，碑首浮雕供养人像十四身，男五女九，碑文漫漶。13窟前室左侧一唐碑，碑额作龙螭交缠，中凿圆拱尖楣龛，龛周垂幕，中一坐佛。碑文作："并修西龛佛阁记　益昌郡城江岸之□十里，有凿石古龛，龛有释迦如来像设并诸圣贤/为侍御之仪，□良……则……圣唐贞观二载郡武都督杨夫人/灵异如响建其……居诸而……□圣仪容……为风雨所浸，我太守北平公□于……舍净缯……/胜因遽□良工……水……一方……荣/大唐宝历二年岁次戊……"碑文表明，初唐太宗贞观年间，皇泽寺已由武则天父武士彟雕凿佛教造像。按广元于唐武德元年（618年）复为利州。七年（624年）置都督府，武士彟任都督，是年夫人杨氏生武后。贞观四年（630年）武氏离任，六年都督府罢置。武氏夫妻凿"□圣仪容"，正在都督任上。这就为研究皇泽寺造像史及武则天历史，又增添了新证。迨至敬宗宝历年间，该处称为西龛，建有佛阁，并续凿龛像。结合38号窟外壁唐麟德二年游人谒寺题记，皇泽寺史较之过去据五代后蜀广政二十二年（959年）碑所考，提早了几乎三百年。

（二）编号51号窟

位于皇泽寺五佛亭上，俗称五佛窟。其为敞口外方内圆大窟，窟口方形，内凿圆拱龛，龛顶略弧。平面作马蹄形，后部低坛上凿一佛二弟子二菩萨五尊立像。像后浮雕双树及人形化天龙八部护法像。

主佛高181厘米，肩宽46厘米，立于圆座上。椭圆形头光外有桃形光，中饰忍冬、火焰纹。螺髻，头部比例较小。面部上宽下窄，鼓腮，长颈刻三道纹。着双领下垂衣，内衣结带，衣带垂至腹部，右肩敷偏衫，衣纹用贴泥条与线刻结合表现。左手平举于胸，掌心向上，中置宝珠。二弟子高148厘米，肩宽36厘米，座式同立佛，圆形头光，着双领下垂袈裟及内衣。左弟子双手合十。右弟子左手于胸前执串珠，右手下放。二菩萨高156厘米，肩宽34厘米。戴三珠小冠，面相长圆，细颈。上身斜披络腋，饰项圈（缀悬铃）、臂钏和手镯，璎珞交叉于腹际，又绕身一道，帔帛横过膝间二道。左菩萨左手执拂，右手下垂提净瓶。右菩萨左手上举，右手下垂牵巾。

龛后壁雕镂空双树，立佛两侧各两排，每排二身八部像。自北至南，自上至下，分别为：

① 束发三珠冠，长耳及胸，着交领窄袖袍，伸右手食、中二指相捻（迦楼罗）；

② 着盔、甲，肩束披巾，下着长勒靴（天）；

③ 三头六臂，三面共戴一三珠冠，着交领窄袖袍，上下手托日月，中二手合十（阿修罗）；

④ 束发三珠冠，交领广袖长袍，面容瘦峻（紧那罗）；

⑤ 戴盔，肩披巾，头后伸一龙头（龙）；

⑥ 兽面冠，面目狰恶（摩睺罗迦）；

⑦ 束发三珠冠，头生尖角作火焰状，交领长袍，左手于胸前捻食、中二指（乾达婆）；

⑧ 卷发披至肩，口生獠牙，裸上身，右手托一裸体合十跪姿小儿（夜叉）。

五佛窟为马蹄形平面、穹隆顶式窟形，造像修身透清秀遗风，其时代似为隋或初唐。

（三）大佛窟（编号 28 号窟）

位居皇泽寺大佛楼上。敞口马蹄形平面，穹隆顶窟，中雕一佛二弟子二菩萨五尊立像，窟门两侧雕二力士，后壁浮雕人形化天龙八部护法像。

主佛立于仰覆莲圆座上，螺髻，耳坠圆珰，面相方圆，重颐，颈刻三道纹。圆形头光饰莲瓣及忍冬纹，外为桃形身光。着双领下垂衣，内衣结带，衣带垂于腹部。衣纹转折硬直，介于阶梯式与圆刀间的过渡形式。肩宽，身直，躯体少起伏。左手屈举胸前，中置宝珠。右手施无畏印。二弟子立于覆莲圆座上，有圆形头光。左弟子年老，着袒右肩衣及内衣，左手执香炉，右手握拳下垂。右弟子年轻，着双领下垂衣及内衣，左手捻串珠，右手上举捻拇、中指。二菩萨座式同弟子，束发三珠冠，发辫披肩。左菩萨冠中为化佛，右菩萨冠中为宝珠，可知此窟造像为阿弥陀佛、迦叶、阿难与观音、势至菩萨。上身斜披络腋，饰耳珰、项圈（缀悬铃）、臂钏和手镯。帔帛绕双臂垂于体侧，璎珞交叉于腹部，另一道自双肩沿体侧垂于足踝。左菩萨左手上举，右手下垂提净瓶。右菩萨左手执宝珠，右手上举。二力士袒上身，饰项圈，下着短裙，臂绕帔帛，立于山岩座上。南壁弟子、菩萨脚下浮雕一身供养人，高 67 厘米，戴幞头，着圆领窄袖长袍，下穿长勒靴，双手合十。

后壁浮雕八部像，自北至南依次为：

① 人像（紧那罗），已残毁；

② 头戴盔，盔缨作珠饰（乾达婆）；

③ 虬髯，戴兽首冠，颈绕兽足，左手执圜首剑（摩睺罗迦）；

④ 三面六臂，上二手举日月，中一手举折尺状物，头戴三珠冠，三面中正面作慈悲相，另二面一作凶恶一作笑面（阿修罗）；

⑤ 束发三珠冠，头侧一龙（龙）；

⑥ 束发三珠冠，发顶作缨冠状，鸟嘴（迦楼罗）；

⑦ 戴盔，着甲胄（天）；

⑧ 残毁（应为夜叉）。

大佛窟形制、布局接近五佛窟，而像容渐趋丰满，组合中多了两身力士，后壁未雕双树。雕饰精美，刻画入微，确为初唐时期的代表性作品。窟北侧下层一方龛中，雕一身四臂观音立像。头残，有冠迹。圆形头光，中饰忍冬纹，身后为舟形身光。身饰项圈与璎珞，帔帛横过膝间一道，立于圆座上。一手于胸前握净瓶，一手上举拂尘，一手外扬执金刚杵，一手伸举握环。

皇泽寺石窟现存窟龛，雕造于北朝晚期，盛于唐代，与千佛崖石窟同为广元地区的重要石窟。从洞窟形制、造像风格诸方面看，接近于中原北方石窟，为探索四川地区石窟艺术的源流及演变，提供了重要的依据。将皇泽寺石窟的资料与千佛崖石窟资料综合研究，应对四川石窟的研究起推动作用。

（广元市文物管理所、中国社会科学院宗教所佛教室）

贰　皇泽寺石窟调查续记

皇泽寺石窟位于广元市城西 1 公里的乌龙山脚下，隔嘉陵江与城区遥遥相望。皇泽寺之名，大约始于唐代，现存寺内后蜀广政二十二年（959 年）碑，碑题作"大蜀利州都督府皇泽寺唐则天皇后武氏新庙记"，文中称"寺内之庙，不知所创之因，古老莫传，图经罕记"。

皇泽寺也是供奉中国历史上唯一的女皇帝武则天的寺庙，《元丰九域志》记载："武士彠为利州都督，生后墨于其地，皇泽寺有武后真容殿。"皇泽寺之得名当与武后生于广元有关。据《广元县志》记："武后秉政，建皇泽寺，至今乡号则天焉；或曰寺已前有，则天复修，更名皇泽。"

寺内石窟现存 51 龛，其中较大的窟 6 个，造像数量 1200 余尊，主要分布在写心经洞区和大佛楼、五佛亭区。皇泽寺石窟的调查始于 1914 年，法国人色伽兰、法占等在调查四川崖墓、石阙时，也考查了广元、巴中等地的石窟，其中介绍了皇泽寺中心柱窟（45 号窟）和大佛窟（28 号窟）。50 年代，为配合宝成铁路的建设，四川省文管会的王家祐等在调查沿线文物时，对皇泽寺石窟进行编号并作了介绍。此后，相继有张明善、黄展岳、员安志、侯正荣、阎文儒、李巳生、胡文和、丁明夷等的调查活动。其中重要的有两次：一是 1962 年阎文儒的调查，对千佛崖与皇泽寺石窟作了初步的分期研究（《四川广元千佛崖与皇泽寺》，《江汉考古》1990 年第 3 期）；一是 1989 年中国社会科学院宗教所佛教室丁明夷等人的调查，对重要洞窟作了详细的介绍（《广元皇泽寺石窟调查记》，《文物》1990 年第 6 期）。

为进一步了解皇泽寺石窟的全貌，2000 年夏，北京大学考古文博学院、成都市文物考古研究所、广元市文物管理所三家单位又联合进行了调查。此次调查的编号是在 1989 年的基础上进行的，并对重要窟龛的编号尽量予以保留，不作改动。调查报告的编写，主要参考阎文儒和丁明夷等人的调查成果，特别是在对洞窟时代的判读上，结合两个人的观点，提出我们的意见，以供读者借鉴。

在对重要洞窟内容的记录上，由于《调查记》已经比较详细，这里不再重复相同的内容。现在就将此次调查的详细情况，予以介绍。

一　北朝时期

属于这个时期的窟龛有八个，分别为 45、15、33、34、35、37、38、46 号窟。

（一）45 号窟

俗称中心柱窟，敞口，方形平面，覆斗形顶，斗心即接中心塔柱柱顶，三壁开三圆拱形大龛，龛楣饰双龙交缠，龙首反顾。龛内造一佛二弟子二菩萨五尊像，三壁上部雕千佛，主尊舟形大背光，上饰九尊禅定小坐佛，边缘饰八飞天，三壁大龛两侧各开一圆拱形小龛。窟中央立方柱，两层，四面开龛，龛中造一佛二菩萨。《调查记》一文有详细介绍，并推断"此窟至少经历两次工程，第一次凿成中心柱窟，窟内千佛和大龛两侧龛像，时当西魏或北周，第二次为大龛中造像改凿，约在初唐"。此窟阎文儒编号为 5 号窟，时代定在梁大同元年到承圣二年（535～553 年），认为是南朝萧梁晚期之造像。我们认为，此窟造像经历了三次工程，第一次凿成中心柱窟、窟内千佛、交缠双龙以及龛楣之飞天，时当北魏晚期；第二次为大龛中造像之改凿，约在初唐高宗前期；第三次为三壁大龛两侧之补凿小龛，共六个，时代约在武周时期。

（二）38 号窟

三壁三龛式窟，龛内造一佛二菩萨三尊像。主尊舟形大背光，上饰七尊禅定小坐佛，边缘饰八飞天。《调查记》一文有详细介绍，并推断其时代凿于"西魏或北周"。阎文儒教授将此窟编号为 22 号，认为时代与 45 号窟同为梁大同元年到承圣二年。我们认为，此窟亦不是一次完成的，第一次完成了大龛龛楣之飞天，背光上七佛以及双龙之残迹，时间约在北魏晚期。三大龛内的造像与 45 号窟三大龛的造像相似，时间应接近，约在初唐。由于窟内经过清代的装修，掩盖了许多真实情况，但从窟门外尚未完工的双龙痕迹和南壁大龛背光上七佛只完成了六佛来看，此窟尚未完工就中途废弃了，直到初唐才又补凿完成。结合窟门上方"麟德二年……过江同游此寺"的题记可以推断，三大龛内的主像完工于高宗前期。

（三）15 号窟

位于寺内小南海上面的崖壁上，距地面 15 米左右，窟室平面方形，平顶，深 140 厘米，宽 167 厘米，高 175 厘米。正壁开一圆拱形大龛，高 175 厘米，宽 145 厘米，深 40 厘米。龛内造一佛二弟子二菩萨五尊像，龛口有二蹲狮。主尊结跏趺坐于束腰须弥座上，圆形头光，分别饰莲瓣纹、忍冬纹、宝珠纹一周。桃形身光，阴刻火焰纹，桃形光尖正中开一圆拱小龛，龛中雕禅定小坐佛一尊。主尊面相长圆，上眼睑比较大，磨光低平肉髻，躯体健壮，长耳饰环垂肩。着双领下垂袈裟，内有僧祇支，胸前十字形结带下垂，袈裟右侧一角横过腹前，敷搭于左臂上，下摆披覆座前，衣纹疏朗。右手上举施无畏印；左手前伸，施与愿印，掌中握桃形火焰宝珠。二弟子立于覆莲座上，形体较短，身形如柱，头大而颈短，内有僧祇支，外着双领下垂袈裟。左弟子双手相握抚于胸口，左手腕缠念珠。右弟子右手执经卷于胸部，左手下垂抚胸侧。二菩萨坐式同弟子，圆形头光，桃形身光，阴刻火焰纹。头戴束发三珠冠，宝缯垂肩，双耳饰环，戴项圈、手镯。上身斜穿内衣，束带作十字形结带，腹部微凸。自双肩沿体侧饰环形长璎珞，帔帛横于腹、膝前各一道，绕壁后下垂于莲座上。下着长裙，裙摆垂至足背。左菩萨右手握宝珠于胸前，左手执锁形饰环于腰部。右菩萨右手上举持柳枝，左手握瓶置于腰部。二菩萨面相丰圆，额稍宽，身躯修长，装饰华丽。

（四）33号龛

位于寺内迎晖楼内，圆拱形浅龛，高68厘米，宽56厘米，深26厘米，龛内凿一佛二菩萨。主佛倚坐于方形坐上，圆形头光，饰联珠纹一周，桃形身光，阴刻火焰纹。头残，着通肩袈裟，双手残失，立于长圆形足踏上。二菩萨立于低圆座上，头光二重，同于主佛。头戴低宝冠，颈饰项圈。自双肩沿体侧饰环形长璎珞，帔帛横膝一道，腰束带，下着长裙。左菩萨左手抚于腰部，右手上举胸前执物。右侧菩萨左手握瓶于胸侧，右手上举持柳枝。

（五）34号龛

圆拱形浅龛，高79厘米，宽74厘米，深19厘米，龛内凿一佛二菩萨。主尊结跏趺坐于方形座上，圆形头光，内层饰莲瓣，外绕两周联珠纹，桃形身光，阴刻火焰纹。螺髻，面部经过后代修补。外着双领下垂袈裟，内有僧祇支，于胸前作十字形结带。袈裟下摆披覆方座前部向两侧八字形分开，中垂圆弧衣纹。二菩萨立于低圆座上，头光同主佛，破损严重。

（六）35号龛

圆拱形浅龛，高57厘米，宽47厘米，龛内凿一佛二菩萨。主佛螺髻，面相方圆，圆形头光饰莲瓣纹一周，联珠纹两周，桃形身光，阴刻火焰纹。主佛颈以下部分为后代妆修。二菩萨圆形头光，造像已不存。

（七）37号龛

圆拱形浅龛，高108厘米，宽94厘米，深33厘米，龛内凿一佛二弟子二菩萨，龛口有二蹲狮。主尊原倚坐于方形座上，经后代改塑成结跏趺坐，现只存头光为原物。圆形头光饰莲瓣纹一周，联珠纹两周，桃形身光阴刻火焰纹。二弟子立于主佛座上，着袈裟，左侧弟子残毁，右侧弟子双手相握抚胸。二菩萨立于覆莲座上，头光同于主佛，戴低宝冠，饰项圈。自双肩沿体侧饰环形长璎珞一道，帔帛横膝上两道，绕臂垂于座上，下着长裙。左侧菩萨左手握瓶放于腰部，右手执物上举，头部经后代妆修。右侧菩萨双手残。

（八）46 号龛

位于 45 号窟南侧下方，圆拱形龛，下半部分崩塌。残高 153 厘米，宽 160 厘米，内凿一佛二弟子二菩萨。主佛结跏趺坐于方形座上，圆形头光，近头处饰莲瓣纹一周，向外依次饰圆形宝珠纹两周、忍冬纹一周，桃形身光，阴刻火焰纹。磨光低平肉髻，面相方圆，双耳饰环垂肩，内有僧祇支，于胸前作十字形结带下垂。外着双领下垂袈裟，下摆一角横过腹前，敷搭于左臂上，右肩敷偏衫。主佛双手残失。二弟子立于低圆座上，形体较小，左侧弟子残失，右侧弟子着内衣及双领下垂袈裟，双手抚于腹部。左侧菩萨不存，右侧菩萨立于覆莲座上，圆形头光，饰莲瓣纹和圆形宝珠纹各一周，桃形身光，阴刻火焰纹，头戴宝冠，宝缯垂肩，双耳饰环，细颈，上身风化不清，自双肩沿体侧饰环形长璎珞，帔帛横于腹、膝各一道，绕臂垂于座上。下着长裙，腰束带，裙腰外翻，裙带自双腿间下垂。左手执锁形环，贴于腹部。右手握经卷于胸前。

二　隋至初唐太宗贞观时期

属于这个时期的龛窟有 28、12、13 号窟以及 15 号窟南、北壁补凿小龛。

（一）28 号窟

俗称大佛窟，位于皇泽寺大佛楼上，敞口摩崖大龛，马蹄形平面，穹隆顶，窟高 6.86 米，宽 5.55 米，深 3.6 米。窟内造一佛二弟子二菩萨二力士七尊像，后壁浮雕人形化天龙八部。《调查记》一文有详细介绍，并推断时代为初唐，阎文儒将此窟编为 8 号，并认为是隋代作品，我们认为此窟的时代应属于隋至初唐贞观时期。

（二）12、13 号窟

12、13 号窟位于写心经洞区南侧，两窟紧邻，窟门上凿有排水沟。两窟皆为敞口外方内圆拱形窟，外室平顶，内室马蹄形平面，穹隆形顶，内室高于外室，窟左侧皆立一长方形碑，碑首作龙螭交缠，内室圆拱形龛楣上浮雕桃形光，光尖中开一圆拱形帐形小龛，龛内饰一坐佛。两窟结构、形制都相同，为同时期开凿的一对组窟。

窟内造像都残毁殆尽，12 号窟外室有力士像残迹，两壁上方保存有一组较好的礼佛图。右壁一组五人，前为一僧人执香炉引导。第二、三人为女性，梳低平发髻，穿阔袖交领衣，下着长裙，脚穿翘头靴，双手执莲花。第四人为一男性，戴幞头，着交领窄袖长袍，腰束带，系香囊。第五人为一胡人形象，着袒右肩的短袍，下着裤，足蹬靴，右腋下挟方形拜毯。左壁一组九人，前为一小沙弥引路。第二人为男主人，束发，着圆领窄袖长袍，足穿靴，手持长柄香炉。第三人男性，头戴幞头，着圆领窄袖长袍，双手合十。第四、五人形体较小，应为男性侍者，第四人戴幞头，着圆领窄袖长袍，双手合十。第五人挟一拜毯，为一胡人形象，上身着圆领窄袖短袍，下着裤。后四人为女性，头梳低平发髻，着圆领窄袖长裙，披帔巾，手执莲花。外室左壁近窟口处遗有石碑一方，高1.22米，碑额刻龙螭交缠，正中开一圆拱形小龛，龛楣饰帷帐，龛沿饰联珠纹一周，龛外沿饰卷云纹。龛内造像已不存，原碑碑文已风化殆尽，《金石苑》卷二录有部分文字，但残缺较多，其意不明。

据其残痕推测，13号窟造像原造像应为一佛二弟子二菩萨二天王，龛口为二力士，力士脚下有二蹲狮，龛后壁浮雕菩提双树。主佛原应结跏趺坐，座基为六角形，转角处饰兽头。弟子立于兽吐莲茎托起的座子上，菩萨座下为宝瓶吐出的莲茎。二天王脚踩二地鬼，地鬼盘腿坐，双手向上托天王足。二力士立于龛口山岩座上，有圆形头光，臂绕帔帛，下着长裙，裙摆一长一短两重，裙带穿环打结自双腿间下垂至座上。外室左壁有唐碑一方，高1.46米，碑额刻龙螭交缠，正中开圆拱形尖楣龛，龛楣饰帷帐，龛沿饰联珠纹一周，内雕禅定小坐佛。原碑文被磨掉，现遗有晚唐时的妆修题记。碑文残存不多，据《金石苑》录文，内容为："并修西龛佛阁记　益昌郡城江岸之□十里有凿石古龛，龛有释迦如来像设并诸圣贤/为侍御之仪□良……则……圣唐贞观二载郡□武都督杨夫人/灵异如响建其……居诸而……□圣仪容……为风雨所浸/我太守北平公□于……舍净缙……/胜因遽□良工……水……一方……荣/大唐宝历二年岁次戊……"。

碑文表明，初唐太宗贞观初年，武则天的父母武士彟及夫人杨氏已经在寺内雕凿佛像，迨至敬宗宝历年间，所凿佛像为风雨所侵，当时的太守北平公出资对原有的武氏夫妇造像进行妆修，并建佛阁保护。据此可以推断12、13号窟为武氏夫妇所开凿，时间在贞观二年（628年）许。

（三）15号窟南、北壁补凿小龛

南壁小龛为圆拱形尖楣龛，龛楣阴刻火焰纹。龛基饰覆莲和联珠纹一道，龛内雕一佛二弟子。主尊结跏趺坐于长方形座上，座位下面为宝瓶，瓶口吐出盛开之莲花，雕出荷叶、莲蕾、莲茎托起主佛和弟子的座位。主佛有圆形头光，桃形身光，面相丰圆，磨光肉髻，两耳饰环垂肩，颈雕三道纹。内有僧祇支，胸前作十字形结带，外穿双领下垂袈裟，下摆披覆座前，右肩着偏衫。左手仰掌置腹前；右手上举，似施无畏印。二弟子立于圆座上，圆形头光，头部风化严重，面容不清。颈雕三道纹，着内衣及双领下垂袈裟，双手袖于腹前。

北壁小龛亦为圆拱形尖楣龛，龛楣阴刻火焰纹。龛基雕四个壸门，龛内雕一长方形坛，坛基上阴刻联珠纹环绕之宝珠和菱形纹，坛上雕一佛二菩萨。主佛结跏趺坐于长方形座上，座基部分雕覆莲和联珠纹各一周，余皆同于南壁小龛主佛。二菩萨立于覆莲座上，圆形头光，桃形身光，素面无饰。头部风化不清，饰耳珰，颈雕三道纹，袒上身，斜披络腋，下着长裙，帔巾系于裙腰垂于两侧。一手上举持物，一手下垂。

三 高宗、武周时期

属于这个时期的龛窟相对比较多，如45、38号窟的三壁大龛内的造像，17、18、20、22、25、39、40、42、43、51号龛等，其中45、38号窟三壁大龛造像和51号窟造像时代约在高宗前期，原《调查记》对有关内容有详细介绍。其余造像均为中小型龛，时间约在高宗后期至武周时期。

（一）17号龛

位于皇泽寺大佛窟北侧崖壁上，方形敞口，外方内圆拱形双重龛，外室高148厘米，宽126厘米，深30厘米；内室为马蹄形平面圆拱形龛，高127厘米，宽112厘米，深52厘米。龛内凿一佛二弟子二菩萨，龛口山岩座上有二力士，二狮蹲于龛口。主尊结跏趺坐于束腰方形座上，座上铺布，圆形头光，素面无饰。磨光馒头状肉髻，面相方圆，脸颊略内陷，颈饰三道纹。着U形领袈裟，右领一角搭于左肩，袈裟下摆披覆座前，右侧衣纹呈一大三角形，左侧衣纹折叠成三竖条状。双手残，经后代修复。主尊宽肩隆胸，薄衣贴体，不出衣纹。二弟子圆形头光，内着僧祇支，外着双领下垂袈裟，不出衣纹。左弟子双手合十，右弟子双手相叠抚于胸前。二菩萨立于低圆座上，右侧菩萨不存，左侧菩萨圆形头光，头残失，饰项圈、手镯，帔帛自双肩下垂横于腹、膝各一道，绕臂下垂体侧，璎珞以X形交叉于腹前。左手持物上举，右膝微屈。右侧力士不存，左侧力士圆形头光，头部经后代修补，袒上身，下着裙，臂绕帔帛，右手握拳上举头侧，左手下垂牵巾。

（二）18号龛

位于17号龛下方，敞口，外方内圆拱形双重龛，外室高151厘米，宽120厘米，深17厘米；内室为马蹄形平面圆拱形龛，高130厘米，宽101厘米，深54厘米。龛内雕一佛二弟子二菩萨，二力士立于龛口山岩座上，二狮蹲于龛侧。主尊结跏趺坐，圆形头光，桃形身光，素面无饰，头残，上身着U形领袈裟，右领一角敷搭于左肩上，衣纹由细阴刻线刻出，双手于胸前握珠。袈裟下摆披覆方座前部，右侧衣纹呈三角形，阴刻U形衣纹，左侧衣纹折叠成三竖条状。下为束腰方座，座上铺布，座基六边形，三重圆弧形叠涩。二弟子立于低覆莲圆座上，圆形头光。头残，内着僧祇支，外着双领下垂袈裟，双手合十于胸前。左弟子右肩敷偏衫。二菩萨座残，桃形头光，头戴束发低宝冠，额部略窄，面相上窄下宽。颈刻三道纹，戴项圈、手镯，璎珞呈X形交叉于腹前，帔帛自双肩下垂，横过腹、膝各一道，绕臂垂体侧，下着长裙，翻出半截裙腰，一长一短两片。左菩萨右腿微屈，左手上举持柳枝，右手下放体侧握瓶。右菩萨胸部扁平而内凹，显得造像头部前伸。二力士圆形头光，束发，面部风化，裸上身，臂绕帔帛，下着及膝裙。力士握拳上举头侧，一手下垂体侧牵巾。二狮风化残损严重。

（三）20 号龛

外方内圆拱形大龛，外室残，内龛高 209 厘米，宽 147 厘米，深 95 厘米，龛内凿一佛二弟子三尊像。主佛立于低圆座上，桃形头光，螺髻，面相方圆，颈雕三道纹。内着僧祇支，外着双领下垂袈裟，衣纹用细阴线刻出，左手前伸握珠，右手残。二弟子立于低圆座上，圆形头光，面相、衣饰同主佛。左弟子左手上举（残），右手于胸前握念珠，右腿屈。右弟子左手腹前握宝珠，右手斜上举前伸（残），右腿微屈。二弟子胸部扁平略内凹，显得整个造像头向前伸。

（四）19 号龛

外方内圆拱形双重龛，外室高 98 厘米，宽 82 厘米，深 15 厘米；内室为马蹄形平面圆拱形龛，高 86 厘米，宽 72 厘米，深 18 厘米。龛楣饰帷帐，龛内凿一佛二弟子二菩萨二力士二蹲狮。主尊结跏趺坐，桃形头光，素面无饰，头残，上身内着僧祇支，外着 U 形领袈裟，右领一角敷搭于左肩上，衣纹用细阴线刻出，双手残毁，座子为束腰矮方座。二弟子立于低圆座上，圆形头光，内着僧祇支，外着双领下垂袈裟，不出衣纹。左弟子头残，双手于胸前捧方形经盒。右弟子上身风化严重，双手拱于胸前。二菩萨亦立于低圆座上，胸以上残毁，袒上身，斜披络腋，下着裙，裙摆垂至足背，翻出裙腰，形成一长一短两片，一片作长方形，一片作圆弧形，帔帛横膝部一道，系于腰部。左菩萨右手下垂体侧牵巾，左手残。右菩萨左手牵巾，右手残，不出衣纹。二力士立龛口山岩座上，圆形头光，头残毁，袒上身，臂绕帔帛，下着及膝短裙。左力士右手上举头侧，左手下放体侧牵巾。右力士左手上举头侧，右手下垂牵巾。力士座前二蹲狮均风化残损严重。

（五）39 号龛

外方内圆拱形双重龛，外室高 179 厘米，宽 121 厘米，深 7 厘米；内室为马蹄形平面圆拱形龛，高 141 厘米，宽 70 厘米，深 117 厘米。龛楣饰帷帐纹，龛右下侧崩塌。

龛内造一佛二弟子二菩萨二力士七尊像，后壁浮雕菩提双树。主尊结跏趺坐，不露足，圆形头光，桃形身光，舟形背光。螺髻，面相方圆适中，颈三道纹，内着僧祇支，外着双领下垂袈裟，右肩敷偏衫。左手置膝上握珠，右手上举施无畏印，手指残。座子束腰高座，上部呈方形抹角并铺一层座布，座基为六角形，四层圆弧形叠涩。弟子、菩萨均立于莲茎托起的单层覆莲圆座上，弟子圆形头光，着内衣及双领下垂袈裟。左弟子为老者，双手合十于胸前。右弟子为青年，右肩敷偏衫，双手于胸前捧长方形经盒。二菩萨桃形头光，头戴束发低宝冠，面相方圆适中，颈雕三道纹，饰项圈、手镯、臂钏。袒上身，斜披络腋，X 形璎珞交叉于腹际，帔帛自双肩下垂，横于腹、膝各一道，下着长裙，翻出裙腰。左菩萨左手上举肩侧托珠，右手下放体侧牵巾。右菩萨腹以下已不存，左手下垂体侧牵巾，右手上举持物残。力士立于龛口山岩座上，只存左侧力士，圆形头光，束发饰珠，发带上翘，袒上身，臂绕帔帛，下着及膝短裙，右手上举头侧握拳，左手叉腰。其体形较小，不及盛唐力士之威猛。

（六）40 号龛

外方内圆拱形双重龛，下半部分崩圮。龛内原雕一佛二弟子二菩萨二力士七尊像，后壁浮雕双树，现存一佛二弟子上半身，菩萨、力士只存残迹。主佛圆形头光，饰莲瓣纹一周，桃形身光，光内点缀宝珠及莲花托宝珠纹饰。螺髻，面相方面适中，颈三道纹，内着僧祇支，外着双领下垂袈裟，右肩披偏衫。二弟子圆形头光，左弟子老者形，左手于胸前握珠，右手下垂体侧。右弟子年轻形，右肩敷偏衫，双手于胸前捧方盒。右侧菩萨头光同于主佛，束发低宝冠，发辫披肩，饰项圈，袒上身，斜披络腋，X 形璎珞交叉于腹际，帔帛自双肩下垂，横过腹、膝各一道。右侧力士圆形头光，左手展掌上举头侧，掌心向外。

（七）43 号龛

外方内圆拱形双重龛，外室方形，高 151 厘米，宽 120 厘米，深 15 厘米；内龛为马蹄形平面圆拱形龛，高 126 厘米，宽 105 厘米，深 70 厘米。龛内雕一佛二弟子二菩萨二力士，龛口二蹲狮，龛后壁浮雕菩提双树。主佛结跏趺坐，圆形头光，桃形身光，螺髻，面相方圆适中，颈三道纹。内着僧祇支，外着双领下垂袈裟，袈裟一角横过腹前，敷搭于左臂上，右肩敷偏衫，大衣下摆一角披覆方座呈三角形。左手置膝上握珠，右手上举施无畏印，手掌残。束腰高座，上层为方形座，座上铺布，座基已风化，应为六角形，三层圆弧形叠涩。二弟子立于低圆座上，圆形头光，着内衣及双领下垂袈裟。左弟子为老者，右肩着偏衫，双手合十。右弟子为青年，双手于胸前捧方形经盒。二菩萨立于束腰单层仰莲圆座上，束发，低宝冠，头略前倾，宝缯、发辫垂肩，戴项圈、手镯，X 形璎珞交叉于腹际，帔帛自双肩下垂，横于腹、膝各一道。左菩萨右手下垂体侧握瓶。右菩萨右手上举执扬枝，左手下放体侧牵巾。二力士立于龛口山岩座上，左力士残毁，右力士圆形头光，束发髻，袒上身，臂绕帔帛，着及膝短裙，左手上举头侧，右手下垂体侧牵巾。龛口二蹲狮风化残损严重。

四　玄　宗　时　期

属于这个时期的龛窟有 16、32、47、48、49 号窟等。

（一）32 号窟

位于大佛窟南侧、中心柱窟上方，外方内圆拱形双重窟，外室方形，内室为马蹄形平面，平顶略弧。内室高 104 厘米，宽 97 厘米，深 110 厘米。龛内凿一佛二弟子二菩萨，龛口二力士，佛座前雕一香炉。

主佛结跏趺坐于仰莲圆座上，座下饰忍冬纹，无头光，磨光肉髻，面相方圆适中，颈有三道纹。内着僧祇支，外着双领下垂袈裟，左手抚膝，右手上举施无畏印。二弟子立于单层仰莲圆座上，左弟子双手捧经盒于胸前，右弟子双手相握抚于腹部。二菩萨立于圆形座上，束高髻，戴宝冠，双耳下垂至肩，面相丰满，颈雕三道纹，袒上身，斜披络腋，戴项圈、手镯、X 形璎珞，帔帛自双肩下垂横于膝部一道，绕臂垂于体侧，下着长裙，翻出裙腰。左菩萨左手上举肩侧持柳枝，右手下垂体侧牵巾。右菩萨左手下放体侧握瓶，右手上举执柳枝。二力士立于龛口山岩座上，束发饰珠，发带上翘，袒上身，臂绕帔帛，下着短裙。左力士左手上举头侧展掌，掌心向外，右手下垂体侧牵巾。右力士左手下放牵巾，右手握拳上举头侧。

（二）48 号龛

位于五佛亭上 51 号窟上方，敞口，外方内圆拱形双重龛，外室高 112 厘米，宽 107 厘米，深 49 厘米；内室高 86 厘米，宽 81 厘米，深 40 厘米。龛内环壁设倒凹字形方坛，坛上雕一佛二弟子二菩萨，龛口二力士，佛座前二跪姿供养菩萨，坛前雕鼎状香炉，香炉两侧有二卧狮，外室左壁雕供养人两排。

主佛结跏趺坐于方形座上，磨光肉髻，面容丰腴，小嘴，嘴角内陷，颈有三道纹。内着僧祇支，外着双领下垂袈裟，左手抚膝，右手上举施无畏印，袈裟下摆披覆方座前部。二弟子立于束腰单层仰覆莲圆座上，着内衣及双领下垂袈裟。左弟子老者形，双手合十。右弟子年轻形，双手抚于胸前。二菩萨座式同弟子，束发，戴小宝冠，饰项圈、手镯，X 形璎珞，帔帛横腹、膝各一道，绕臂垂体侧，下着长裙。菩萨一手执柳枝，一手下放牵巾。二力士立于龛口山岩座上，束发髻，裸上身，臂绕帔帛，下着短裙。左力士左手残，右手握拳斜放腹部。右力士左手叉腰，右手上举。二供养菩萨相向胡跪于佛座前，右供养吹箫，左供养双手似捧物。左壁两排供养人下排六身，上排四身（其中三身残），均为男性，戴幞头，着圆领窄袖长袍，腰束带，双手拱于胸前，人物形象丰腴。右壁雕二排供养人，上排二身，下排四身，均为女性。

（三）16 号龛

位于寺内小南海上方的崖壁上，15 号窟南侧，敞口，双重方形龛，外室高 313 厘米，宽 250 厘米，深 66 厘米；内室高 197 厘米，宽 157 厘米，深 88 厘米。内室三壁凿方坛，高 62 厘米，坛上雕一佛二弟子二菩萨，龛口雕二力士。菩萨、力士均风化严重，唯主佛及弟子保存尚好。主尊结跏趺坐于方形座上，座上铺布，磨光馒头状肉髻，面相丰腴，小嘴，颈有三道纹。内着僧祇支，外着双领下垂袈裟，左手放于腹前握珠，右手上举施无畏印，袈裟下摆披覆方座前部。二弟子立于单层仰莲座上，面相丰腴，着交领袈裟，左弟子双手袖手于腹前，右弟子双手合十。

（四）47 号龛

外方内圆拱形双重龛，外室方形，高 103 厘米，宽 87 厘米，深 40 厘米；内室高 71 厘米，宽 62 厘米，深 22 厘米，龛内雕一佛二弟子二菩萨五尊像。

主佛结跏趺坐于方形座上，座上铺布，磨光馒头状肉髻，面相丰腴，颈细，刻三道纹。着内衣及双领下垂袈裟，左手抚膝，右手上举施无畏印，袈裟下摆披覆座前部。弟子、菩萨立于单层仰莲圆座上，弟子交领袈裟。左弟子老者形，双手合十。右弟子年轻形，双手袖于胸前。二菩萨束发髻，面相丰腴，小嘴，颈三道纹，戴项圈、手镯，帔帛绕膝一道绕臂垂体侧，下着长裙，翻出裙腰，裙带自双腿间下垂座上。左菩萨上身着内衣并束带，右手下垂体侧牵巾，左手上举肩侧执柳枝。右菩萨上身斜披络腋，左手下垂体侧牵巾，右手上举肩侧执柳枝。外室两壁雕供养人，左壁余二身，一女性胡跪于方形拜毯上，双手拱于胸前，后立一女侍者，双手拱于胸前。右壁余一身，为女性，胡跪于方形拜毯上，双手拱于胸前。

五　中晚唐时期

这个时期的造像主要有 1、2、3、4、5、6、7、24、44 号等，其中 1、3、6、7 号龛雕陀罗尼经幢一座，24 号龛雕四臂观音。

（一）6 号龛

长方形双重浅龛，龛内雕陀罗怪经幢一座，束腰仰覆莲幢基，六角形幢身，上刻经文，模糊不清，双重屋檐。幢顶由仰莲座、相轮、宝珠等组成，风化严重。幢顶两侧有二飞天，幢身两侧分三栏雕六道。左侧上层雕一大树，树下有野兽（畜生道）；中层雕二像（天道）；下层雕半敞开的大门，一鬼持棒而立（地狱道）。右侧上层雕三像（阿修罗道）；中层雕一人驾二牛犁地，一人送饭（人道）；下层一人光头，圆形头光，着袈裟持锡杖（地藏）立于祥云上，左侧一像跪于地上，拱手作乞求状，面前放一篮子（饿鬼道）。

（二）24 号龛

方形浅龛，高 52 厘米，宽 36 厘米，深 10 厘米。内雕一四臂观音，立于圆座上，头残，有冠迹，火焰形头光，中饰忍冬纹，身后为舟形身光，饰项圈与璎珞，帔帛横过膝间一道，一手于胸前握净瓶，一手上举拂尘，一手外扬执金刚杵，一手伸举握环。

六　小　结

皇泽寺造像开凿于北魏晚期，历经北周、隋、唐初的发展，至高宗、武周时期造像最为兴盛，到玄宗时期造像就比较少了，这个时期造像的重点都集中在广元另一处石窟——千佛崖，中晚唐以后，皇泽寺造像活动就基本结束了。

广元地区属于北朝时期的石窟除了我们上面介绍的龛窟外，还有位于广元市的千佛崖石窟中的大佛窟（726号窟）和三圣堂（226号窟）两个洞窟。这十个洞窟如果细分的话，又可分为北魏末和北周两个时期，其中皇泽寺45、38号窟早期造像和千佛崖三圣堂、大佛窟属于北魏末期，皇泽寺其余龛窟属于北周时期。

南北朝时期，广元先隶属南朝宋、齐两朝，梁天监四年（505年），驻守汉中的司马道迁降魏，魏以尚书邢峦为镇西将军，都督征梁、汉诸军事，峦遣统军王足将兵，所至皆捷，遂入剑阁，梁州十四郡地，东西七百里、南北千里皆入于魏，同年，魏军退回剑北地区。从此，剑北地区皆为魏有，魏于此侨置益州。

在统治的前十年左右，南北双方在此交战不息，直到天监十五年（516年）以后，大规模的战争才停下来，至大同元年（535年）近二十年的时间，社会相对比较安定，也只有在这段时间，广元才可能有开凿石窟之举。从广元出土的北魏延昌三年（514年）造像来看，石窟的开凿要晚于此像，皇泽寺45、38号窟和千佛崖226号窟主佛衣纹、手印都与延昌三年造像相同，表明了两者之间的承袭关系，但石窟造像不是"秀骨清像"的样式，而是"丰壮"的形象，就是研究者一致公认属于北魏晚期的千佛崖大佛窟，菩萨也是丰满健壮的样式，这说明广元地区造像接受梁朝张僧繇画派的影响要较北方石窟为早。这是因为此地长期受南朝的统治，且又地近成都，很容易受到成都地区南朝造像的影响，过去的研究者多认为广元石窟属于中原北方造像系统，从窟龛形制（中心柱窟、三壁三龛式窟）和造像题材（三世佛、释迦佛、千佛等）来看，是受北方石窟的影响，但从造像艺术风格看，受南朝的影响也是无疑的。这是我们今后在研究广元北朝石窟时应引起重视的问题。

北周时期造像风格比较统一，佛的形象比较健壮，头光装饰繁缛，弟子形体较矮，身形如柱，菩萨饰环形长璎珞等，都与北周刘约造像碑风格相似。

隋至初唐贞观这段时期的造像，也是值得我们重视的。28号窟规模宏大、造像精美，在国内同期造像中也很难找到这样的艺术佳作，造像还保留了许多北朝造像的因素，人形化天龙八部成组出现在石窟中也以此窟最早。12、13号窟为武则天的父母武士彟和夫人杨氏在贞观二年（628年）所凿，造像虽然残损严重，但天王加入石窟造像行列在本地区也是比较早的例子。

高宗、武后时期是皇泽寺造像的高峰时期，龛形以外方内圆拱形龛为主，这种龛形在广元地区出现约在贞观时期，以后成为此地唐代最为流行的龛窟。造像组合多为一佛二弟子二菩萨二力士，龛后壁出现了浮雕的菩提双树，佛的面相由高宗时的长圆到武周时期的方圆、脸略内凹到开元初方圆适中这样的方向发展，佛座由束腰方座发展到束腰六角形、三重圆弧叠涩高方座。这也是广元地区有特色的佛座，尚见于千佛崖莲花洞三壁补凿小龛，其流行的时间也集中在这一段，以后就消失了。本期造像出现了许多新的因素，可能是因为随着两京地区造像艺术的兴起和传入，影响了此地石窟的开凿，导致了新的造像风格的形成和发展。

至于盛唐至中、晚唐时期的造像，皇泽寺石窟的数量很少，规模也小，开凿的重点已经转移到了千佛崖和观音岩两处。在这之后，只有零星的造像，已构不成广元石窟的主流了。

（广元市文物管理所、成都市文物考古研究所、北京大学考古文博学院）

叁 新发现的石刻摩崖造像

皇泽寺石刻摩崖造像位于广元市老城区西一里的乌龙山脚下，是 1961 年国务院公布的第一批全国重点文物保护单位。石刻造像主要分布在寺内写心经洞区、大佛楼区和五佛亭区。

写心经洞位于皇泽寺大门内南侧，相传唐代大书法家颜真卿任广元刺史时曾在此写《心经》一卷，因此俗称之为写心经洞。写心经洞为一块独立的略成四面体的巨石，由于长年沉降，巨石向东倾斜（图5）。在东面和南面过去都有造像，东面主要雕刻经幢；南面有两个大龛，分别编号为 12、13 号，是武则天的父母武士彠和夫人杨氏在贞观二年（628 年）开凿的，造像残毁比较严

图5　写心经洞区

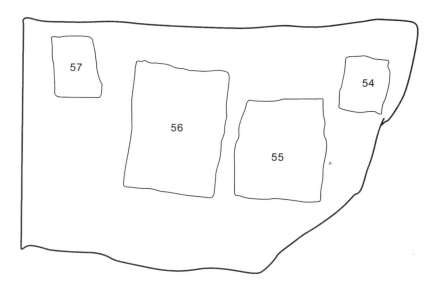

图6 写心经洞区西面龛窟分布平面图

重。2005年初，在皇泽寺改扩建工程中，又在写心经洞西面发现四龛埋在土里的造像，现简报如下。

一 内容介绍

新发现的造像编号为54、55、56、57号，其中55、56号龛规模较大，造像保存较好（图6、7）。

（一）54号龛

外方内圆拱形龛，外龛高86厘米，宽83厘米，深23厘米；内龛高75厘米，宽77厘米，深28厘米。龛内造一佛二弟子二菩萨五尊像，风化残损严重。主尊，结跏趺坐于束腰须弥座上，座高21厘米。二弟子，风化剥蚀，仅存轮廓。二菩萨，立于低圆座上。左菩萨左手上举头侧，右手下放体侧，膝部横披帛一道。右菩萨仅存轮廓（图8）。

（二）55号龛

位于54号龛右侧，外方内圆拱形龛，外龛高146厘米，宽144厘米，深64厘米；内龛高117厘米，宽136厘米，深80厘米。内龛龛楣浮雕桃形光楣，光尖折至外室龛顶，近龛沿处饰一圈联珠、回纹、联珠组成的纹饰带。光楣中均匀开凿七圆形小龛，除正中小龛内雕一坐佛二胁侍外，其余小龛内均雕一禅定坐佛。小龛风化较甚，仅存轮廓（图9、10）。

图 7　写心经洞区 55、56 号龛

图 8　写心经洞区 54 号龛

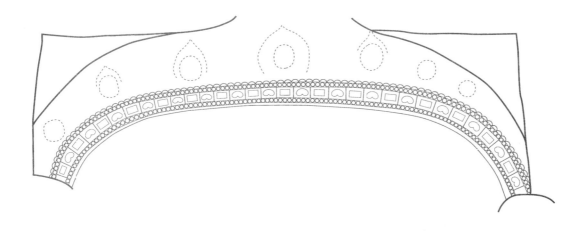

图 9　写心经洞区 55 号龛龛楣线描图

　　龛内造三坐佛四弟子二菩萨，龛口二力士。龛后壁转角处浮雕菩提双树，双树间浮雕天龙八部共计三身。三佛座间雕四身狮子，三身做正面蹲坐状，一身做侧坐状（图 11）。

　　左佛：高 42 厘米，头高 15 厘米，肩宽 20 厘米。螺髻，面相长圆，戴圆形耳珰。上身内穿袒右肩僧祇支，腹部有十字形结带，外着双领下垂袈裟，袈裟一角绕过腹前，敷搭于左臂上，右肩敷偏衫。左手仰掌置腹侧托钵，上有弓形捉手的圆形钵盖；右手施无畏印，手指残。结跏趺坐于八角形束腰高座上，座高 34 厘米，露右足，袈裟下摆披覆座前，衣纹重叠、褶皱。座基饰覆莲瓣一层，束腰处正面雕一圆拱尖楣龛，龛内造一禅定小坐佛。中佛，袒右肩袈裟，双手（残）置于腹前，余同左佛。右佛，出土时头部已脱落于土中（图 12），通肩袈裟，双手举于胸前（残）做转法轮印，余同左佛（图 13）。

　　弟子：共计四身。第一身位于左佛左侧，面部风化，穿双领下垂袈裟，袈裟一角绕过腹前，敷搭于左臂上，右肩敷偏衫，双手合十当胸。第二身位于左佛和中佛之间，面相俊秀，左手握经卷当胸，右手抚胸侧。第三身位于中佛和右佛之间，仅存轮廓。第四身位于右佛右侧，袈裟同第一身，左手下放体侧，右手抚胸。

　　二菩萨：左菩萨高 67 厘米，头高 15 厘米。桃形头光，束发，三珠冠，面相长圆，饰圆形耳珰，颈雕三道纹，戴项圈、手镯、臂钏。上身穿袒右肩衣，腰束带，十字形结带下垂。左手上举肩前（残），右手下放体侧握桃形宝珠。右肩斜挎璎珞，帔帛系于腰部，横膝一道，下身穿长裙，翻出裙腰，跣足，立于仰莲圆座上，八角形座基，座高 23 厘米（图 14）。右菩萨高 71 厘米，头高 16 厘米。左肩斜挎璎珞，左手下放体侧握瓶，右手上举肩前执柳枝，余同左菩萨（图 15）。

　　二力士：左力士，高 65 厘米。圆形头光，束发三珠冠，发带上翘，戴项圈，臂绕帔帛。袒上身，左手横直胸前，右手下放体侧握拳。腰略右扭，下身穿长裙，腰束革带，翻出裙腰，裙摆向左侧飘举。跣足，立于龛口山岩座上，座高 27 厘米（图 16）。右力士，高 68 厘米，腰略左扭，左

图 10　写心经洞区 55 号龛

图 11　写心经洞区 55 号龛三佛

图 12　写心经洞区 55 号龛右佛佛头

图 13　写心经洞区 55 号龛三佛线描图

图 14　写心经洞区 55 号龛左侧菩萨

图 15　写心经洞区 55 号龛右侧菩萨

图 16　写心经洞区 55 号龛左侧力士

图 17　写心经洞区 55 号龛右侧力士

图18　写心经洞区56号龛

手斜伸至右胯部，展掌，掌心向下；右手上举头侧（残），腰束带，带端下垂两腿间，裙摆向右侧飘举，余同左力士（图17）。

天龙八部：共计三身，第一身位于左侧壁转角处上方，戴兽头冠，风化严重；第二身位于后室正壁上方，仅存轮廓；第三身位于右侧壁转角处，面目狰狞，卷发下垂，圆眼鼓凸。

（三）56号龛

位于55号龛右侧，外方内圆拱形龛，外龛高163厘米，宽161厘米，深46厘米；内龛高135厘米，宽173厘米，深120厘米。内龛龛楣浮雕桃形光楣，光尖折至外室龛顶。龛内造二坐佛三弟子二菩萨二天王，龛口二力士，龛后壁浮雕天龙八部像七身（图18）。

主佛：龛内正中造二坐佛。左佛高57厘米，头高20厘米，肩宽28厘米，内圆外桃形头光，近头处浮雕莲瓣一周，外饰忍冬纹一圈，纹饰风化较甚。螺髻，面相长圆，面部略有风化，饰圆形耳珰（残），隆胸，上胸部剥落。内着袒右肩僧祇支，腹部系带，外着双领下垂袈裟，右肩敷偏衫，袈裟一角绕过腹前，穿左臂垂于体侧。右侧袈裟在右腋下内折，袈裟下摆披拂座前，形成层层叠叠的褶皱，露右脚。左手上举施无畏印，右手置于右腹前，反掌，掌心握圆形宝珠，有桃形光，结跏趺坐于长方座上。座长46厘米，宽31厘米，高21厘米。右佛高56厘米，头高20厘米，肩宽

图 19　写心经洞区 56 号龛二佛

25 厘米。座长 46 厘米，宽 30 厘米，高 22 厘米。左手施与愿印，掌心置桃形宝珠，右手施无畏印，余同左佛。二佛共一长方形座基（图 19、20）。

弟子：共三身，左弟子，位于左佛左侧，头不存，圆形头光，袒右肩袈裟，左手于胸前握香炉，右手下放体侧，跣足，立于后壁龛基上，龛基高 30 厘米。中弟子，位于二坐佛之间，老者形，额出皱纹，双领下垂袈裟，袈裟一角绕过腹前，穿左臂垂于体侧，右肩敷偏衫，双手胸前合十，下半身被佛座挡住，未雕出（图 21）。右弟子，高 79 厘米，头高 16 厘米，肩宽 21 厘米。位于右佛右侧，年轻形，圆形头光，面相俊秀，溜肩，颈雕三道纹，袈裟同中弟子，左手胸前托长方形经盒，右手抚经盒。袈裟下露出裙摆，跣足，立于后壁龛基上。龛基高 30 厘米（图 22）。

二菩萨：左菩萨高 84 厘米，内圆外桃形双重头光，束发，三珠冠，面相长圆，略有风化，戴圆形耳珰，颈雕四道纹，佩项圈、手镯，饰臂钏，项圈上饰一圈回纹。袒上身，右肩斜挂璎珞，左手上举肩前执柳枝，右手下放体侧牵璎珞。帔帛系于腰部，横膝一道，下身穿长裙，裙摆外翻，一长一短两片，裙摆垂足背，跣足，立于内室左壁龛基上。龛基高 21 厘米（图 23）。右菩萨，高 88 厘米，内圆外桃形双重头光，束发，发带垂肩前，三珠冠，面相长圆，略有风化，戴圆形耳珰，颈雕三道纹，戴项圈、手镯，饰臂钏，项圈上饰一圈联珠和一圈回纹。上身穿袒右肩衣，腰结带十字形下垂，左肩斜挂璎珞，左手下垂体侧握瓶，右手上举肩前执柳枝，帔帛系于腰部，横膝一道。下身穿长裙，翻出裙腰，裙摆垂足，跣足，立于内室右壁龛基上。龛基高 24 厘米（图 24）。

图 20　写心经洞区 56 号龛二佛线描图

图 21　写心经洞区 56 号龛弟子

图 22　写心经洞区 56 号龛右侧弟子

图 23　写心经洞区 56 号龛左侧菩萨、天王　　　　图 24　写心经洞区 56 号龛右侧菩萨、天王

图 25　写心经洞区 56 号龛左侧力士　　　　　　　图 26　写心经洞区 56 号龛右侧力士

图 27　写心经洞区 56 号龛天龙八部（局部）

二天王：左天王，高 83 厘米，头戴尖顶盔，盔上系三珠冠，有护颊、护颈，身着两裆甲，肩披披风，巾角系于胸前，下着战裙，腰束宝带，护肘卷曲成花边状。腰挂剑鞘，帔帛横膝一道，绕臂垂体侧。左手下放体侧，右手握环首剑举肩侧，脚穿长靿靴，立于内室左壁龛口处。座高 22 厘米。右天王，高 89 厘米，头戴卷耳尖顶盔，虬髯，上身穿两裆甲，下着战裙，腰束带，帔帛横腹部一道，绕臂垂体侧，肩披翻领披风，于胸前系带。左手握环首剑，举于肩侧，右手下垂体侧握剑鞘，脚穿麻鞋，裹腿，立于右壁龛口山岩座上。座高 20 厘米。

二力士：左力士高 84 厘米，圆形头光，束发三珠冠，戴桃形项圈，袒上身。左手上举头侧握拳，右手斜伸至左胯处，掌心向下，五指略曲。下身穿长裙，腰束带，翻出裙腰，裙摆垂足背，跣足，立于龛口山岩座上。座高 23 厘米（图 25）。右力士，高 90 厘米，圆形头光，束发三珠冠，戴桃形项圈，袒上身，饰臂钏，左手下放体侧，右手置于胸前，手掌不存。臂绕帔帛，下身穿及膝短裙，腰束带，翻出裙腰，裙带自双腿间下垂，跣足，立于山岩座上。座高 23 厘米（图 26）。

天龙八部共计雕出七身。从左至右分别为：

第一身：位于左弟子和左菩萨之间，头部挤成扁长形，束发三珠冠，双手拱于胸前。

第二身：位于第一身上方，头发呈火焰状，面目狰狞，双眼外凸。

第三身：位于左佛与左弟子之间，头残，身体风化，左手放于腰部握剑。

第四身：位于二佛之间，三头四臂，头残，三头共戴一个三珠冠，下二手于胸前握宝珠，上二手于头侧分举日、月（阿修罗）。

图 28　写心经洞区 57 号龛

第五身：位于右佛与右弟子之间，戴盔，束三珠冠，右手握环首剑举于头侧，剑身横过头后（天王，图 27）。

第六身：位于第五身右侧，束发三珠冠，鸟嘴，右手于胸前握桃形宝珠（迦楼罗）。

第七身：位于右弟子和右菩萨之间，束发三珠冠，头上一角，右手于胸前握桃形宝珠（紧那罗）。

（四）57 号龛

位于 56 号龛右上方，外方内圆拱形龛，外室高 81 厘米，宽 70 厘米，深 30 厘米；内室高 63 厘米，宽 60 厘米，深 20 厘米。龛内造一坐佛二菩萨三尊像，右壁补凿一圆拱形小龛，龛内雕一立菩萨（图 28）。

主尊：磨光肉髻，面相方圆，眼颊出略内凹，颈三道纹，袒右肩袈裟。左手仰掌置腹前似握珠，右手触地施降魔印，结跏趺坐于长方座上，不露足。

二菩萨：束发小冠，面相丰圆，戴项圈、手镯，上身斜披络腋，X 形璎珞交于腹前，帔帛横腹、膝各一道，下身穿长裙。左菩萨左手上举，右手下垂体侧。右菩萨左手下垂体侧，右手上举执柳枝。跣足，立于低圆座上。

右壁小龛：高 44 厘米，宽 20 厘米，深 5 厘米。龛内造一立菩萨，面部风化模糊，上身斜披络腋，下身穿长裙，翻出裙腰，裙腰两片，不出衣纹，跣足，立于龛内。

二　几点认识

（一）时代

55、56 号是两个并列开凿的外方内圆拱形大龛，造像风格相似，应为同时期开凿。外方内圆拱形龛在四川地区出现于隋代，唐初开始流行。55 号龛龛楣饰联珠纹带和七佛小龛，是川北地区初唐贞观初期流行的做法，见于皇泽寺 13 号龛（贞观二年）[1]、梓潼卧龙山千佛崖造像（贞观八年）[2]。佛像袈裟右腋下内折和右肩敷偏衫，在梓潼卧龙山千佛崖造像和茂县点将台贞观四年[3]开凿的佛像上是比较常见的做法。综合以上几个方面的因素，可以推断 55、56 号龛开凿于唐初，与皇泽寺 13 号龛、梓潼卧龙山千佛崖、茂县点将台造像同时。54、57 号龛与本地高宗、武周时期造像风格相同，应开凿于初唐时期。

（二）题材

55 号龛为结跏趺坐的三佛，右佛双手虽残，但双手上举齐胸，应为转法轮印。与此同时期开凿的梓潼卧龙山千佛崖西面龛造一佛五十菩萨，其中阿弥陀佛穿通肩袈裟、双手施转法轮印[4]。在四川地区初、盛唐时期流行的一佛五十菩萨造像中，阿弥陀佛均为此种样式。因此，本龛右佛即有可能为阿弥陀佛，如果此推断无误的话，那么这应是阿弥陀佛加入三佛组合中最早的一个例子。

56 号龛为二结跏趺坐佛，过去的理解多为释迦和多宝，但四川大学博物馆藏梁太清三年（549 年）丁文乱为亡妻造释迦双身像[5]的发表给我们提供了另一种思考，即结跏趺坐的双坐佛并不一定就是释迦和多宝，也有可能是释迦双身像。另外，在故宫博物院还藏有唐开元十年（722 年）刘三娘等造结跏趺坐的双阿弥陀像[6]。因此，56 号龛的二佛究竟属于什么题材，还需要进一步研究。

55、56 号龛后壁都浮雕天龙八部，是这个时期石窟造像中常见的题材。天龙八部造像应起源于南朝，与法华经的流传有关，唐惠详撰《宏赞法华传》卷一记："（南朝）宋景平元年，瓦官寺沙门帛惠高造灵鹫寺，有沙门释惠豪……于中置灵鹫山图，奇变无方，郁似睹真，其山林禽兽之形，天龙八部之状，历代未有。"[7]《出三藏记集》卷十二"右三首龙华像会集卷第七"记"宋明帝、齐文皇、文宣造行像八部鬼神"[8]。在四川地区出现的时间约在隋代，《续高僧传》"感通篇"记益州福化寺僧人慧聪"姓王，出家以后游行斋讲，手不释卷……常礼万五千佛，依经自唱，一一礼之，寺僧怪其所作，于壁隙伺之，见礼头下，天龙八部等亦头下，数数非一。"[9]慧聪活动的时间约在隋代，寺庙中已出现天龙八部的造像。之后，很快影响到石窟的开凿，成为唐代四川石窟中最流行的题材。

（三）造像特征

55、56 号龛佛像戴耳珰或戴耳珰和手握宝珠两者兼具，显得十分特别。它是四川地区南朝晚期出现的一种新式佛像，四川大学博物馆藏梁太清三年（549 年）释迦双身像右坐佛即戴耳珰、中大通四年（532 年）释迦像左手就握宝珠[10]。四川博物院藏万佛寺出土的释迦坐像亦戴耳珰、左手握桃形宝珠，倚坐弥勒像（无头）左手握宝珠[11]。广元出土的北周刘约造像碑和皇泽寺46、15、28 号等龛窟中佛像都戴耳珰和手握宝珠[12]。四川地区如绵阳碧水寺、梓潼卧龙山千佛崖、茂县点将台、剑阁环梁子等贞观时期的造像中，佛像或戴耳珰，或戴耳珰和手握宝珠两者兼具，十分流行。个别地方在盛唐时期还有所反映，如安岳卧佛院大卧佛就戴耳珰。同时，此种风格的佛像还影响到其他地区，如西安碑林博物馆就收藏有北周时期手握宝珠的佛像，麟游慈善寺2 号窟主尊佛像饰耳珰和手握宝珠[13]，云南巍山也出土有戴耳珰的佛像。

（罗宗勇、王剑平）

［1］广元市文物管理所等《广元皇泽寺石窟调查报告》，《四川文物》2004 年第 1 期；广元皇泽寺博物馆、成都市文物考古研究所《广元石窟》，巴蜀书社，2002 年。

［2］据笔者调查，梓潼卧龙山千佛崖为一块略成四方形的巨石，在东、南、西、北四面分别造四龛像，东面造一倚坐弥勒二弟子二菩萨一道装一僧装供养人像二力士二天王（残），龛后壁浮雕天龙八部，外室左右两壁雕千佛。北面龛造一结跏趺坐佛二弟子二菩萨一道装一僧装供养人像二力士二天王（残）。西面龛造一佛五十菩萨，南面雕千佛。西面崖壁有贞观八年僧道密造四面龛题记。

［3］四川省文物考古研究院、四川省茂县博物馆《四川茂县点将台佛教摩崖造像调查简报》，《文物》2006 年第 2 期。

［4］同［2］。

［5］霍巍《四川大学博物馆收藏的两尊南朝石刻造像》，《文物》2001 年第 10 期。

［6］冯贺军《曲阳白石造像研究》114 页，图 54，紫禁城出版社，2005 年。

［7］《大正藏》51 册。

［8］《大正藏》55 册。

［9］《大正藏》50 册。

［10］同［5］。

［11］刘志远、刘廷璧《成都万佛寺石刻艺术》图版 15、18，中国古典艺术出版社，1958 年。

［12］同［1］。

［13］西北大学考古专业等《慈善寺与麟溪桥》，科学出版社，2002 年。

（参加此次清理工作的有唐志工、杨栋、秦小萌、王剑平，照片拍摄吴建云）

肆　28 号窟时代续考

28 号窟位于寺内大佛楼上，俗称大佛窟，距地面高近 10 米，敞口，龛楣尖拱形，平面为半圆形。窟内造一佛二弟子二菩萨二力士，窟后壁浮雕天龙八部，右壁弟子、菩萨之间雕一胡跪的男性供养人，主尊为阿弥陀佛。此窟规模宏大，内容丰富，造像精美，介绍的书籍、文章很多，但因没有开窟题记，故此关于此窟的开凿年代，历来有不同的认识：一种意见认为此窟开凿于隋代，这是阎文儒在《四川广元千佛崖与皇泽寺》一文中提出来的[1]；大多数意见认为此窟开凿于初唐时期，许多书籍、文章中均持此说[2]；姚崇新主张此窟开凿于唐武德、贞观年间[3]。由于这些文章、书籍的写作目的或重点不同，虽然都提出了各自的时代，但都没有详细阐述所据时代之理由。2004 年，参照各地出土纪年造像和本地的一些纪年龛窟，曾考证此窟开凿于隋至唐初贞观时期[4]。近来，查阅有关文献，发现两条记载可以与此窟的开凿相互印证，因此进一步推断此窟为隋仁寿二年（602 年）文帝第四子蜀王杨秀出资，高僧善胄主持开凿[5]，是目前国内保存下来的属于隋代皇室成员开凿的洞窟。同时，对此窟造像的艺术风格和来源一并进行阐述，以求证于方家。

一　关于善胄其人

《续高僧传》卷十二载："释善胄，俗姓淮氏，瀛州人，少出家，通敏易悟，机达为心。……齐破投陈……隋初，度北依远法师，止于京邑住净影寺，……远亡之后，敕令于净影寺为涅槃众主。开皇将末，蜀王秀镇部梁益，携与同行，岷嶓望德，日归成务，逮仁寿末岁，还返关中，处蜀道，财悉营尊像，光坐严饰。绝世名士，虽途经危险，而步运并达，在京供养，以为模范。会文帝置塔，敕送舍利于梓州牛头山华林寺。……以武德三年八月内终于净影寺，春秋七十有一。初患笃谓门人曰，吾一身正信在心，于佛理教无心轻略，不虑净土不生，即令拂拭房宇，烧香严待，病来多日委卧不起，忽尔自坐合掌，语侍人曰：安置世尊令坐。口云，世尊来也，胄今忏悔惭愧。如是良久曰：世尊去矣。低身似送，因卧曰：'向者阿弥陀佛来，汝等不见耶？不久吾当去耳.'语倾便卒。"《净土往生传》卷二记:"释善胄,……惟于净土,特著勋业,所居堂宇,有弥陀像及二菩萨,累放光明内外,见者靡不称叹。"

综合上述两条材料的记载,我们可以得出以下结论:第一,善胄于仁寿末年在蜀道上造过像,规模、影响都很大,造像的样式在京城作为"模范";第二,善胄是信仰阿弥陀的,而且信仰很深,所居堂宇,供奉阿弥陀三尊像,临终时,有阿弥陀佛来接其往生西方净土。考察蜀道上现存之隋代佛教遗迹,从绵阳、剑阁到广元,也只有皇泽寺28号窟在造像时代、规模、题材等方面与之记载相吻合。因此,我们完全有理由推断28号窟就是善胄在蜀道上所开凿的洞窟,所居堂宇供养的阿弥陀三尊像和28号窟的造像可能是来源于同一个粉本。

二 蜀王杨秀其人

28号窟供养人戴低平幞头,着圆领窄袖长袍,腹部隆起,左腿单膝跪地,脚穿靴,双手合十,是一俗装人物打扮,他又是谁呢?和善胄又是何关系?笔者认为他就是蜀王杨秀,即真正出钱开凿此窟的功德主。

蜀王杨秀"高祖第四子也,开皇元年,立为越王,未几,徙封于蜀,拜柱国、益州刺史、总管,二十四州诸军事。……十二年,又为内史令、右领军大将军,寻复出镇于蜀。……秀渐奢侈,违犯制度,车马被服,拟于天子。及太子勇以谗毁废,晋王广为皇太子,秀意甚不平。皇太子恐终为后变,阴令杨素求其罪而谮之。仁寿二年,征还京师,上见,不与语……于是废为庶人,幽内侍省,不得与妻子相见……与相连坐者百余人"[6]。杨秀从小受他父亲隋文帝杨坚的影响,颇倾心佛教。在京城时,隋文帝曾为他置胜光寺,敕请高僧昙迁率六十余人住此寺,受杨秀供养并以昙迁为其门师。镇蜀期间,亦延僧造寺,曾奏请高僧智诜还蜀,其妃在城内造精舍。由于其在蜀中奢侈、僭越,遭杨广构陷,仁寿二年(602年),被文帝征召入京问罪。他深感此次进京前途危亡,祸福不可预测,行至广元途中,尽散资财造佛像祈求佛祖保佑,是完全可能的。善胄在开皇末年[7]杨秀镇蜀时同行,此时当与之同返关中,杨秀奉旨返京,不可能在中途停留,只能是善胄留下来为之经营造像之事。由于政治上的原因,造像完成之后却不能镌刻题记,以至于给我们今天留下了千古之谜。

三 造像艺术——南北风格的交融

28号窟造像精美,而且保存完好,在国内同期石窟中是难得一见的精品,探讨其艺术渊源,有助于我们正确认识四川地区隋代造像,并进一步探讨成都、长安地区造像之间的联系。

主尊阿弥陀佛,肩宽身直,呈直筒形,身体矮壮,头与身高的比例在1:5左右。螺发,肉髻平缓,并渐有增高的趋势。面相丰满,眉间圆孔形白毫,双目细长,鼻高直,耳坠花形圆珰,颈四道纹。圆形头光，饰莲瓣、忍冬纹各一周，间以联珠纹相隔，忍冬纹之间饰七颗圆形宝珠，外桃形光。上身着双领下垂式大衣，左侧衣领横过腹前搭于左肩下垂体侧，内穿袒右僧祇支，胸前十字形结带，带末端垂于腹部并饰三桃形花瓣，腹、腿部衣纹呈规则圆弧状下垂，断面呈阶梯状。左手屈举胸前，掌心向外，五指略曲，中握桃形如意宝珠，右手上举施无畏印。下身穿禅裙，裙带自双腿间下垂，露出带端，裙摆垂至足背，两端略为外撇。立于束腰仰覆莲圆座上，莲瓣高过台面。此主尊带有明显的南朝萧梁造像之遗风，袈裟的处理方式接近于四川博物院藏万佛寺大同三年佛像[8]以及成都西安路出土的2、8号佛像[9]，只是裙摆外撇不如萧梁造像厉害。佛像戴耳珰的做法见于梁太清三年释迦双身像[10]和《成都万佛寺石刻艺术》图版18释迦坐像，本地出土的北周刘约造像碑以及皇泽寺15、46号龛主尊都饰耳珰[11]。莲瓣高于佛座台面的样式见于成都西安路出土的阿育王造像[12]，主尊手握桃形宝珠亦见于万佛寺佛坐像[13]。从以上的情况可以明显感觉到主尊造像延续了成都地区萧梁时期造像风格及其装饰特点，至于主尊饰耳珰和手握桃形宝珠，是本地区北周至唐贞观时期佛像的一大特点，具体原因仍需进一步研究。

　　菩萨立于单层覆莲圆座上，内椭圆外桃形头光，近头处浮雕莲瓣一周，向外依次为三周凸棱以及由细联珠、回纹、细联珠、小莲瓣组成的纹饰带。桃形身光内阴刻火焰纹并雕出七佛，七佛皆结跏趺坐于圆形小龛内，仅顶部小龛雕出一佛二弟子。圆形小龛龛楣悬帷帐，龛周边饰一圈细联珠、细莲瓣，龛下部饰覆莲，其余部分饰云气纹。龛顶饰华柱，柱之间由华绳相连。整个头光部分雕刻精细，装饰华丽，显示出极高的水平。二菩萨束发髻，头戴三珠冠，长发、宝缯垂肩，面相长圆，额嵌白毫，长眉细眼，鼻高直，与额部相连，耳坠圆珰。颈四道纹，颈饰由联珠、回纹、联珠组成的宽项圈，项圈上浮雕兽头衔悬铃坠于胸前，饰臂钏、手镯，穗状璎珞粗大，X形交于腹部，交叉处饰铺首。另外，自双肩沿体侧亦饰一道U形长璎珞，下坠处饰双龙抢宝珠，帔巾自双肩沿体侧下垂绕臂后垂于座上，上身着袒右肩衣并束带，下身着长裙，腰束宝带，翻出裙腰，宝带上装饰椭圆形宝珠。左菩萨冠中立小化佛，左手残，右手下垂握净瓶，为观音菩萨。右菩萨冠中置宝瓶，左手捧宝珠贴于腹侧，右手上举，为大势至菩萨。

　　此窟菩萨装饰精细、华丽，使用联珠纹普遍，在《中国历代纪年佛像图典》一书中收录有成国乡卅人等造观音立像[14]。像造于北周天和五年，隋开皇元年七月重修，整体属于隋代风格，现藏于美国明尼法尼亚艺术中心，出土于陕西关中地区。此像束发髻，宝缯自头侧垂肩，面相长圆丰满，饰耳珰，戴项圈，饰联珠纹、回纹。穗状璎珞X形交于腹前，另沿体侧饰一道U形璎珞、下坠处饰双龙，帔帛X形交于腹部，然后绕臂垂体侧。上身穿袒右肩衣，胸腹之间十字形接带，下身长裙，腰束宝带，带上装饰椭圆形宝珠，跣足，立于仰覆莲圆座上。此菩萨的穗状璎珞常见于东魏、北齐时期的青州地区造像，而X形帔帛、U形璎珞、莲座的特点又常见于成都地区的南朝造像，而此菩萨能将这些南北地区的流行因素集于一身，结合得如此完美，这是长安地区创造的新风，这应该就是隋风吧。遍饰璎珞、密集的联珠、华美的装饰与28号窟菩萨有许多相似之处，可以看出两者之间明显的承袭关系。菩萨饰U形长璎珞过去多认为是陕西地区菩萨造像的技法，但近年在四川茂县较场坝出土的一件属于南朝的造像碑上菩萨即饰 U 形长璎珞[15]，可见此种技法亦来源于成都南朝造像，在北周统一四川后，传入长安并进一步影响到其他地区。此种装饰风格的菩萨还见于成都万佛寺出土的观音立像（WSZ31）、北周天和二年（567 年）菩萨坐像[16]，以及本地出土的北周刘约造像碑[17]和剑阁觉苑寺收藏的两件菩萨像[18]，在本地区唐初贞观时期的造像中亦是比较流行的做法。此外，在头光内开七个联珠纹圆形小龛，龛内造坐佛，构成七佛题材，此种样式最早见于成都西安路出土的 8 号南朝佛像头光[19]，因此亦可见到成都地区的影响。

力士只存右侧，圆形头光，头部风化不清，发带上翘，戴项圈，袒上身，臂绕帔巾。下身穿长裙，腰束带，翻出裙腰，裙带自双腿间穿环打结下垂于座上，双腿间横帔巾一道，裙摆向外侧飘动。左手上举头侧，右手握拳斜过腹前置于左胯部。此力士的形象和成都万佛寺出土的金刚力士像[20]（WSZ51）以及剑阁觉苑寺收藏的一件力士像基本相同。

天龙八部的信仰似亦起源于南朝，《出三藏记集》卷十二"右三首龙华像会集卷第七"记宋明帝、齐文皇、文宣造行像八部鬼神；《续高僧传》"感通篇"记益州福化寺僧人慧聪"姓王，出家以后游行斋讲，手不释卷……常礼万五千佛，依经自唱，一一礼之，寺僧怪其所作，于壁隙伺之，见礼头下，天龙八部等亦头下，数数非一"。慧聪活动的时间约在隋代，益州寺庙中已出现天龙八部的造像，因此，出现在石窟中亦是顺理成章的事。

从以上的分析，我们可以看出皇泽寺 28 号窟的造像受到南北两个方向即成都和长安地区的影响，也能感觉出浓浓的隋朝艺术气息。萧梁据蜀五十余年，蜀中经济、文化、艺术有了长足的发展，特别是佛教造像兴旺发达，流行张僧繇画派的"丰壮"风格，从成都万佛寺、西安路、商业街出土的南朝造像即可略窥一斑。此后，沿着蜀道逐渐向北传播，绵阳平阳府君阙双阙上有四十余龛造像，现存萧梁大通三年的造像题记[21]。萧梁晚期重新控制川北、汉中地区以后（535～553 年），其造像风格即已影响到川北广元一带，剑阁觉苑寺收藏的一件佛像和广元出土的三件佛像[22]即典型的南朝萧梁造像。北周统一四川，这种影响又传播到长安地区，U 形长璎珞的流行即是明证，以至于过去的学者将它作为陕西派菩萨的技法。周氏建国，有"益州大德五十余人，各怀经部，送像至京"[23]。从四川地区送到京城的不仅有佛经，还有造像，透露出南朝造像的直接影响。杨氏建国，重兴佛教，随着政治上的统一，经济、文化上的交流融合，在长安地区出现了一种以成国乡卅人造观音立像为代表的一种新式菩萨样。这种新式菩萨样一经产生，很快就被其他地区模仿，皇泽寺 28 号窟的菩萨就是模仿这种新样式的结果。当然，28 号窟的造像既沿袭了成都地区南朝的造像特点，又吸收了长安地区出现的新式菩萨，再加入人形化天龙八部等新题材，然后将这些有机的融合在一起而形成一种新的石窟造像组合，以至于像造成后在当时影响就非常大，"在京供养，以为模范"。因此，皇泽寺 28 号窟对于我们认识四川地区的隋代造像具有十分重要的意义。过去，对隋代造像的研究主要集中在北方地区，对四川地区隋代造像了解不多，认识不够，实际上，四川地区在隋代造像是比较兴盛的，见于文献记载的有益州道士韩朗、绵州道士黄儒林为蜀王杨秀造千尺道像[24]；绵阳市西山观隋大业十年造天尊像（《金石苑》）；成都万佛寺曾出土隋开皇年间造像；巴中西龛 21 号左壁镌有前蜀永平三年（913 年）院主僧傅芝记检得隋大业五年造前件古像天竺僧昙摩拙叉在成都雒县大石寺木雕十二神像等。见于出土和石窟现存造像有彭州龙兴寺出土隋开皇十一年道民谯贾奴为亡母杨七女敬造三身天尊像[25]；绵阳西山观大业六年造天尊像以及北面八龛道教造像；剑阁环梁子有造像十六龛，题记有隋大业三年、贞观二十一年，这十六龛造像为隋末至贞观时期所造，其中 1、3、4 号龛应为隋代作品。这些造像既有来自长安地区的影响，但又保留着浓厚的南朝因素和地方特色。因此，随着调查和研究工作的不断深入，四川地区隋代造像的情况会越来越清晰地展现在我们的面前，这对我们完整理解隋代造像的情况具有十分重要的作用，但限于文章篇幅，这些问题留待今后作进一步讨论。

（王剑平）

［1］阎文儒《四川广元千佛崖与皇泽寺》，《江汉考古》1990 年第 3 期。

［2］广元市文物管理所、中国社会科学院宗教所佛教室《广元皇泽寺石窟记》，《文物》1990 年第 6 期，李巳生主编的大型图册《中国美术全集雕塑编——四川石窟雕塑》（人民美术出版社，1988 年）图版 20、21、22，胡文和《四川佛教道教艺术》（四川人民出版社，1994 年）等文章、书籍都认为此窟开凿于初唐。姚崇新先生的博士论文《广元石窟造像的分期与研究》一文中将此窟的时代划定在唐一期第一阶段即武德、贞观时期。

［3］姚崇新《广元石窟造像的分期与研究》，北京大学博士研究生学位论文。

［4］广元皇泽寺博物馆《广元皇泽寺 28 号窟时代考证》，《四川文物》2004 年第 1 期。

［5］姚崇新在他的博士论文《广元石窟造像的分期与研究》中考证善胄所造之像为千佛崖 138 号窟。138 号窟造像为倚坐弥勒和二弟子的组合，对于一个崇尚西方净土信仰的僧人来说去开凿一尊弥勒像似乎有些说不过去，况且此窟的时代笔者以为应放在唐前期较为适宜。

［6］《隋书》卷四五，中华书局。

［7］开皇十二年，净影寺沙门慧远卒，敕令善胄为净影寺涅槃众主。开皇十六年，诏西京大禅定寺沙门童真为涅槃众主，则善胄可能在开皇十六年入蜀，至仁寿二年返长安，在成都一共停留六年左右的时间。

［8］刘志远、刘廷壁《成都万佛寺石刻艺术》，中国古典艺术出版社，1958 年；袁曙光《四川博物馆藏万佛寺石刻造像整理简报》，《文物》2001 年第 10 期。

［9］成都市文物考古工作队《成都市西安路南朝石刻造像清理简报》，《文物》1998 年第 11 期。

［10］霍巍《四川大学博物馆收藏的两尊南朝石刻造像》，《文物》2001 年第 10 期。

［11］广元皇泽寺博物馆、成都市文物考古研究所编《广元石窟》，巴蜀书社，2002 年 12 月出版；广元市文物管理所《广元新发现的佛教造像》，《文物》1990 年第 6 期；广元皇泽寺博物馆《广元出土佛教石刻造像》，《四川文物》2004 年第 1 期。

［12］同［9］。

［13］刘志远、刘廷壁《成都万佛寺石刻艺术》图版 15，中国古典艺术出版社，1958 年。

［14］金申《中国历代纪年佛像图典》图版 228，文物出版社，1994 年。

［15］据成都市考古所雷玉华提供的茂县较场坝出土的一件南朝造像碑材料。该造像碑造三佛四菩萨，其中菩萨即饰 U 形长璎珞，这应是目前所知时代最早的菩萨饰 U 形长璎珞的例子。

［16］同［8］。

［17］同［11］。

［18］剑阁县觉苑寺收藏四件造像，其中佛像一件、菩萨像两件、力士像一件。资料尚未刊布，皆为附近寺院出土，红砂岩，圆雕。佛像头、手不存，穿褒衣博带式袈裟，内着僧祇支，胸部束带，带末垂至袈裟下摆处，时间约为萧梁。另三件造像时代约为隋代，两件菩萨像相同，头、手不存，颈部戴联珠纹宽项圈，缀悬铃，上身着袒右肩僧祇支，X 形璎珞和帔帛，腰侧系环。下身着长裙，腰束宽带，裙摆垂至足背。力士双臂和头均不存，戴项圈，袒上身，X 形璎珞，下身着及膝短裙，腰束带，翻出裙腰，帔帛系于腰带上，横膝部一道，垂于体侧，跣足，立于山岩坐上。

［19］同［9］。

［20］同［9］。

［21］孙华《四川绵阳平杨府君阙阙身造像——兼谈四川地区南北朝佛道龛像的几个问题》，《汉唐之间的宗教艺术与考古》，文物出版社。

［22］广元皇泽寺博物馆《广元出土佛教石刻造像》，《四川文物》2004 年第 1 期。

［23］《续高僧传·习禅初》卷十六"周京师大追远寺释僧实传十六"。

［24］《法苑珠林》"破邪篇·感应缘"。

［25］彭州市博物馆、成都市文物考古研究所《四川彭州龙兴寺出土石造像》，《文物》2003 年第 9 期。

下 编

文物勘察与维修保护

伍　石窟文物保护规划

一　总　则

为有效保护和充分展示皇泽寺摩崖造像及皇泽寺景区内的其他文物遗存，尽可能恢复皇泽寺景区的原状景观，凸显皇泽寺的历史纪念地意义，发挥自然与文化遗产在城市开发中的积极作用，特编制此石窟文物保护规划。

（一）规划性质

规划依据国家有关文物保护及其他各项相关法律法规文件编制而成，经依法审批后，作为实施皇泽寺景区文物保护和环境整治的指导性文件。

（二）规划原则

1. 文物保护

保护为主，抢救第一，合理利用，加强管理。

2. 景区规划

统一考虑文物遗存、自然环境、历史纪念地和城市景观的保护，以文物保护为前提，开发景区的展示与游览功能。

（三）规划依据

1. 主要依据

（1）《中华人民共和国文物保护法》（1991年）

（2）《中华人民共和国环境保护法》（1989年）

2. 其他依据

（1）广元市文物管理所《关于委托中国建筑中心设计院四所对全国重点文物保护单位四川广元皇泽寺摩崖造像保护规划的设计意见书》（1999 年 4 月）

（2）广元皇泽寺景区规划用地红线图（2000 年 3 月）

（3）铁道部科学研究院西北分院《四川省广元皇泽寺坡体病害工程地质勘察报告》（1999 年）

（4）《风景名胜区规划规范》（GB50298 – 1999）

（5）国家相关技术规范

3. 参考文件

（1）《关于保护景观和遗址的风貌与特性的建议》（1962 年）

（2）《关于历史地区的保护及其当代作用的建议》（1976 年）

（四）规划内容

划定皇泽寺现有文物遗存的保护范围、建设控制地带并提出相应的保护要求；

针对现存问题提出皇泽寺景区的文物保护措施及相关要求；

提出景区规划方案与相关设计要求。

二 基本情况

（一）地理位置

皇泽寺景区的地理坐标为东经 105°47′40″，北纬 32°26′25″，海拔高度为 480 米。

景区位于广元市中心区西侧 1 公里的乌龙山东麓，嘉陵江西岸，背山面水，与市区隔江相望。

（二）自然环境

1. 气候

广元境内属亚热带湿润季风气候区，年均气温 16℃，年均相对湿度 68％，年均降雨量 993 毫米，历史上最大日降雨量 202.1 毫米（1962 年 7 月 27 日），日照 1389.1 小时，无霜期 264.5 天。气候特点为春迟、夏长、秋凉、冬冷，四季分明。

由于地处太平洋副热带高压脊的西北边缘，青藏高原前沿偏北气流引导冷空气南下，与北上暖热气流相遇，常形成暴雨并引起山洪暴发。另外，春秋换季时段，特别是秋冬季冷空气越秦岭南下，经嘉陵江河谷入川，广元河谷地带的风力可达 10 级以上，年均大风在 10 次以上，最多 25

次（1985 年）。

2. 地质

乌龙山岩体主要由侏罗系千佛崖厚层长石石英砂岩夹薄层泥岩、粉砂岩构成，厚度达 30～40 厘米，岩性较坚硬。皇泽寺所在坡体分为陡崖与缓坡两种结构单元，陡崖为巨厚层砂岩，较坚硬完整；缓坡则为地层重叠、软硬相间，层间破碎带、泥化带发育的坡体结构。

3. 水文

皇泽寺点的嘉陵江现状水位在 469.89～472.44 米之间，历史最高水位为 479.01 米，径流量为 1540～21 立方米/秒，最大径流量为 12900 立方米/秒。

嘉陵江年均流速 2.05～3.95 米/秒，终年可通 35 吨左右船只。

4. 地震

广元地处龙门山断裂带的川西北地震带，是四川境内三个主要地震活动带之一。据 1949 年后的地震记录，该地震带上发生的最大震级为 1976 年 8 月 16 日松潘、平武的 7.2 级地震，震中北纬 32°42′，东经 104°06′。广元发生的最大震级为 1966 年 4 月 26 日广元、江油间的 4.4 级地震，当地地震烈度可按 7° 考虑。

（三）历史沿革

北朝时（6 世纪），乌龙山上已开始出现窟龛造像。

初唐贞观五年（631 年），此地有石洞藏（刻）经卷。

唐麟德五年（665 年），此地已有佛教寺院。因武则天母仪天下，利州人于寺内造像立祠为之祈福，并为寺院获请赐额，名皇泽寺。

唐宝历二年（826 年），称"西龛"（相对"北佛龛"千佛崖而言），有太守造像，起建佛阁。

五代后蜀广政时（959 年），为祈祷水旱灾异，更立武氏新庙。

北宋时（11～12 世纪），皇泽寺内有武后真容殿。自乌龙山顶至江岸有三层寺院建筑。

明代（15～17 世纪），在江边增建川主庙，故又称临清门川主庙，寺内已无武后之祀。

清乾隆时（18 世纪中），皇泽寺尚存，但寺内武后石像曾仆之庑下，后复归原处。江岸增建为三重院落，并建有临江戏台。由此可知，宋清两代是皇泽寺规模最为盛大的时期。

1935 年，沿江修筑川陕公路，皇泽寺被夷平。

（四）遗存环境

景区前有沿江公路（今名则天路），北连则天大道通往市区，南接广旺铁路桥。原宝成铁路在沿江公路西侧并行，从皇泽寺遗址上穿过，现已改道，仅存路基。目前，嘉陵江东岸以及景区南北两侧的嘉陵江西岸已经是人工筑堤，顶面高程在 483 米左右。景区前江岸（约长 1000 米）仍为原有自然形态，江中矗立一组大石，沿江岸散布少量民房。

乌龙山南北长约 1200 米，山体最大高度 100 米左右。山形北高南低，峰顶距山体北端约 300 米，海拔 590 米，现立有广元市中区电视塔。

<h1 style="text-align:center">三　现　状</h1>

（一）景区

景区南北向 500 余米，东西向 40～100 米，总占地面积约 4.3 公顷。

地势北高南低，地面标高在海拔 485～530 米之间，可分为北、中、南三区。

中区是主要文物遗存所在地，三层阶状台地，海拔高程分别为 504 米、494 米、488 米，台地侧壁砌筑石质挡土墙。建筑物大都依崖而建，主要为窟龛和摩崖石刻外部的保护性建筑。

南区地势相对低平，建有"红军石刻标语碑林"展厅、大门、管理办公及旅游服务用房等。

北区地势较高（与中区高差在 20 米以上），建有以展示、游乐功能为主的女皇宫及内部招待所性质的小型旅馆建筑。

景区道路大部分为水泥路面，局部为铺砖路面。道路宽度不等，随台地宽窄变化。阶梯形式主要为两种：一是上下台地之间的台阶，大都为石条砌筑；二是由地面上至窟龛的阶梯，一般采用坡度较陡的铁梯。

景区绿化以形态自然、分布随意的树木为主，多为柏树和大叶女贞，沿台地边缘种植灌木与塔柏。

（二）文物

1. 不可移动文物

皇泽寺摩崖造像开凿在乌龙山东麓崖壁上。现存窟龛 50 个（其中大窟 6 个），造像 1203 躯，多数为隋唐时期（7～9 世纪）开凿。窟龛位置集中在中区，上下分层布列。另外，正对中区、距江边约 30 米处有一方高 10 米左右的巨石，侧面遍凿窟龛。

除造像外，现状窟龛所在崖壁上还留有一些卯孔，应是早期木构窟檐的遗迹。

2. 可移动文物

（1）武则天造像

以整块黄砂岩雕成，高 1.8 米。像作比丘尼状，方额广颐，面相庄严。通肩帔帛，戴化佛冠，双手叠置膝上作禅定印。造像年代不详。

（2）红军石刻标语

共有碑刻 43 通、标语口号 65 条、石刻标语拓片 48 条，是 1932 年至 1935 年广元地区留存下来的具有代表性的红军石刻标语及碑刻。其中一级革命文物 4 件。

（3）其他石刻文物

广元市文物管理所现有馆藏文物 5000 余件，包括一级文物 14 件，二级文物近 50 件。其中有北魏石雕佛像，五代、元代、清代历代碑刻，南宋墓室石刻，清代蚕桑十二事图碑，以及石材建筑构件等。

（三）管理

1. 管理机构

景区内现为广元市文物管理所所在地，全面负责皇泽寺景区的文物保护、管理及研究工作。

广元县文物管理所成立于 1976 年，1985 年随广元建市升格为广元市文物管理所，现有职工 25 人。2000 年 12 月成立皇泽寺博物馆，与市文物管理所合署办公。

2. 文物保护

1961 年 4 月，国务院公布"皇泽寺摩崖造像"为第一批全国重点文物保护单位。1980 年 8 月，四川省政府公布"红军石刻标语碑林"为省级文物保护单位。1988 年 12 月，广元市国土局颁发皇泽寺国有土地使用证，用地面积 22761 平方米。

1990 年 11 月，广元市政府核定皇泽寺保护范围并报省政府审批。其中重点保护范围占地面积为 22761 平方米，沿重点保护范围边界平行外扩 15 米以内区域作为一般保护范围和建设控制地带。

1978 年，新建大佛楼（第 38、28 诸窟和武则天造像的保护建筑）。

景区内重要窟龛前方均安设金属护栏。一部分造像外建有保护性建筑。景区入口处及重要石窟造像景点皆有专人负责管理。景区内现有文物库房面积为 65 平方米，保存条件一般。

3. 考古调查

1954 年修筑宝成铁路时，皇泽寺吕祖阁前斜坡中出土五代广政二十二年（959 年）"利州都督府皇泽寺唐则天皇后武氏新庙记"碑，现存大佛楼内。

1960 年，张明善、黄展岳对皇泽寺进行实地调查。

1989 年，与中国社会科学院合作进行调查和窟龛编号建档工作。

2000 年，与北京大学考古文博学院、成都市考古研究所合作，再次进行调查和窟龛编号建档工作。

4. 开放展示设施

景区现平均游客量为 100 人次／日左右，最大游客量为 2000 人／日。景区内旅游服务设施现有茶室 2 处（共 120 平方米）、公厕 3 处（共 193 平方米）、售品部 2 处（约 60 平方米）。

现状景区入口外公路东侧设有临时停车场，最大停车量为 50 辆／日左右。

四 现存问题

（一）文物状况

1. 岩体病害

景区所在的岩体是陡崖与缓坡两种不同结构单元的结合部。缓坡地带由于上部堆填土的滑动变形和下覆基岩中软弱泥化带的蠕动变形，已使坡体存在较严重的病害。

目前，陡崖岩体的整体稳定性尚好，但局部存在危岩体，在水压或地震等灾害因素激发下，有可能产生崩塌，对石刻文物造成威胁。

2. 保护

重要石刻文物的保护设施不足，一些重要窟龛前未设护栏，或虽有护栏但造像仍处于游人可触及范围之内，不利于石刻文物的保护。

3. 展示

文物标志与解说系统不够完善，景区入口、区内道路路口及上下台地处，缺少说明指示牌。

文物展示不够充分，一些重要窟龛未列入日常展示，部分摩崖石刻则因所在位置不便观赏，可移动展品缺乏展示场所。

作为唐代皇泽寺和武氏祀庙的纪念地，缺少以武则天为主题的常设展示场所。

4. 库藏

零散石刻艺术品列置道旁或露天堆放，不利于集中管理、保护与研究。

（二）景区状况

1. 建筑布局失衡

中区建筑物数量少，体量小，未能体现主体群应有的景观效果。南、北区新建筑物数量多、体量大，形象过于显著，影响整体景观效果。主体建筑（大佛楼）与入口之间缺乏视线联系，同时缺少观赏角度。

2. 山体轮廓破坏

乌龙山的地理位置决定其作为广元市重要自然景观的地位，现山顶所立广元市中区电视塔，以及电视塔北侧的砖砌烟囱，破坏了山体的轮廓线与整体形象。

3. 江岸景观杂乱

自则天大道西端至广旺路桥之间的西岸沿江一线，散布大量小型建筑物及构筑物，外观杂乱。

江心及东岸的工作与停泊船只与皇泽寺景区的名胜氛围不相协调。

（三）主要问题

1. 自然因素

山体滑坡和风化危岩是石刻文物面临的主要自然破坏因素。

2. 人为因素

20世纪两次修路（宝成铁路和川陕公路）均从皇泽寺中穿过，虽然没有危及摩崖造像，但毁去了大部分寺院建筑，对皇泽寺及其山川寺像一体的人文景观造成了无法挽回的破坏。

近年新建的大门、办公管理用房、女皇宫、迎宾馆等，数量多、体量大，屋面多用黄琉璃瓦，位置与形象均较主体建筑更为显著。另外，景区内设置的隔墙、花坛等，均对整体景观造成不良影响。

石刻文物的保护与展示中存在一些不当之处，如大佛楼二层窟龛周围的涂饰。

五 评 估

（一）文物价值

1. 石窟造像

皇泽寺石窟中的早期窟龛表现出受北朝石窟影响的特点，唐代窟龛的造像题材与风格表现出中原地区同期典型窟龛的特点，而造型纹饰精美程度与雕凿技艺水平则在现存中原各地窟龛之上，是中国佛教石窟的珍贵遗存，具有很高的文物价值与艺术价值。

2. 红军石刻标语

景区所藏红军石刻标语是第一次国内革命战争时期川陕革命根据地的重要遗存，真实记录了当时建立苏维埃政权、发动群众开展武装斗争的革命历程，是具有重要价值的革命文物。

3. 历代碑刻

"大蜀利州都督府皇泽寺唐则天皇后武氏新庙记"碑正面碑文中有"贞观时，父士彟为都督，于是……后焉"，据郭沫若先生考证，此处所缺为"乃生"二字，这成为武则天出生于广元（利州）的重要史证。其余历代碑刻与墓室石刻，也均具有特定的文物价值。

（二）景区历史价值

皇泽寺景区是我国唯一的武则天祀庙所在地，是一处重要的历史纪念地。其重要性同时还体现在自8世纪起即已形成的与广元城隔江相向、以佛阁为景观焦点的历史空间格局。

（三）社会公益价值

窟龛造像对于石窟史、艺术史，以及建筑史等学术研究领域具有重要的史料价值。作为著名的历史名胜，皇泽寺在国内享有很高的知名度。

景区内的红军石刻标语等革命文物是进行中国革命史和地方革命传统教育的重要教材，是研究中国近代史、中国革命战争史及中国工农红军史的重要材料。

景区建设对繁荣广元市的经济与文化建设，开展爱国主义教育，培养民族历史情感与传统审美情趣，提高民众素质等均可起到积极的作用。

（四）开放条件

皇泽寺景区现实行日常开放，基本具备文物管理与服务设施条件。

（五）前景

拥有以隋唐时期石刻造像为主体的宝贵文化遗产，历史上曾数度建造武氏祠庙因而具有历史纪念地意义，依山傍水并与广元城区之间形成特定的历史空间格局，是构成皇泽寺景区基本价值的三个主要方面，是景区赖以生存发展的根本。在这些方面不断加以完善，以之为本进行建设与管理，从整体上提高保护、展示水平，扩大社会影响，构成社会效益与经济效益的良性循环，使皇泽寺景区不仅成为以石刻造像与史迹名胜景观为主要特色的旅游胜地，同时成为历史教育与地域传统文化研究的基地。

目前，广元市政府对景区建设高度重视与支持，并提出扩充博物馆功能，使景区成为集中收藏、保存、研究并展示广元地区历史文化遗产场所的设想，这将有利于扩展景区功能，同时促进广元市博物馆事业的发展。根据现状条件，通过全面治理环境，合理规划用地，调整建筑布局，完善管理机制，并以石刻文物为主题，扩大收藏范围，丰富展示形式与内容，加强宣传力度，上述目标与设想可望实现。

六　保护规划

（一）保护范围与保护要求

1. 界划依据

根据已知文物遗存的分布，出于文物安全性方面的考虑，同时考虑到未知遗存的可能分布以及景区总体规划布局，在原广元市政府核定的保护范围基础上，进行适当调整。

2. 保护范围

按照景区内石刻文物的分布现状，分设两处保护范围：

保护范围一

自乌龙山东侧崖体边缘，至景区内第二层台地东侧边缘，南至现状入口大门北侧，北至现北区红军陈列室北侧，水平投影面积6850平方米。

保护范围二

红军石刻标语碑林在1980年8月被公布为省级文物保护单位，故考虑设立保护范围。以现状展厅为中心，南北36米，东西22米，面积约800平方米。

保护范围面积共计7650平方米。

3. 建设控制地带

西侧以乌龙山的南北向山脊沿线为界，经过电视塔（590.55）、武－1（549.60）、武－2（553.83）、武－3（572.03）诸基准点；东侧以嘉陵江西岸为界；南侧以广旺铁路桥延长线为界；北侧以则天大道至吴家沟处的涵洞桥（北端）以北30米一线为界。

建设控制地带南北长约1050米，东西宽约250米，水平投影面积约26.64公顷（含保护范围）。

4. 景观控制区

景区以东、以保护范围一为中心、半径1公里以内的地区，包括与景区相对的嘉陵江东岸部分市区，以及嘉陵江上游西岸的部分地区。

5. 保护要求

（1）保护范围

除必要的保护设施之外，不得建造任何形式的其他设施。保护设施的设置不得对文物遗存造成损害，不应对周围环境造成不良影响，保护措施的施用应具有可逆性。

（2）建设控制地带

严格控制建设项目，任何建设项目均需经文物主管部门审批。除本次规划设计项目之外的建筑物高度控制在6米以下（含脊）。新建建筑物的外观不得对景区总体景观造成不良影响。现状建筑物中对总体景观造成不良影响者应予以拆除或改建。禁止一切带有震动效应的操作活动，如开山、爆破等。

（3）景观控制区

严禁进行带有污染性质的开发建设项目。新建建筑物的外观不应对景区总体景观造成不良影响。新建建筑物限高16米。绿地率不低于30%。

（二）保护措施

1. 保护措施

（1）窟龛防护

对现存窟龛进行调查，建立详尽的文物档案。完善石刻文物的保护设施，对污损窟龛采取适当的清理措施，拆除、重建已产生结构变形的保护建筑。对巨石造像采取设置半地下展室的保护措施。对石刻文物进行定期监测。景区内禁止举行带有声波震动效应的活动。沿江道路禁止5吨以上的载重车辆通行。

（2）岩体保护

认真检查并及时排除石刻造像上方及其周围的岩体危象，清除崖壁上方可能散落的石块。全面检查石刻文物所在山体的各种隐患，如坍塌、开裂、渗漏等，拟订治理方案。

（3）坡体加固

按照经过合法审批的《皇泽寺坡体病害整治方案》，对坡体病害进行工程治理。对陡崖危岩体实施加固之后，仍需对石刻文物所在崖体进行定期监测。

2. 技术要求

慎用化学保护方式及新材料，保护技术的试验期限在一年以上。

3. 技术程序

委托具有相应资质的科研设计单位提出关于窟龛防渗漏以及石刻造像防风化、防污染的保护意见与实施方案。石窟保护方案须经国家文物局主管部门组织评审通过后方可实施。在文物主管部门直接监督下，委托具有相应资质的施工单位进行石窟保护工程。

（三）防灾措施

1. 防洪

在石刻文物所在崖壁的顶部，垒砌一道与崖壁平行的截水坝，南北两端与现有排水沟相接，坝体的截面尺寸应能满足阻挡雨季山顶洪水下泄的要求。

2. 防震

对已处于或接近于失稳状态的石刻文物实行监测，对保护建筑进行必要的检查和支撑处理，以防止或减轻地震灾害时出现的倒塌、毁坏。

（四）容量控制

鉴于皇泽寺景区内的石刻文物相对集中，且所在位置较高，游人必须登上保护建筑进行观赏。

为确保石刻文物，特别是大佛楼内外几处重要石刻的安全性，应当对游人数量实行控制。

按大佛楼现状交通条件和游人活动空间估算，最佳瞬间容量应在 15 人以下，最多不应超过 25 人，滞留时间一般可在 10 分钟左右。按日开放时间 6 小时计，则景区的日常游人容量不应超过 900 人/日。

如遇节假日游人数量集中的情况，大佛楼登临入口处必须设专人管理，严格限制登楼人数，以避免因拥挤造成石刻文物的损坏。

（五）环境治理

为保护皇泽寺景区的整体景观，除执行上述保护要求之外，建议对周围环境采取以下治理措施：

保持乌龙山山脊轮廓线的完整，并实施山体的全面绿化，尽可能地遮挡山体东麓的现有建筑物。同时，景区外单幢建筑物的建筑面积限在 70 平方米以下，层数限为一层，屋面限用陶瓦。山体西麓虽不属建设控制地带，但建筑（构筑）物的高度必须以不超出山脊绿化高度为限。

将山顶的中区电视塔搬迁到不影响乌龙山东麓景观的方位。

拆迁或改造现状位于电视塔西侧的砖砌烟囱。

保护范围与建设控制地带内禁止设立高度在 1 米以上、面积在 5 平方米以上的标语或广告牌，景观控制区内应避免各类商业广告对景区整体景观的破坏。

保护范围与建设控制地带内，不得在明显位置设立电视接收天线。

（六）考古工作

1. 考古勘探

在实施保护规划之前，建议对规划用地中可能存有古代遗迹的区域进行考古勘探，目的在于找寻与皇泽寺有关的遗迹、遗物，探明历代皇泽寺的总体布局与变化，为历史研究和景区的发展建设提供依据。可在勘探基础上进行必要的发掘工作，使可能存在的遗迹得以保存与展示。

勘探过程中如发现新的历史遗迹、遗物，应及时上报文物主管部门，并加以认真保护与保存，以进一步充实、加强景区的文物展示和历史教育作用。

现状巨石造像埋入地下的部分应在发掘清理基础上制订保护与展示措施。

在实施石窟保护工程之前，应配合进行必要的考古勘探工作。

在考古勘探与发掘工作完成之后，本规划可依据所得资料进行必要的调整或修改。

2. 勘探范围

考古勘探范围以整体包含原皇泽寺寺址为原则，南北各以景区现状用地的延长线为界，西自景区现状二层台地挡墙，东至江边。水平投影面积约 11520 平方米。

3. 考古费用

此规划总投资的 5% 用于考古工作。

七　景　区　规　划

（一）规划范围

景区原有用地面积为 4.3 公顷，西侧以乌龙山东麓崖壁为界，东侧以现状第一层台地的挡墙为界，北侧以乌龙山北坡上山道路为界，南侧以红军石刻标语碑林南面的东西向沟坎为界。

此次规划用地范围在原有用地基础上增加了 2.9 公顷，共计 7.2 公顷。增加部分为原用地东界至江岸之间的地带，并向北延伸了 200 余米。

（二）规划要点

第一，调整皇泽寺景区现状总体布局中的重心失衡现象，将原位于大佛楼东西一线的皇泽寺中轴线恢复为景区的中轴线；

第二，根据恢复皇泽寺历史景观的要求，并结合管理、展示、游览功能的需要，在大佛楼下方沿中轴线设置寺院仿建区，其中主要新建项目为大门（兼具景区大门及管理、售票处功能），殿阁（兼具展示、旅游服务等功能），心经院（含巨石造像地下展室和武氏祀庙）及山池院（与心经院对称设置）；

第三，对现状建筑物进行必要的修整，依不同情况分别采取拆除、改建等措施；

第四，对各功能区提出基本控制指标，对新建和改建项目提出具体设计要求；

第五，对景区的展示管理、交通组织、绿化配置提出规划方案。

（三）功能分区

景区规划用地按功能需要分为 7 个区：

（1）古代石刻文物展示区（水平投影面积 0.37 公顷）

位于规划用地的中部偏南。区内包括全部古代摩崖石刻与窟龛，以及大佛楼、五佛亭、蚕桑亭、吕祖阁等保护建筑物。

（2）近现代石刻文物展示区（面积 0.15 公顷）

位于规划用地的南部，南端为红军石刻标语碑林展厅，其余地段可根据地形及道路走向，并结合绿化配置，设立园林建筑与石刻构件小品的露天展示点等。

（3）寺院仿建区（面积 0.5 公顷）

位于规划用地中部、古代石刻文物展示区的东侧，用于寺院建筑群的仿建。

（4）管理与展示区（面积 1.25 公顷）

位于规划用地的西北部。其南经石阶山路通往古代石刻文物展示区，其北经盘山道路通往江边，作为皇泽寺博物馆以及广元市文物管理所办公管理用地。

（5）山体、绿化区（水平投影面积3.21公顷，其中包含停车场及道路占地约1公顷）

此区包括西北坡盘山道路所在地带，寺院仿建区南北两侧现状铁路路基与公路所在地带，以及石刻文物展示区北侧、西侧高差变化较大的地带。

（6）公共交通、活动区（面积1.08公顷）

位于规划用地的东部沿江地带，作为沿江道路、景区主入口广场及江边休闲场所用地。

（7）生活管理区（面积0.64公顷）

位于规划用地的北端，作为景区管理机构及工作人员生活用地。

（四）基本控制指标

此规划中与城市规划各项基本控制指标相关的区域为寺院仿建区、管理与展示区以及生活管理区。

与此规划相关的基本控制指标主要有用地性质、建筑密度、建筑高度与绿地率各项。其中用地性质应与功能分区相符合，其余指标见表一所列。

表一　　　　　　　　　　　　　　景区规划基本控制指标

分区名称	建筑密度（％）	建筑高度（米）	绿地率（％）
寺院仿建区	<25	≤8	>50
管理与展示区	<20	≤6	>60
生活管理区	<40	≤16	>30

注：1. 建筑高度为檐口距室内地面高度；

2. 寺院仿建区的建筑密度指标25％应按台基外缘计。限高8米是针对殿阁与角楼而言，其余建筑物的檐口高度应在4米以下；

3. 生活管理区南端正对则天大道的地段，可用于旅游服务项目的开发。建筑密度可提高至60％，但建筑高度须限制在4米以下。

（五）总体布局

1. 要点

恢复原皇泽寺中轴线，以及寺院建筑物沿中轴线层叠铺展的历史景观。以完整的山体崖壁与绿化背景，衬托景区主体建筑群与石刻造像。以近代石刻展区与皇泽寺博物馆，作为主体建筑群的两侧辅翼。

2. 要素

中轴线定位基点：现状大佛楼底层后壁正中。

　　　　　方位：EN（东北）10°。

　　　　　长度：自大佛楼底层后壁至江边，总长 90 米。

主体建筑群空间系列（由西向东）：

大佛楼→二层台阶→殿阁→廊院→大门→码头

（六）现状调整

调整原则：

保留窟龛造像外部的保护性建筑物；拆除与总体布局不相谐调、与分区功能不符的建筑物；拆除有碍主体建筑群景观的建筑物；对保留建筑中构架濒危或外观破旧者予以改建（见表二）。

表二　　　　　　　　　　　景区现状建筑物调整

所在区	处　理　方　式					
	保　留（平方米）		拆　除（平方米）		改　建（平方米）	
中区	吕祖阁	25	茶室 2	48	大佛楼	396
	五佛亭	10	展览牌		观景亭	30
	蚕桑亭	19	花坛		厕 1	65
	茶室 1	73	宋墓石刻			
南区	红军石刻标语碑林	281	办公楼	440		
	厕 3	50	大门	88		
北区			红军陈列室	75		
			管理用房	193		
			女皇宫	350		
			迎宾楼	349		
			明园	617		
			静园	108		
			管理用房	120		
			厕 2	78		
面积总计	551		2466		491	

（七）改建项目设计要求

1. 大佛楼

设计中应考虑结构的自稳定性，尽量减少对崖壁的破坏。建筑外观应与石刻文物年代相谐调，体现初唐建筑的风格特点，建议采用传统木结构、灰瓦顶的做法。现状建筑物的拆除不得采用带有震动效应的操作方式。建筑物的拆除与施工不得对摩崖石刻造成损坏或形成威胁。设计与施工单位均须具备合格的专业资质，并具有从事同类、同级工程设计与施工的经验。大佛楼的施工图设计以及现状建筑物的拆除与施工方案，均须经国家文物局主管部门组织专家评审通过后方可实施。

2. 观景亭

采用原地原貌翻建方式。保留并矫正下部石柱，撤换上部已损坏的木构件，补葺屋面。不得改变原有建筑物的平面、高度与做法。

3. 厕2

采用易地重建方式。在其东侧留出足够的绿地，建筑面积控制在30平方米左右，建筑物檐口高度限制在3米以下。外观形式与茶室1相谐调。

（八）新建项目设计要求

1. 项目设置

景区规划新建项目主要是位于原皇泽寺中轴线上的寺院仿建部分和位于景区北端的皇泽寺博物馆，以及广元市文物管理所的办公管理用房等。

寺院仿建部分包括中院（大门、大殿、回廊）与南北两侧的两座别院（北称山池院，南称心经院）。心经院内北部建有巨石造像展室，南部按（广政碑）记载仿建武氏祀庙。

2. 设计要求

寺院仿建区的建筑物外观、色彩、做法均与大佛楼相协调。博物馆和办公管理用房的外观简洁淡化，内部功能合理，符合相关规范。

设计与施工单位均须具备合格的专业资质，并具有从事同类、同级工程设计与施工的经验。

设计方案须经国家文物局主管部门审批通过方可实施（见表三）。

表三 景区新建项目简表

位 置			名 称	层数	面积（平方米）	建筑、结构形式
古代石刻文物展示区			碑亭1	1	9	仿唐，石柱木构
			碑亭2	1	9	同上
			面积小计		18	
近现代石刻文物展示区			景亭	1	7.5	同上
			面积小计		7.5	
寺院仿建区	中院		大门	1	90	同上
			回廊	1	102	同上
			殿阁	2	297	同上
	山池院		轩门	1	13.5	同上
			回廊	1	54	同上
			水榭	1	40.5	同上
			角楼1	2	25	仿唐，底层砖石，上层木构
	心经院		地下层厅	1	144	钢筋混凝土结构
			展厅入口建筑	1	9	仿唐，石柱木构
			武氏新庙	1	140	同上
			售品部	1	49	同上
			角楼2	2	25	仿唐，底层砖石，上层木构
	面积小计				989	
	围墙				160 延长米	同上
管理与展示区			皇泽寺博物馆	1	1552	传统风格，砖混结构
			办公管理用房	1	210	同上
			售品部	1		同上
			公共厕所	1		同上
			面积小计		1849	
公共交通活动区			公共厕所	1	40	同上
			面积小计		40	
面积总计					2899.5	

注：建筑面积按轴线尺寸计

（九）展示管理与服务设施

在主入口处设置景区导游图牌，随同门票提供有关石刻文物的简介材料。在窟龛前方设置有关窟龛造像年代、内容、文物价值的说明牌。景区内主要路口设置路标，明确标识景区出口、公共厕所及旅游服务设施的走向。各种简介、导游图及标志牌均应为中英文对照。景区内的坐凳、果壳箱等园林小品需经统一设计后设置。

（一〇）交通组织

1. 入口

（1）主入口

位于中轴线东端，东向，是游客进出景区的主要通道。入口广场的南北两侧与沿江道路相接，东侧为水路码头。

（2）管理与展示区入口

位于景区北端，西向，以盘山道路与沿江通道相接。作为参观博物馆、学术交流活动以及文物管理所工作人员的主要出入口。

（3）次入口

位于古代石刻文物展示区南端，在台地石砌挡墙上开门，东向。主要供内部运输之用（如运送物品、清运垃圾等）。一般情况下限内部人员通行，必要时可兼用作残疾人通道。

2. 参观路线

（1）常规路线之一

主入口→山池院→（上山至）博物馆→（下山至）大佛楼→蚕桑亭→五佛亭→近现代石刻展区→红军石刻标语碑林→心经院→出口

（2）常规路线之二

主入口→山池院→大佛楼→蚕桑亭→五佛亭→近现代石刻展区→红军石刻标语碑林→心经院→出口

（3）专家、贵宾路线

博物馆→大佛楼→蚕桑亭→五佛亭→红军石刻标语碑林→心经院→出口

（一一）绿化配置

皇泽寺景区绿化工程的原则，一是以整体绿化衬托主体建筑物；二是充分利用绿化的协调与遮挡作用，保持乌龙山东麓景观的整体性。

沿江道路两侧的行道树种可选择柳树（垂柳或旱柳），并在行道树之间配置低矮灌木，播撒传统品种草籽，形成草地。

江岸堤坝建议采用网状水泥块铺装，空格内填土，种植固坡植物（灌草混合配置）。

景区内主体建筑群周围种植观赏性树种（如桂、樟、银杏等）。

景区南北两侧大面积坡体上护土栽植灌木，形成完整的山体绿化效果。

管理与展示区中配以高低疏密结合、常绿与落叶相间的多层绿化。

生活管理区南端沿路一侧加大种植密度，起到隔离遮挡作用，使由则天大道与嘉陵江东岸方向而来的视线获得良好的景观效果。

八　基础设施规划

（一）道路规划

1. 内部道路

景区东部设沿江通道，北面与则天大道相接，南面与广旺路桥相接。

路宽6米，按机动车并自行车单道双向考虑。

道路东侧设人行道，宽3米，西侧人行道可结合游人休憩设施考虑适当加宽。

沿江道路的南北两端设减速带与限速标志牌，该路段限速20公里/小时。

由主入口进入景区之后的交通均为步行路线。

由管理与展示区入口进入景区可利用现有盘山车道。入口以内的道路路宽3.5米，与小南海北侧的上山阶梯相接，并设回车场。一般情况下作为步行道，特殊情况下可供小型机动车单道双向行驶。

除特殊情况外，景区内通道及台阶的横宽一般不小于1米。

2. 外部道路

通过景区北侧的则天大道以及南侧的广旺路桥，均可乘车或步行由广元市区进入景区，利用嘉陵江航运也可乘船到达景区主入口。

3. 停车场

景区内停车场共有两处。

对外停车场位于主入口北侧，沿江道路的西侧。按30辆小型机动车、4辆大客车车位，平均35平方米/车位考虑，占地1200平方米。

内部停车场位于管理与展示区入口内北侧，按10个车位，平均35平方米/车位考虑，占地350平方米。

另外，在古代石刻文物展示区和管理与展示区之间设回车场，占地200平方米，也可供临时停车之用。

自行车停车场位于对外停车场的南侧，按 300 个车位，平均 0.7 平方米/车位考虑，占地 210 平方米。

（二）给水、排水

1. 给水

景区内的供水管线暂维持现状。

2. 排水

景区内排水方式主要采用沿地形方向（山坡、台地、阶道）由西向东自然排水。

景区中部和南部，各有一条东西方向的排水（洪）沟，北部靠崖壁处有一方形水池，面积约 300 平方米，可用作蓄水池（兼消防水池）。

沿江道路的两侧不设路牙。道路内侧于路面与草坪之间设排水暗沟，其上分段设置镂空石盖板。

沿路每隔 150 米左右设横向暗沟与堤外相通；道路外侧采用自然排水方式。

寺院仿建区内地面应保持 2% 以上的坡度（由西向东），于东侧围墙处设暗沟向外与沿江道路西侧的暗沟相接。仿建区南北两侧的大面积绿化地带亦应保持 5% 以上的排水坡度（由西向东）。

内部南北向道路与石阶的路（阶）面应向东倾斜 2% 以上，以利排水。台地护栏底部透空。

（三）安防、消防

1. 安防

景区内的重要窟龛，如第 28、45、51 等窟，窟外应安装能够防止偷盗、防止游人触摸造像的金属护栏，或其他形式的防盗、防触摸装置。

重点窟龛附近及博物馆主要展室内，应设置监视系统，并设专人监控。

博物馆主要展室内，应设置监视系统，并设专人监控。

2. 消防

大佛楼应设避雷设施、消火栓及防火感应设施。楼内各层设灭火器。

寺院仿建区及博物馆内应设置消火栓与灭火器。

可考虑利用山顶现有水池作为消防水池，并根据需要在附近设置高压泵房。

博物馆按消防设计规范设置灭火装置。

其余建筑物内应设置足够数量的灭火器。

（四）电力、电讯

1．动力照明

道路与广场照明。按主入口内外分为广场、沿江道路（应同时照顾路面及江边绿地）的照明与内部的步行道路沿线（包括平台、石阶）照明。

建筑物内外照明。游人可以入内的建筑物内外应设置照明。

建筑物外部投射照明。建议在大佛楼等摩崖造像以及主入口、码头等处适当考虑投射照明。

动力线路应采用埋入式铺设。

2．电讯

在主入口、管理与展示区入口、大佛楼、红军石刻标语碑林、博物馆、办公管理用房、售品部等处应设置内部电话。

在休息点（售品部）和博物馆内可设置公用投币（磁卡）电话。

景区内如需设置卫星接收天线，应位置隐蔽，不得影响整体景观。

九　环境保护规划

（一）大气

乌龙山周围的大气环境质量应按国家制定的一级标准执行，大气污染的防治原则参照《中华人民共和国大气污染防治法》中对风景名胜区大气污染控制的规定执行。

（二）水体

嘉陵江的水体环境质量应执行国家制定的地面水Ⅲ类水质标准。水体防污参照中华人民共和国《环境保护法》和《水污染防治法》的有关规定执行。

（三）环境

景区内规划沿江道路禁止运载带污染性物资的车辆通行。保护范围和建设控制地带范围内禁止倾倒、堆积任何类型的固体废弃物。建设控制地带范围内禁止设立有可能造成环境污染（如产生污水、废气或有害气体、废弃物等）的工矿企业。建设控制地带范围内禁止从事有可能造成环境污染的放牧、养殖等活动。

（四）绿化

建设控制地带范围内应尽可能地创造条件扩大植被面积，保护并改善整体生态环境，完善整个乌龙山地带的小气候、小环境并使之得以长期保持。

一〇 用地规划

（一）规划用地范围

包括保护范围与建设控制地带，总面积约 26.64 公顷。

（二）用地划分

规划范围内用地划分如下：

（1）文物保护用地

包括保护范围一、二，面积 0.765 公顷。

（2）公益性建设用地

除文物保护用地以外的景区用地，共 6.435 公顷。

（3）建设控制用地

除文物保护用地和公益性建设用地之外的其余土地，共 19.44 公顷。

（三）用地性质调整

文物保护用地范围内的原有用地性质为公益性建设用地，现应调整为文物保护用地。

公益性建设用地范围中的沿江一带现有散布民房，占地面积约 1000 平方米，应考虑予以搬迁，将用地性质调整为公益性建设用地。

建设控制用地范围内的现有用地性质不变。

一一 管理规划

（一）管理机构

建议在广元市文物管理所下设皇泽寺景区管理处，保持现有管理、服务人员编制。景区管理处应严格执行国家有关法规，全面负责经审批通过的文物保护规划的组织实施和监督管理，对皇泽寺景区实行长期有效的保护与管理。

（二）管理规章

订立《皇泽寺景区文物保护管理条例》与《管理人员守则》。《皇泽寺景区文物保护管理条例》应包括保护范围与建设控制地带的范围及相关要求，石刻文物的保护管理措施等内容，采用适当方式广告社会。《管理人员守则》应包括管理制度、管理职责、管理方式等内容，通过规范管理人员行为，逐步提高景区文物保护管理的整体水平。

（三）日常管理

皇泽寺景区的日常管理由景区管理处负责。

日常管理工作的主要内容包括保证石刻文物安全；做好经常性保养维护工作，及时采取预防性措施，消除隐患；做好文物档案工作；建立灾害、遗存本体与载体、环境以及开放容量等监测制度，为保护措施提供科学依据。做好环境维护（清扫、绿化、修整等）工作。开展日常宣传教育工作。

一二　规划分期与投资估算

（一）规划分期

皇泽寺景区文物保护规划的实施，建议分为近、中、远三期。各期实施年限及要点如下：

1. 近期（2003～2005 年）

第一，建立详细的文物档案，包括石窟、石刻内容总录，重要窟龛与造像的实测图纸、图片及文字资料。

第二，建立监测系统，包括重要窟龛造像的定期监测，石刻文物所在崖体的定期监测。

第三，完善石刻文物的保护设施。

第四，按照经文物行政主管部门审批通过的方案，完成乌龙山东麓的岩体治理工程。

第五，在崖壁顶部垒砌截水坝，南北两端与现有排水沟相接，坝体的截面尺寸应能满足阻挡雨季山顶洪水下泄的要求。

第六，全面检查并排除石刻文物所在山体的各种隐患，包括解除石刻造像上方及周围的岩体危象，清除崖壁上方可能散落的石块。

第七，进行考古勘探工作，完成调查勘探报告，根据实际情况采取必要的文物或遗址保护措施。

第八，开展博物馆与管理用房工程的前期工作。

第九，按照规划要求，进行景区内环境治理，包括部分建筑物的拆除及场地平整等工作。

第十，进行沿江民居的搬迁工作。

2. 中期（2006～2010 年）

第一，委托中国文物研究所有关部门拟订石刻造像防风化、防污染等措施方案，进行石刻造像的保护工程。

第二，配合嘉陵江渠化工程及景区前沿江道路的铺设，进行景区中部寺院仿建区工程，委托具有合格资质的设计与施工单位进行该项目的设计与施工。

第三，按照经文物行政主管部门审批通过的设计与施工方案，进行主体建筑大佛楼的改建工程。对委托单位的要求同上。

第四，景区内外的道路、广场与绿化工程。

第五，景区内外的地下管线工程。

3. 远期（2011～2020 年）

第一，石刻文物的长期保护与研究。

第二，保护措施的逐步改进与更新。

第三，文物展示的不断调整与丰富。

第四，景区环境的长期维护与完善。

（二）投资估算

表四　　　　　　　　　　　　　　景区保护规划投资估算表

分期	项目名称	工程量	单　价	费用估算（万元）	备　注
近期	文物建档			2	
	文物保护			3	
	崖顶截水坝	约 265 米	150 元/延长米	4	建议采用砖石垒砌
	清除崖体隐患			5	
	文物勘探调查			5	
	建筑物拆除			10	
	场地平整			5	
	博物馆	1552 平方米	1500 元/平方米	232.8	仅为土建费用
	管理用房等	350 平方米	1000 元/平方米	35	含售品部、公厕等
	展示区道路	250 米	300 元/延长米	75	不含现有上山石阶
	沿江民居搬迁	1000 平方米		50	建议由当地政府解决
	小　计			427	

续表四

分期	项目名称	工程量	单　价	费用估算（万元）	备　注
中期	文物保护			10	包括造像防风化等措施
	文物展示			50	包括博物馆及室外展示场所
	寺院仿建工程	1000 平方米	1500 元/平方米	150	含石刻区碑亭、景亭等
	大佛楼改建工程	350 平方米	2000 元/平方米	70	
	砌筑挡土墙	200 米	300 元/延长米	6	
	围　墙	200 米	500 元/延长米	10	
	景区道路	1250 平方米	200 元/平方米	25	不含现有石阶
	入口广场	1200 平方米	200 元/平方米	24	
	停车场	1200 平方米	100 元/平方米	12	
	说明牌、标牌			2	
	绿化工程			30	
	管线工程			20	
	小　计			409	
远期	文物保护			10	
	保护设施			5	
	文物展示			20	
	环境维护			10	
	小　计			45	
	合　计	881 万元			
	不可预见费用	831×0.06＝52.86 万元			
	总　计	881＋52.86＝933.86 万元			

注：1. 中期文物保护一项的实际投资应以经文物主管部门审批通过的保护方案概算为准；

2. 中期文物展示的实际投资额度应以经文物主管部门审批通过的展陈方案概算为准；

3. 表中土建工程费用均为估算数字，实际投资额度应以按当地工程造价的概算为准；

4. 表中未计沿江通道铺设的费用，该项投资是否应计入嘉陵江渠化工程，由当地政府确定。

一三　附　则

　　此规划依程序审批后，由四川省人民政府公布实施。

（中国建筑设计研究院建筑历史研究所）

陆　坡体病害工程地质勘察

皇泽寺位于广元市城西 1 公里的西山，依山傍水，风景秀丽，嘉陵江从坡脚自北向南流过。皇泽寺为国务院 1961 年公布的第一批全国重点文物保护单位，寺内现有龛窟 50 处，龛窟中摩崖造像十分精美，主要为盛唐时期的作品，其中尤以武则天真容石刻造像最负盛名。然而由于多年以来，皇泽寺未进行全面的、有效的维修、治理工作，使得皇泽寺现已出现崖顶坡面冲刷、陡壁崩坍落石、危岩悬挂以及坡体变形蠕动等病害，对摩崖造像、则天殿古建筑物及旅游开发都带来较大的威胁，亟待进行工程抢险整治以消除危害。

为提供治理工程设计的地质依据，广元市文物管理所经过研究以及国家文物局专家推荐，决定委托铁道部科学研究院西北分院承担皇泽寺大佛楼前坡体病害的工程地质勘察工作，并在此基础上提出工程治理方案设计文件（图 29）。

铁道部科学研究院西北分院承担该项目的人员、设备于 1999 年 4 月 10 日前后到达皇泽寺工地，并立即开展勘察工作，于 4 月 25 日完成工程地质调查测绘、钻探、地质断面测量等外业任务，实际钻探工作量完成钻孔 8 个，累积进尺为 118 米（图 30～36）。

（一）工作区自然地理条件

广元市地理区划属于亚热带湿润季风气候区，当地气候温和，光照比较适宜。降雨多集中在夏季，区内多年平均降雨量为 993 毫米，最大年降雨量 1587 毫米，多年平均气温 16℃，多年平均相对湿度 68%，历史日最大降雨量为 202.1 毫米（1962 年 7 月 27 日）。

由于广元市地处太平洋副热带高压脊的西北边缘，北上的暖气流经过盆地周边地带迅速抬升而形成降雨云系。而当青藏高原前沿偏北气流引导冷空气南下，与北上暖热气流相遇，又常形成暴雨并引起山洪暴发，因而降雨、暴雨频繁及洪水是当地的灾害气候特征，当地地震烈度可按 7 度考虑。

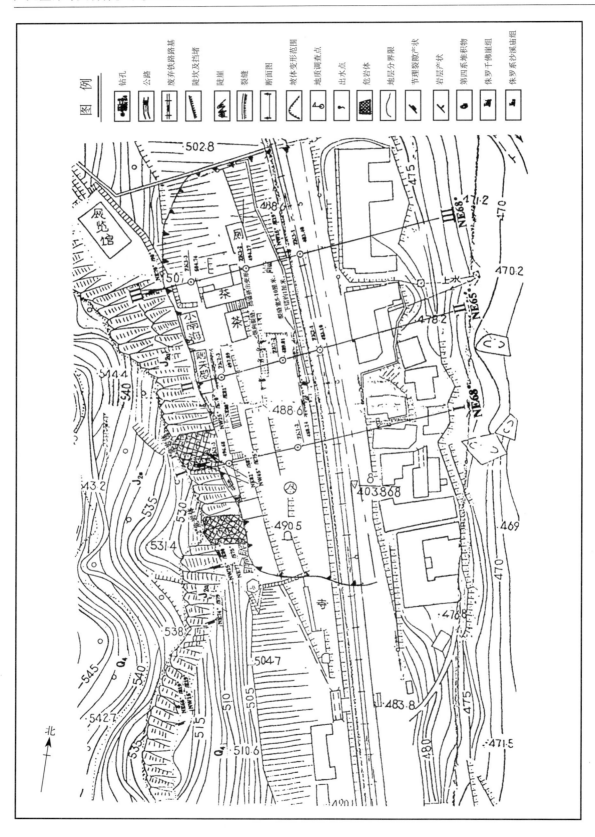

图29　坡体病害工程勘察地质平面图

（二）工程地质条件

1. 地层岩性

皇泽寺依附的西山岩体主要由侏罗系千佛崖厚层长石石英砂岩夹薄层泥岩、粉砂岩构成，呈灰、灰黄色，岩层为厚层构造，厚度达 30 ~ 40 米，岩性较坚硬，岩层产状为 NE65°/S19° ~ 24°。其次，在陡崖坡顶还出露侏罗系沙溪庙组泥岩夹石英砂岩、粉砂岩，多呈棕红，或灰黄、灰杂色，岩层产状为 NE83°/S9°，岩性较软弱，主要分布在坡顶形成覆盖层。此外，经勘探揭露，则天殿前的坡体内亦有沙溪庙组泥岩地层覆盖于千佛崖组砂岩之上。

第四系残坡积层一般由亚沙土、亚黏土及沙石组成，主要分布在陡崖坡顶地表及陡壁以下的缓坡地带，厚度在陡坡顶为 1 ~ 3 米。其下伏地层为沙溪庙组泥岩。

人工杂填土主要分布在建筑物坐落的坡体上，由堆填土及泥岩、砂岩风化物混杂组成，含有不同时期的砖、瓦碎片，厚度一般为 1 ~ 6 米。

2. 地质构造

广元市的地质构造背景为龙门山断裂构造的北段影响带，皇泽寺附近山体主要为背斜构造的一翼，即单斜构造。其主构造线方向为 NE70° ~ 80°，与此配套较发育的是 NW15° ~ 20° 的张扭性断裂带，由此形成地势反差明显的陡崖地貌形态。受此构造的影响，皇泽寺坐落的坡体截然分为陡崖与缓坡两种坡体结构单元，陡崖为巨厚层砂岩，较坚硬完整；缓坡则地层相互重复，岩层破碎，软硬相间。层间破碎带、泥化带发育的坡体结构，为该坡体在各种因素影响之下变形蠕动提供了潜在条件。

此外，当地巨厚层砂岩岩体中发育着与陡崖走向近于垂直的两组构造裂隙，其贯通性、切割性较强，裂隙的产状分别为 NE70° ~ 80°/S75° ~ 81° 和 NW25°/E78°，这两组裂隙相互组合可将岩块切割成楔形体，在风化、卸荷作用的共同影响下，即可构成产生危岩崩坍体的基础条件。

（三）坡体病害的变形特征

1. 地表变形迹象

地形，各级平台宽 10 ~ 20 米。目前地表出现的变形迹象主要有以下各点：

第一，则天殿房基水泥地面出现 NW20° 方向的裂缝，缝宽 1 厘米左右，具相对下沉错台，裂缝延伸达 15 米。该平台上还有近东西方向的裂缝分布。据《四川省广元皇泽寺摩崖造像抢险保护工程设计方案》中介绍并经现场调查，大佛楼前 6 根立柱已发生错位倾斜，现场调查中发现大佛楼迎晖殿屋檐三边已出现明显拉张裂缝，大殿前沿 6 根梁柱墩台有下沉变形迹象。目前的变形迹象仍在逐步发展，因而大佛楼前沿梁柱及部分建筑已处在危房阶段，应予以认真对待。

第二，蚕桑十二事图亭台附近产生裂缝较多，裂缝呈现拉张及下沉性质，亭台亦产生倾斜变形。

工程编号					HZD					
工程名称		皇泽寺坡体病害勘察				钻孔编号		ZK1－2		
孔口标高	488.24m		坐标	x＝32.14m		开工日期	1999年4月17日稳定水位深度			
孔口直径	127.00m			y＝0.00m		竣工日期	1999年4月18日测量水位日期			
地层编号	时代成因	层底标高（m）	层度深度（m）	分层厚度（m）	柱状图	地层描述	取样	标贯击数N	稳定水位（m）	附注
1		482.54	5.70	5.70		杂填土：浅黄；不均；中密；湿；含少量砖块瓦片。上部0～2米含杂质较多，稍密。底部为泥岩残坡积物，呈中密潮湿状				
2		481.94	6.30	0.60		砂岩：灰绿色；中层构造；强风化；夹含少量泥岩碎块				
3		480.24	8.00	1.70		泥岩：杂色；中薄层构造；强风化；灰绿色，灰黄杂色为构造糜棱带，受构造扰动迹象明显，为泥岩破碎带				
4－1		479.34	2.90	0.90		砂岩：棕褐；中层构造；中风化；为泥岩与砂岩的过渡带，岩层较完整				
4－2		477.44	10.80	1.90		砂岩：灰绿色；厚层构造；微风化；岩层完整，岩芯呈10～20厘米柱状，岩块致密较坚硬				

图30　坡体病害工程勘察钻孔柱状示意示意图

工程编号				HZD						
工程名称			皇泽寺坡体病害勘察		钻孔编号		ZK2-1			
孔口标高	483.10m	坐		x = 38.02m	开工日期	1999年4月20日	稳定水位深度			
孔口直径	127.00m	标		y = 0.00m	竣工日期	1999年4月20日	测量水位日期			
地层编号	时代成因	层底标高（m）	层度深度（m）	分层厚度（m）	柱状图	地　层　描　述		取样	标贯击数N	稳定水位（m）	附注
1		481.10	2.00	2.00		杂填土：浅黄；不均；中密；稍湿；上部0~1.2米为铁路道砟，密实。底部为坡积泥岩砂岩风化物					
2-2		479.70	3.40	1.40		砂岩：灰绿，灰黄色；中层构造；强风化；锤击即呈散沙状					
3-1		478.50	4.60	1.20		泥岩：棕红；中薄层构造；强风化；为砂泥岩互层，泥质含量多，岩芯呈泥夹碎块状					
3-2		475.90	7.20	2.60		泥岩：杂色；中薄层构造；强风化；受构造扰动迹象明显，为泥岩破碎带					
4-1		479.34	8.60	1.40		泥质砂岩：棕褐，中层构造；均匀；中风化；略受构造扰动，为泥岩与砂岩的过渡带					
4-2		473.90	9.20	0.60		砂岩：绿色；厚层构造；均匀；微风化；岩层完整，岩芯呈10~20厘米柱状，岩块致密较坚硬					

图31　坡体病害工程勘察钻孔柱状示意图

工程编号				HZD					
工程名称		皇泽寺坡体病害勘察			钻孔编号		ZK2-2		
孔口标高	489.01m	坐	x=17.98m	开工日期	1999年4月16日		稳定水位深度		
孔口直径	127.00m	标	y=0.00m	竣工日期	1999年4月17日		测量水位日期		
地层编号	时代成因	层底标高（m）	层度深度（m）	分层厚度（m）	柱状图	地 层 描 述	取样	标贯击数N	稳定水位（m）	附注
1		484.41	4.60	4.60		杂填土：浅黄；不均；中密；湿；含少量砖块瓦片；4~4.6米土质较均为，底部为泥岩风化坡积物				
2-2		481.90	3.1	2.60		砂岩：灰绿色；中层构造；强风化；锤击即呈散沙状				
3-2		478.41	9.62	2.50		泥岩：杂色；中薄层构造；强风化，为构造扰动带，岩层挤压破碎严重，夹含有砂岩风化碎屑物，为泥岩破碎带				
4-1		476.60	23.40	2.80		泥质砂岩：棕褐；中层构造；中风化，略受构造扰动，为泥岩与砂岩的过渡带				
4-2		472.01	16.24	3.90		砂岩：灰绿色，厚层构造；均匀微风化岩层完整，岩芯呈10~20厘米柱状，岩块致密较坚硬				

图 32　坡体病害工程勘察钻孔柱状示意图

工程编号				HZD						
工程名称			皇泽寺坡体病害勘察			钻孔编号		ZK2-3		
孔口标高		497.89m		坐	x = 0.00m		开工日期	1999年4月13日	稳定水位深度	
孔口直径		127.00m		标	y = 0.00m		竣工日期	1999年4月15日	测量水位日期	
地层编号	时代成因	层底标高（m）	层度深度（m）	分层厚度（m）	柱状图	地 层 描 述	取样	标贯击数N	稳定水位（m）	附注
1		495.09	2.80	2.80		杂填土：浅黄；不均；中密；湿；含少量砖块煤矸；0~2米含杂物较多，较疏松；底部为泥岩风化坡积物，含杂物较少				
2-1		494.29	3.60	0.80		泥岩：棕红；中薄层构造；强风化；岩层风化破碎呈泥夹块状				
2-2		489.69	8.20	4.60		砂岩：灰绿色；中层构造；强风化；胶结差，锤击即呈散沙状，6.4~7.5米为中薄层构造风化泥岩				
3		487.09	10.80	2.60		泥岩：杂色；中薄层构造；强风化；受构造扰动迹象明显，岩芯破碎呈泥夹块状，泥化严重，为软弱泥化带				
3-1		483.79	14.10	3.30		泥岩：杂色；中薄层构造；中风化；受构造扰动较强，为泥岩破碎带				
4-1		482.49	15.40	1.30		泥质砂岩：棕褐；中层构造；中风化；为泥岩与砂岩的过渡带，岩层渐趋完整，岩芯呈短柱状				
4-2		471.74	26.15	10.75		砂岩：灰绿色；厚层构造；微风化；岩层完整，岩芯呈10~20厘米柱状，岩块致密较坚硬				

图 33 坡体病害工程勘察钻孔柱状示意图

工程编号					HZD						
工程名称		皇泽寺坡体病害勘察					钻孔编号		ZK3-1		
孔口标高		483.40m	坐标		x = 55.03m		开工日期	1999年4月19日	稳定水位深度		
孔口直径		127.00m			y = 0.00m		竣工日期	1999年4月19日	测量水位日期		
地层编号	时代成因	层底标高（m）	层度深度（m）	分层厚度（m）	柱状图	地 层 描 述			取样	标贯击数N	稳定水位（m）	附注
1		482.60	1.00	1.00		杂填土：浅黄；不均；中密；稍湿；上部为铁路道砟残余物，下部较均匀，为风化泥岩坡积物						
2-2		480.90	2.50	1.50		砂岩：棕红；中层构造；中风化；岩层较完整，岩芯呈10~20厘米短柱状						
3-1		480.40	3.00	0.50		泥岩：杂色；中薄层构造；强风化；受构造扰动迹象明显，岩芯破碎呈泥夹碎块状，为泥岩破碎带						
3-3		478.90	4.50	1.50								
4-1		477.90	5.50	1.00		泥质砂岩：棕褐；中层构造；中风化；为泥岩与砂岩的过渡带，岩芯呈短柱状						
						砂岩：灰绿色；厚层构造微风化；完整，岩芯呈柱状，岩块致密较坚硬						

图34　坡体病害工程勘察钻孔柱状示意图

工程编号				HZD						
工程名称		皇泽寺坡体病害勘察				钻孔编号		ZK3－2		
孔口标高		494.27m		坐标	x＝38.03m	开工日期	1999年4月13日稳定水位深度			
孔口直径		127.00m			y＝0.00m	竣工日期	1999年4月15日测量水位日期			
地层编号	时代成因	层底标高（m）	层度深度（m）	分层厚度（m）	柱状图	地层描述	取样	标贯击数N	稳定水位（m）	附注
1		491.77	2.50	2.50		杂填土：浅黄；不均；中密；湿；含少量碎砖瓦片等；0.5～2.5米夹含杂物较少，主要为泥岩风化坡积物				
		490.67	3.60	1.10		泥质砂岩：杂色；中薄层构造；强风化				
2－1		485.97	8.3	6.30		泥岩：杂色；中薄层构造；强风化，岩芯破碎呈碎块夹泥状				
3－3		485.27	9.00	0.70		泥质砂岩：棕褐；中层构造；中风化；岩层较完整，岩芯呈10～20厘米短柱状				
3－4		483.17	11.10	2.10		砂岩：灰色，灰绿色；中层构造；强风化；岩层挤压破碎严重，为层间破碎带				
4－1		477.07	17.20	6.30		砂岩：灰绿色；厚层构造，微风化，岩层完整，岩芯呈10～20厘米柱状，岩块致密较坚硬				

图35 坡体病害工程勘察钻孔柱状示意图

工程编号				HZD					
工程名称		皇泽寺坡体病害勘察		钻孔编号		ZK3－3			
孔口标高	504.74m	坐标	x＝20.98m	开工日期	1999年4月16日稳定水位深度				
孔口直径	127.00m		y＝0.00m	竣工日期	1999年4月18日测量水位日期				
地层编号	时代成因	层底标高（m）	层度深度（m）	分层厚度（m）	柱状图	地 层 描 述	取样	标贯击数N	稳定水位（m）	附注
1		502.64	2.10	2.30		杂填土：浅黄；包含碎砖、炉灰、生活垃圾，中密，稍湿				
2－2		501.84	2.90	1.80		砂岩：灰绿色；中层构造；强风化；胶结差，锤击即呈散沙状				
		493.84	6.30	4.00		泥岩：棕红色，灰绿色；中薄层构造；强风化；具轻微动力变质迹象				
2－1		685.89	3.35	1.95		泥质砂岩：棕红色，灰绿色；受较强烈动力变质作用影响，岩层胶结性较好，岩芯呈短柱状				
		481.04	13.30	10.32		砂岩：灰绿色；中层构造；强风化；具轻微动力变质迹象，岩芯呈块状，锤击即碎呈散沙状				
3－1		481.4	1.60	3.90		泥岩：杂色，中薄层构造；强风化，受构造扰动迹象明显，岩芯破碎呈泥夹碎块状，为软弱泥化带				
4－1		483.39	2.25	3.75		砂岩：灰绿色；厚层构造微风化上部夹含少量泥岩碎屑物，下部完整，岩芯呈柱状，岩块致密，较坚硬				

图36 坡体病害工程勘察钻孔柱状示意图

第三，大佛楼前第二级平台挡墙、台阶出现挤压剪出裂缝较多，墙身亦向临空方向鼓胀凸出。

第四，皇泽寺第一级平台之下为废弃铁路路基和川陕公路，其坡脚挡墙目前已发现个别变形迹象，其平台中部已出现 30 余米的沉陷裂缝。另外，Ⅲ – Ⅲ′断面前缘还可见有岩块沿软弱条带挤出现象。

上述各变形迹象反映了皇泽寺坐落的坡体已出现后缘沉陷及蠕动变形，引起大佛楼等建筑物出现变形迹象，而坡体前缘则处在挤压状态，故还未出现较明显的变形。由坡体及建筑物出现的变形迹象可固定坡体的变形范围，其后缘即为陡壁一带，前缘就在废弃路基及公路附近，南侧界自吕祖阁附近向下延伸至公路附近，吕祖阁附近凸出的岩体恰好构成大佛楼坡体病害区与红军碑刻屋后坡体病害区的分界。至于大佛楼坡体病害区的北侧界，则由展览馆附近的排水沟延伸至公路。该侧界以北即为女皇山庄所毗邻的另一坡体地貌单元。

2. 坡体的蠕动变形特征

根据此次勘探揭露情况，大佛楼坡体病害的地质结构为表层堆积杂填土，上部为风化砂岩或粉砂岩，下部为千佛崖组厚层砂岩，而上、下部之间夹有一层较软弱的泥岩泥化带及泥岩破碎带，其埋深在则天殿前为 8 ~ 10 米。泥岩泥化带已呈土状，泥化程度严重，含有黏土矿物，手捻有滑感，可构成上覆地层易于蠕动滑移的依附面，其蠕滑方向为 NE65° ~ 70°。目前大佛楼出现的变形与此层泥化带蠕滑有关，泥化层蠕滑变形引起大佛楼地基滑移，产生地基不均匀下沉，这就是大佛楼目前变形的主要原因。此外，勘察也查明堆填土底部含有薄层泥岩风化物或残坡积物，埋深一般为 1 ~ 5 米。此层泥岩风化物亦可构成堆填土层下滑的依附面，目前二级挡墙上出现的挤压变形就是该层滑带蠕动变形的反映。

据此，可以认为大佛楼前的坡体病害性质具有堆积层沿基岩顶面滑动与基岩内部沿软弱夹层蠕动变形的特点。坡体在地下水软化作用及上覆荷载作用下，分别产生滑动变形及蠕动滑移，从而引起地表及建筑物出现变形迹象。

（四）工作区存在的其他坡体病害

皇泽寺摩崖造像所在的岩体为巨厚层长石石英砂岩，崖壁高 30 ~ 40 米，岩体的整体稳定性较好，但在观景亭和五佛亭后的崖壁上分别存在两处危岩体。危岩是受两组构造裂隙相互切割而形成楔形体。危岩体现处于极限平衡状态，考虑到危岩在自重、卸荷作用下，其裂隙会逐渐贯通，当遇暴雨引发的水压力或地震等因素激发下，完全有可能产生危岩崩坍，因而必须尽早予以工程处理，以减轻由此带来的潜在危害。

（五）结论与治理工程建议

皇泽寺目前出现的坡体病害是由堆填土的滑动变形和下覆基岩所存在的软弱泥化带的蠕动变形所致，从而引起大佛楼出现变形情况。其变形情况的继续发展将会危及大佛楼建筑的安全，为此亟待采取工程措施予以治理。

　　建议对大佛楼前沿梁柱及部分危房建筑物拆除，重新补建以完善大佛楼整体建筑。

　　根据皇泽寺坡体的岩土性状，建议工程设计岩土力学指标可采用 $c = 10 \sim 12kPa$，$\varPhi = 18° \sim 20°$。

　　为保证大佛楼坐落坡体的稳定性和阻止坡体病害的继续发展，建议立即采用预应力锚索工程分别在三级挡墙部位予以支挡加固，对观景亭、五佛楼上方两处危岩体采取锚索加固，防止在不利条件下发生危岩崩塌所带来的危害。

（铁道部科学研究院西北分院）

柒 坡体病害整治工程竣工报告

2000年6月，受广元市文物管理所委托，铁道部科学研究院西北分院下属甘肃铁科地质灾害防治技术工程公司承担了四川省广元皇泽寺坡体病害整治工程施工任务。乙方于2000年6月20日向甲方与监理工程师提交了施工组织设计并得到批准（图37~40）。

乙方人员从2000年6月20日开始进驻施工现场，调入钻机、空压机、发电机等机具设备，搭建工棚，接通水、电源、搭建提升架等，6月25日按甲方要求提交了开工报告及其他相关资料，并得到甲方及监理工程师批准。自6月26日正式开工，工程施工中，因下雨停工六天，全部工程于2000年8月20日结束，历时六十天，比合同规定的工期提前五天完成了全部工程。

一 工程概况

（一）工程地质条件及整治范围

皇泽寺位于四川省广元市城西1公里处的西山东坡上，系国务院1961年公布的第一批全国重点文物保护单位。现有龛窟50处，主要为盛唐作品，尤以武则天真容石刻造像久负盛名。

由于地质构造的影响，皇泽寺坐落的坡体其岩层破碎，泥岩与砂岩软硬相间，并夹有泥化的软弱带，为坡体蠕动变形提供了地质条件。巨厚层砂岩岩体中发育近于垂直的两组构造裂隙，将岩块切割成楔形体，是陡崖崩塌的基础。多年来由于缺乏全面有效的治理，导致皇泽寺所在坡体出现蠕动变形、陡壁崩坍落石、危岩悬挂、挡墙开裂，大佛楼前沿8根立柱下沉，则天殿房基水泥地面产生裂缝等，直接威胁着摩崖造像和则天殿古建筑物的安全。

根据病害区工程地质勘察报告提示，该区岩层由上往下为：

① 人工杂填土，由堆填土及泥岩、砂岩风化物混杂组成；

② 风化砂岩或粉砂岩、砂岩与泥岩互层；

③ 千佛崖组厚层砂岩。

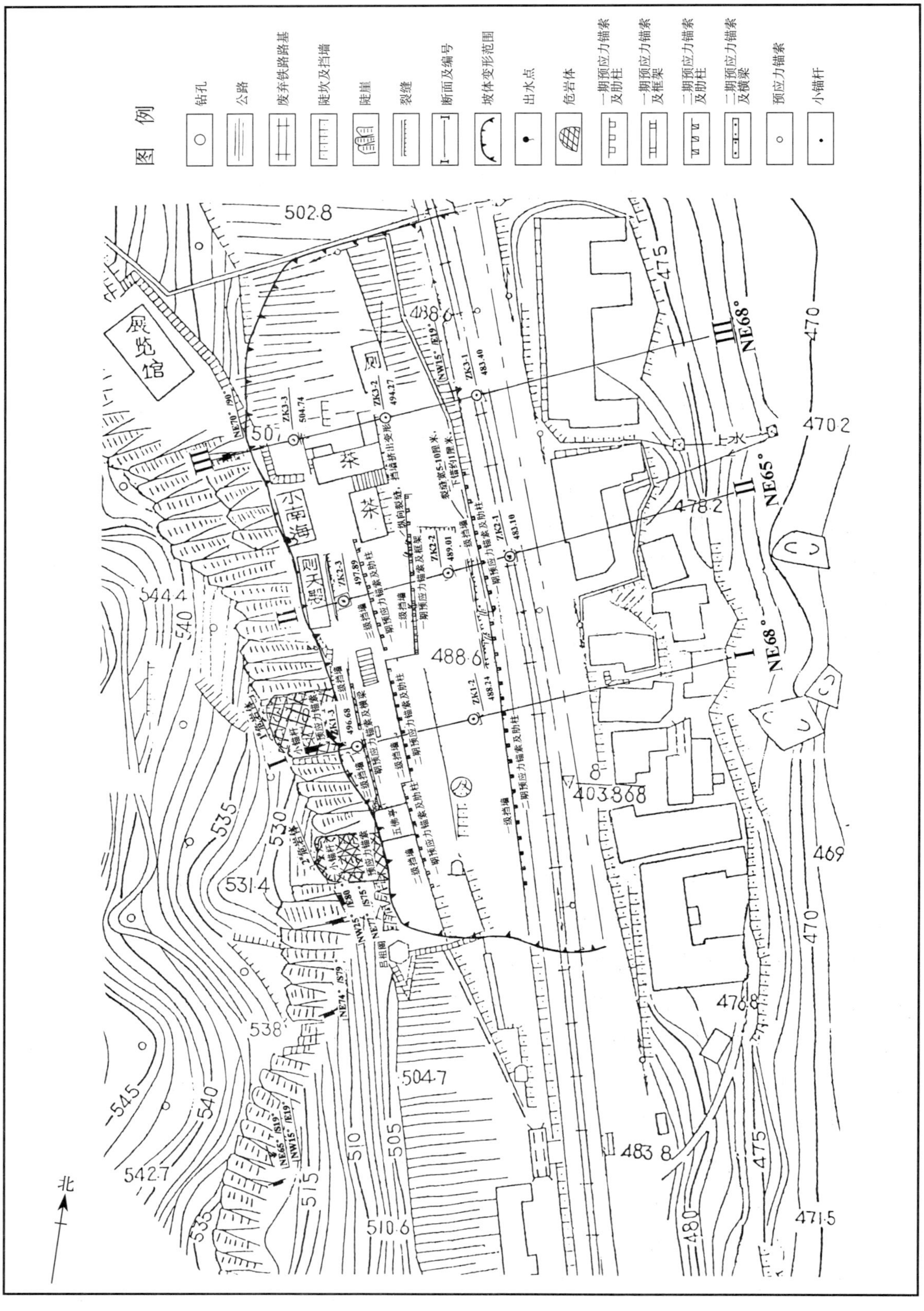

图37 坡体病害整治工程方案设计平面布置图

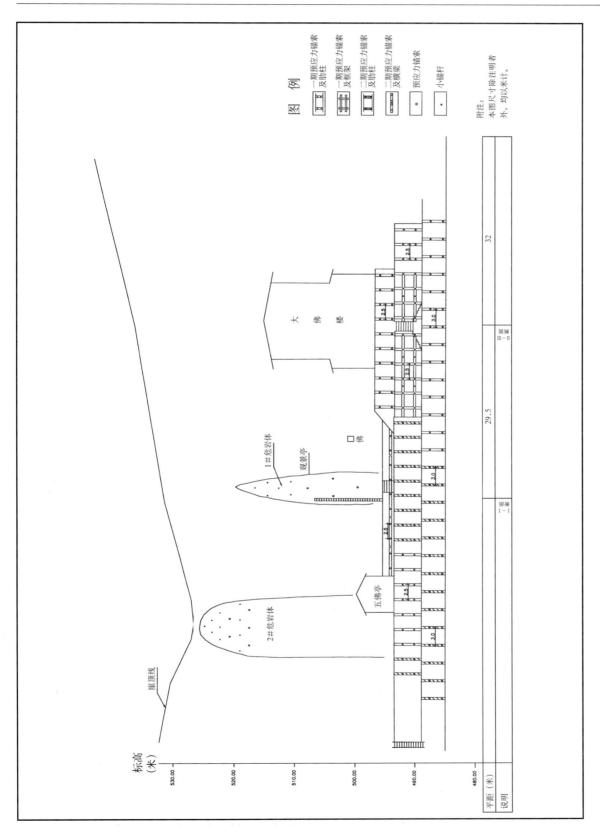

图38 坡体病害整治工程方案设计立面布置图

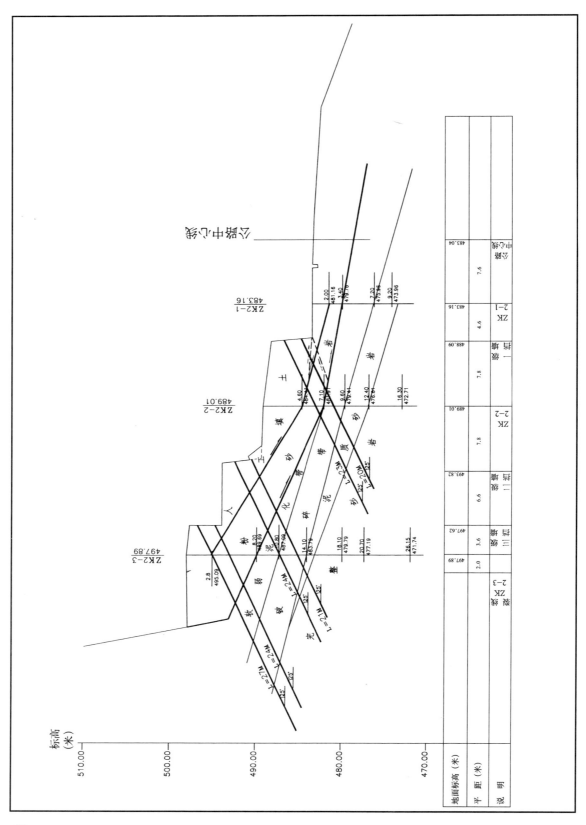

图39 坡体病害整治工程检算断面图（Ⅱ-Ⅱ′）

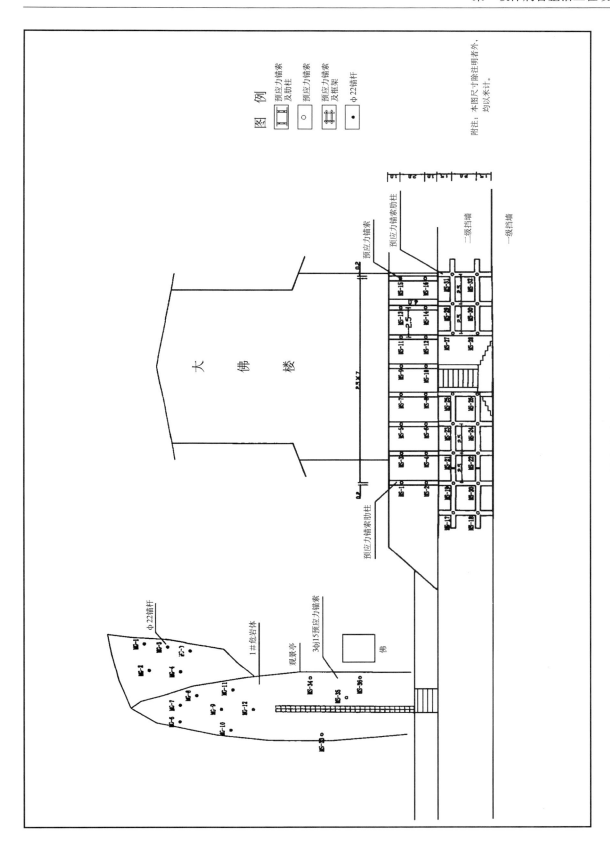

图40 坡体病害整治工程竣工立面图

主滑带位于软弱的泥岩泥化带及泥岩破碎带中，滑面倾角与岩层倾角基本接近，为23°～25°，主滑方向为NE65°。从变形迹象看，该坡体病害目前处于沿软弱夹层蠕动变形阶段，并向滑动阶段发展。

危岩体是受两组构造裂隙相互切割而形成，危岩体现处于极限平衡状态，但在自重、卸荷作用下裂隙将向纵深发展。在地震力作用下，危岩体将产生崩坍。

（二）整治工程范围

大佛楼前的滑坡治理及观景亭1号危岩体的治理。

二 工程内容

（一）滑坡整治措施

一期工程沿坡体上、中两级挡墙设置预应力锚索框架和肋柱。

（1）在上挡墙大佛楼前设置8根预应力锚索肋柱，肋柱截面为0.4米×0.6米，每根肋柱设置上下两束锚索，锚索间距2.5米，上锚索长27米，下锚索24米，锚孔直径$\Phi=110$毫米，每束锚索为4Φj15钢绞线。上锚孔距墙顶1米，上、下锚索间距离2米，锚索倾角25°。

（2）在中挡墙大佛楼正下方处设置8根预应力锚索肋柱，并在肋柱间加设横梁形成框架结构，肋柱截面0.4米×0.6米，横梁截面0.4米×0.6米，每根肋柱设置上、下两束锚索，上锚索24米，下锚索21米，锚孔直径$\Phi=110$毫米。上锚孔距墙顶1.5米，上下锚孔间距2米，每束锚索为5Φj15钢绞线，锚索倾角25°。

（二）危岩体加固措施

在1号危岩体爬梯北侧，设置4束锚索和11根锚杆。锚索间距上、下、左、右各4米，呈梅花状布置。每束锚索长13米，为3Φj15钢绞线，锚孔直径$\Phi=110$毫米，锚索倾角25°。锚杆为Φ22螺纹钢，长为5米，锚孔直径$\Phi=90$毫米，锚杆倾角20°。

三 实际完成工程量及保证施工质量的技术措施

为了确保工程施工质量达到设计和规范要求，我方制订了科学的施工方案，采用了行之有效的技术措施，确保了工程质量和进度要求（图41～43）。

（一）预应力锚索工程

预应力锚索是为锚索肋柱（框架）提供抗滑力的唯一构件，其施工质量是否达到设计要求，关系到锚索肋柱（框架）工程的成败，针对锚索施工中锚索孔成孔和锚索灌浆两大关键技术环节，采取了以下多项技术措施：

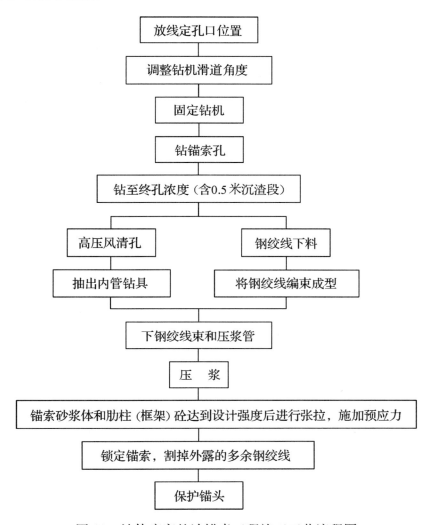

图 41　坡体病害整治锚索工程施工工艺流程图

（1）肋柱锚索设计荷载 400KN，锁定荷载 280KN；框架锚索设计荷载 500KN，锁定荷载 350KN。

（2）施工顺序采取先施工锚索，再施工钢筋砼框架和肋柱，待锚固体及框架砼强度达到设计要求时，方可进行锚索张拉、锁定，最后封闭锚头。

（3）预应力锚索施工包括钻孔、锚索体制作和安装、压浆、锁定等工序。施工前认真检查原材料型号、品种、规格及锚索各部件质量。锚孔方向与主滑方向平行。

（4）锚索应采用高强度低松弛的 $\Phi\frac{j}{15}$ 钢绞线（极限抗拉强度 1860MPa），水泥标号采用 525 号，沙子采用石英质中细沙，粒径为 0.4～0.5 厘米，锚头采用 OVM 型，各类材料在现场堆放时，采取了可靠保护措施，防止发生水泥受潮、钢绞线生锈、塑料波纹管老化等。

（5）各锚孔位置放线定位，采用 MqJ－50 型水平钻机，高频轻型潜孔锤冲击钻进成孔，干钻，成孔后用高风压清孔，保证了钻孔顺直，确保了锚索孔成孔质量和成孔速度。

（6）钢绞线下料长度等于锚索长度再加张拉段预留长 1.4 米，锚固段钢绞线进行除锈，自由段采取防锈措施，先涂黄油再套塑料波纹管，然后再按设计要求组装成锚索体。

（7）注浆材料用 1∶1 水泥砂浆，水灰比为 0.4～0.45，砂浆强度不小于 25MPa，灌浆压力为 0.4～0.5MPa。采取反向压浆工艺，确保锚索灌浆饱满。

（8）锚索张拉严格按设计要求分三级张拉，每级稳定时间为 5 分钟。

（9）锚索张拉锁定后，用 C_{25} 砼将锚头进行封闭保护处理，要求做到大小一致，整齐美观。

（二）肋柱（框架）施工

1. 钢筋绑扎

（1）先要尽量修整好边坡，凸出地方要削平，然后按框架肋柱尺寸及模板厚度精确挖出单块肋柱轮廓。

（2）在坡面上打短钢筋锚钉，准备好与砼保护层厚度一致的砂浆垫块。

（3）绑扎肋柱钢筋，用砂浆垫块垫起，与坡面保持一定距离，并和短钢筋锚钉连接牢固。

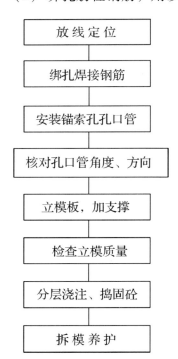

放线定位

绑扎焊接钢筋

安装锚索孔孔口管

核对孔口管角度、方向

立模板，加支撑

检查立模质量

分层浇注、捣固砼

拆模养护

图 42　坡体病害整治
锚索肋柱施工工艺流程图

2. 立模板，加支撑

（1）立模前首先检查钢筋笼施工质量，并进行记录，然后立模板。

（2）模板表面刷隔离剂，便于脱模。模板拼装要平整，严密，净空精确，符合设计要求，肋柱美观。

（3）用脚手架钢架杆支撑固定模板。

（4）检查立模质量，并进行记录。

3. 浇注砼

砼浇注严格按《混凝土施工与验收规范》的要求进行，用串桶分层浇注，分层捣固。

（三）锚杆施工

1. 采用 XB100 轻型钻机及高频轻型潜孔锤冲击成孔，确保了成孔质量和成孔速度，同时便于高空钻机移位。

2. 配备上海英格索兰 VHP300 型空压机，输送压力为 1.2MPa，风量为 17m³/min，以弥补由于风路过长而造成的风量风量及风压损失。

3. 在锚杆上加设支架，确保锚杆在孔内居中，有足够的保护层厚度。

4. 采用反向压浆工艺，确保锚杆灌浆饱满。

5. 锚杆工程施工工艺流程。

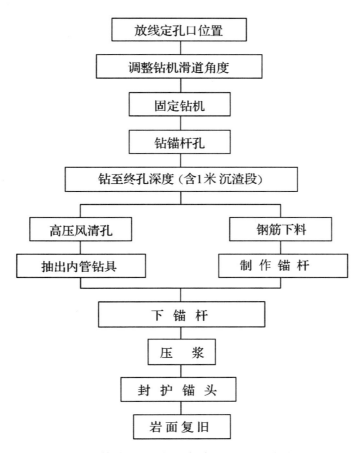

图 43 坡体病害整治锚索肋柱施工工艺流程图

表五　　　　　　　　　　　　坡体病害整治实际完成工程数量

项目名称	C20 砼（m³）	C25 砼（m³）	I 级钢筋（T）	II 级钢筋（T）	钻孔（m） Φ110	钻孔（m） Φ90	锚索（m） 3Φj15	锚索（m） 4j15	锚索（m） 5j15	波纹管（m）	锚具（套）	钢垫板（块）	锚杆（m）
上排肋柱	0.96	7.7	0.288	1.131	408	—	—	408	—	1088	16	—	—
框架横梁		8.4	0.308	3.456	360	—	—	—	360	1128	16	—	—
框架立柱	0.96	9.6	0.369										
岩体加固				0.18	52	58	52	—	—	80	4	11	58
合计	1.92	25.7	0.965	4.767	820	58	2	408	360	2296	36	11	58
备注													

四 施工中实际超过合同范围的增加工作量

在此次工程施工中，除完成了《广元皇泽寺坡体病害整治工程施工合同》的内容外，还根据施工实际情况，按甲方施工代表及监理工程师在施工现场的具体要求，对危岩体加固等部分工程量进行了适当调整增加，以确保文物的安全及工程效果。

此次施工中实际增加主要工程量统计如下：

（1）危岩体加固工程中锚杆孔增加 5 孔，锚杆孔深度增加 28 米，工程直接费 4528 元。

（2）Φ22 Ⅱ级螺纹钢比原设计中增加 0.295 吨，工程直接费 1180 元。

（3）Ⅰ级钢筋由 Φ10 钢筋变为 Φ12 钢筋，比原设计中增加重量。

（4）对 1 号危岩体坡脚下增加砌片石坡脚 4 立方米，工程直接费 500 元。上述增加工作量所发生的工程直接费用为 6208 元，增加工程总费用为 8090 元。

此次工程施工费用详见表六：

五 工 程 决 算

表六　　　　　　　　　　　　坡体病害整治工程决算表

序 号	项目名称	单位	工程量	单价（元）	总价（元）	附 注
（一）	锚索孔钻孔		（1＋2）		387842.13	
1	直接费	m	820	116～173	369745.20	
2	间接费				18096.93	
（二）	下锚、压浆、张拉		（1＋2＋3＋4）		58700	
1	制作费	m	820	35	28700	
2	下锚费	m	820	10	8200	
3	压浆费	m	820	20	16400	
4	张拉费	孔	36	150	5400	
（三）	肋柱、横梁		（1＋2＋3）		14375.70	
1	开挖土石方	m³	1.92	40	76.80	
2	C25 砼	m³	25.7	500	13492.50	按5%损耗计
3	C20 砼	m³	1.92	400	806.40	按5%损耗计
（四）	锚杆		（1＋2＋3＋4＋5＋6）		9308	
1	钻孔费	m	58	116	6728	

序　号	项目名称	单位	工程量	单价（元）	总价（元）	附　注
2	锚头加工费	副	11	50	550	
3	压浆费	m	58	35	2030	
（五）	材料费		（1＋2＋3＋4＋5＋6）		75493.26	
1	钢绞线	T	4.128	8000	34675.2	按5%损耗
2	塑料波纹管	m	2292	1	2292	
3	锚具	套	36	250	9000	
4	300#水泥砂浆	m^3	8.1	500	4455	按5%损耗
5	Ⅰ级钢筋	T	0.965	4000	4053	按5%损耗
6	Ⅱ级钢筋	T	4.766	4200	21018.06	按5%损耗
（六）	拆除及修复花台、台阶及条石挡墙				5000	
（七）	临时设施费［（一）＋……（六）直接费］×2%				3619.48	
（八）	测绘费（平面、立面、断面）				2000	
（九）	勘探费				70000	
（十）	人员设备调遣费				10000	
（十一）	小叫坝见贸				10000	
（十二）	综合管理费［（一）＋……（十一）］×3.8%				24560.87	
（十三）	设计费［（一）＋……（十二）］2.5%				16772.49	
（十四）	税金［（一）＋……（十二）］3.41%				23449.61	
	合　计				711121.54	

六　施工工期安排

工作方于 2000 年 6 月 20 日开始进点，2000 年 6 月 26 日正式施工，锚索肋柱（框架）施工从 2000 年 6 月 26 日至 2000 年 8 月 18 日完成，历时五十四天；1 号危岩体施工从 2000 年 7 月 25 日至 2000 年 8 月 7 日完成，历时十三天。总工期从 2000 年 6 月 20 日至 2000 年 8 月 20 日完成，历时六十天，比计划工期提前五天。

本项工程施工过程中，在国家文物局、中国文物研究所、广元市文物管理所和山东省文物保护中心等各级领导专家的关心指导，以及甲、乙、监理三方人员的积极配合下，克服了运料等诸多困难的影响，加强内部管理，强化施工组织，争分夺秒，保质、保量地提前完成了施工任务。

（甘肃铁科地质灾害防治技术工程公司）

捌 祀殿、正殿、大门岩土工程勘察

一 概 况

(一) 工程概况及勘察目的

广元市皇泽寺拟在皇泽寺山角原大门附近公路两旁修建皇泽寺祀殿、正殿、大门三幢，楼高一层，砖混结构。此次勘察目的如下：

第一，查明场地内地层结构、分布规律及地基土物理力学性质；

第二，查明地下水埋藏条件及对拟建物的影响；

第三，查明场地内有无不良地质作用和地质灾害；

第四，提供各主要地基土承载力特征值，对基础选型提出合理化建议。

(二) 依据技术标准

1. 《岩土工程勘察规范》（GB50021 - 2001）
2. 《建筑地基基础设计规范》（GB50007 - 2002）
3. 《建筑抗震设计规范》（GB50011 - 2001）

(三) 完成工作量

根据建筑物结构特点和委托方要求，沿拟建物周边共布设探井 12 个，基本查明了地层分布、结构（图 44 ~ 46，见表七），总进尺 39.4 米。

该项勘察于 2004 年 2 月 24 日至 3 月 8 日完成野外作业。

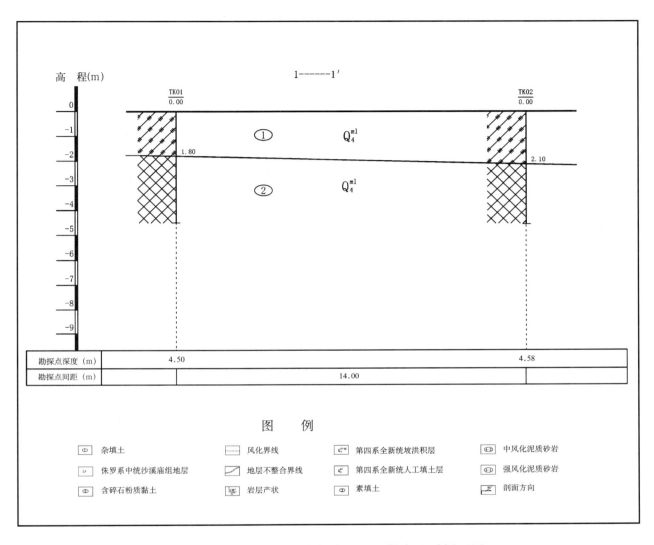

图 44 祀殿、正殿、大门岩土工程勘察地质剖面图

二 场地工程地质条件

（一）场地位置及地形地貌

拟建物位于皇泽寺东侧原大门附近，东邻滨河路，交通方便，场地局部为公路、铁路路基，地形狭窄，经工程开挖和整平后地势开阔。

（二）地层特征

据探井揭露及地表调查，三幢建筑物地层特征分述如下：

（1）祀殿场地地层自上而下主要分布第四系全新统人工填土。

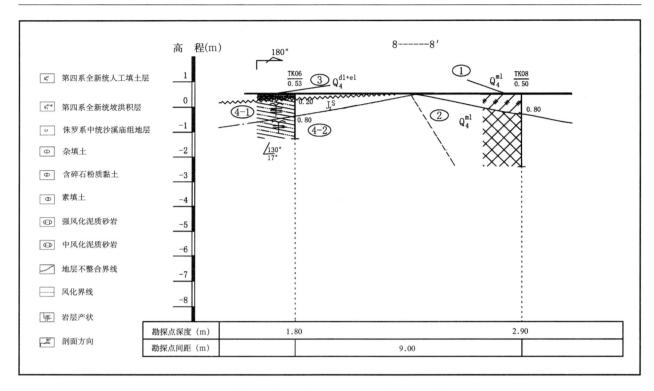

图 45　祀殿、正殿、大门岩土工程勘察地质剖面图

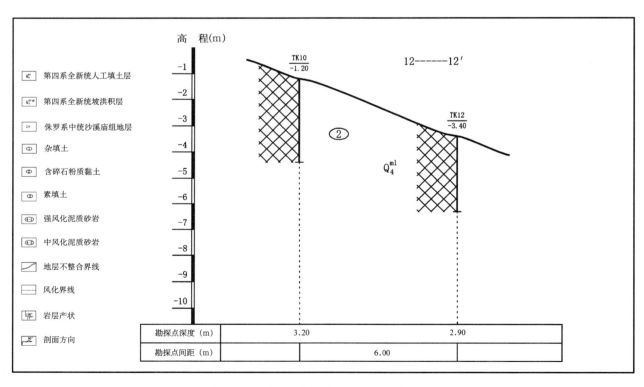

图 46　祀殿、正殿、大门岩土工程勘察地质剖面图

表七　　　　　　　　　　　　　　　　　　　　勘探点主要数据一览

顺序号	探孔编号	孔深（m）	钻孔坐标			地下水位（m）			
			H	X	Y	初见水位		稳定水位	
						埋深	标高	埋深	标高
1	TK1	4.5	0.0						
2	TK2	4.5	0.0						
3	TK3	3.2	−1.65						
4	TK4	3.5	−1.65						
	TK5	3.4	0.7						
	TK6	1.8	0.5						
	TK7	3.1	0.0						
	TK8	2.9	0.5						
	TK9	2.5	−0.9						
	TK10	3.2	−1.2						
	TK11	3.0	−3.0						
	TK12	2.9	−3.4						

杂填土①（Q_4^{ml}）：杂色，松散，干。主要由砖块、水泥、石块等建筑垃圾组成。土质不均，该层分布于整个场地，层厚0.3~1.8米。

素填土②（Q_4^{ml}）：红褐色，稍密，稍湿，主要由粉粒、黏粒及少量碎石等组成，碎石主要为泥质砂岩风化产物，呈强风化，该层分布于整个场地，最大揭露厚度2.8米。

（2）正殿场地地层自上而下分布第四系全新统人工填土，侏罗系中统沙溪庙组（J_2^s）泥质砂岩。现分述如下：

杂填土①（Q_4^{ml}）：杂色，松散，干。主要由砖块、水泥石块等建筑垃圾组成，土质不均。该层分布于场地局部，层厚0.3~0.9米。

素填土②（Q_4^{ml}）：红褐色，稍密，稍湿，主要由粉粒、黏粒及少量碎石等组成，碎石主要为泥质砂岩风化产物，呈强风化，该层局部分布，最大揭露厚度2.8米。

侏罗系中统沙溪庙组（J_2^s）泥质砂岩，风化程度分为两个亚层，现分述如下：

强风化泥质砂岩：暗红色，主要由黏土矿物组成，泥砂质结构，厚层状构造，大部分岩石矿物已风蚀，岩芯呈碎块状、砂状，手捏易碎，采取率较低。

中风化泥质砂岩：部分岩石矿物已风化，岩石较完整，硬度大。该层仅 TK05 揭露，产状130°∠17°，最大揭露厚度1米。

（3）大门场地地层

素填土①（Q$_{ml}$）：红褐色，稍密，稍湿，主要由卵石、粉质黏土及少量碎石等组成，卵石含量约30%。该层分布于整个场地，最大揭露厚度3.2米。

（三）气候及水文地质概况

广元市位于盆地北部边缘，以内陆气候为主，气候温和湿润，雨量丰富。受西北高原气候影响，四季多风，最大风速27.8米/秒，基本风压0.35米/秒。

本次勘察期间在探井深度范围内未见有地下水。

三　场地工程地质条件评价

（一）主要岩土层承载力评价

（1）素填土（Q$_{ml}$）：红褐色，稍密，稍湿，据当地建筑经验得承载力特征值

祀殿　　　　fak＝90kPa

正殿　　　　fak＝80kPa

大门　　　　fak＝80kPa

（2）泥质砂岩：层位稳定，承载力较高，且埋深较浅，根据当地建筑经验及有关规范得承载力特征值

强风化泥质砂岩　　fak＝400kPa

中风化泥质砂岩　　fak＝1000kPa

（二）地震效应

按照《建筑抗震设计规范》（GB50011－2001），广元市抗震设防烈度为6度，基本地震加速度值为0.05g，为设计地震第三组。

根据拟建场地岩土层分布情况及邻近场地覆盖层厚度资料综合评价，场地土为软弱土类型，场地类别为Ⅱ类，属建筑抗震不利地段。

（三）场地稳定

根据探井揭示及地表调查，场地内地层主要为第四系全新统人工填土，地势较开阔，无空洞、崩塌、滑坡、泥石流等不良地质作用和地质灾害，场地稳定属三级场地，三级地基，适宜建筑。

四　结论及建议

（一）结论

第一，拟建场地无不良地质作用，场地稳定，属三级场地，三级地基，适宜建筑。

第二，杂填土厚度不均、力学性质差，不宜作为天然基础持力层。

第三，素填土厚度均匀、力学性质一般，由于荷载较小，可以选为天然基础持力层。

第四，中风化泥质砂岩力学性质较好，宜作为天然地基持力层。

第五，据《建筑抗震设计规范》（GB50011－2001），广元市基本设防烈度为 6 度，设计基本地震加速度值为 0.05g，为抗震不利地段。

（二）建议

第一，由于拟建物楼高一层，荷载较小，建议采用条形基础，以素填土、中风化泥质砂岩做基础持力层；在正殿场地，由于素填土与中风化泥质砂岩力学性质相差悬殊，容易引起沉降不均匀，建议采用沙垫层，消除不均匀沉降。

第二，基础施工时，可不考虑地下水影响。

第三，基坑施工完备后应进行验槽工作，若发现地质问题，应及时通知解决。

（四川省蜀通岩土工程公司）

玖　水榭岩土工程勘察

一　工程概况

本次勘察的目的：

第一，查明拟建场地内有无不良工程地质现象。

第二，地层分布及对土层承载力作出评价。

第三，地下水的埋藏条件。

第四，要求提供设计所需的岩土技术参数及可能采取的基础形式、尺寸和预计埋置深度。

第五，对场地和地基的地震效应作出评价，划分场地类别。

第六，判定水和土对建筑材料的腐蚀性。该拟建物为木结构，一层。于 2004 年 12 月进场施工，当月完成野外作业，沿拟建物边线及角点布置勘探点 4 个（图 47、48）。

二　岩土工程条件

（一）地理位置及地貌特征

本复原工程位于皇泽寺公园内。场地地势陡峭，地形简单，交通较方便。大地貌单元属于四川盆地西北边缘低山丘陵区，小地貌单元属于坡地。

（二）地层与土性

根据野外钻探揭露，场地内产出土层为素填土、强风化泥岩及中风化泥岩。现描述如下：

（1）素填土

褐色，稍湿，松散。该层素填土成分复杂、不均匀，主要成分有粉质黏土夹杂大量碎石土。该素填土层在场地中呈稳定层产出。

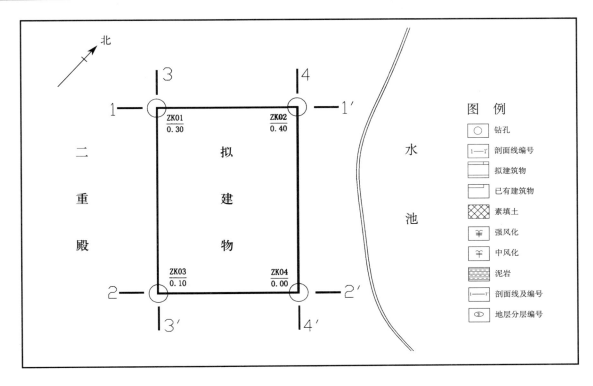

图 47 水榭岩土工程建筑物与勘探点平面布置图

（2）强风化基岩

浅红色，泥岩，强风化，稍湿，组织结构已大部分被破坏，矿物成分已显著变化。沙、泥质胶结，呈互层状产出。层理不清、节理裂隙很发育，岩体破碎，岩芯呈碎块状，岩体基本质量等级为Ⅳ级。

（3）中风化基岩

浅红色，泥岩，中风化，稍湿，沙、泥质胶结，呈互层状产出。组织结构部分被破坏，层理较清楚，矿物成分发生变化。沿节理面出现次生矿物，风化裂隙发育，锤击声脆，用镐或锹难挖掘，且不易击碎。本次勘察未揭穿该层基岩的厚度，岩体基本质量等级为Ⅳ级。

（三）区域地质构造

该拟建工程位于苍溪向斜北翼单斜岩层上，无大中型断裂构造，岩层倾角平缓。工程区与区域构造中最近的龙门山断裂直线距离约为 12 公里，距其他断裂更远，因而构造稳定性是好的。

（四）气候条件及地下水埋藏条件

广元市处于四川盆地西北边缘，气候温和湿润，雨量丰富，多年平均气温为 16℃，最高气温 41℃，最低气温 -8℃，平均湿度 69%，平均年降雨量 1058.4 毫米，年平均日照时数 1350 小时

工程名称		皇泽寺水榭岩土工程勘察			勘察单位			广元市建筑规划勘测设计院	
钻孔编号		ZK02		钻孔深度	2.40		m	孔口标高	0.40 m
坐标	X：		m	初见水位		m		开孔日期	2004 年 12 月 05 日
	Y：		m	稳定水位		m		终孔日期	2004 年 12 月 05 日

地质成因及时代	层序	层底标高（m）	层底深度（m）	分层厚度（m）	柱状图	岩土描述	标贯 击数 深度（m）	取样 取样编号 深度（m）
	1	-0.40	0.80	0.80		素填土：褐色，稍湿，松散。该层素填土成分复杂、不均匀，主要成分有粉质黏土夹大量碎石土。该素填土层在场地中呈稳定层产出		
	2	-1.20	1.60	0.80		强风化基岩：浅红色，泥岩，强风化，稍湿，组织结构已大部分被破坏，矿物成分已显著变化。沙、泥质胶结，呈互层状产出，层理不清，节理裂隙很发育。岩体破碎，岩芯呈碎块状，岩基本质量等级为Ⅳ级		
	3	-2.00	2.40	0.80		中风化基岩：浅红色，泥岩，中风化，稍湿，沙、泥质胶结，呈互层状产出。组织结构部分被破坏，层理较清楚，矿物成分发生变化。沿节理面出现次生矿物，风化裂隙发育，锤击声脆，用镐或锹难挖掘，且不易击碎。本次勘察未揭穿该层基岩的厚度，岩体基本质量等级为Ⅳ级		

▼标贯位置　　　■岩样位置　　　●原状土样位置　　　○扰动土样位置　　　凸水样位置

图 48　水榭岩土工程勘察钻孔柱状示意图

（57 天），全年平均风速每小时 3.6 米，最大日降水量 187.4 毫米，降水多在夏秋两季，最高洪水位高程为 480.13 米（1990 年嘉陵江洪水位，百年一遇）。

本场地在勘察期间未见稳定地下水。

三　场地和地基的地震效应

根据现场钻探拟建场地覆盖层厚度估计为 0.8 米，根据《建筑抗震设计规范》（GB50011 – 2001）第 4.1.3 条中第 3 点规定估计各土层的剪切波速，并计算土层等效剪切波速 Vse = 200m/s，确定场地为Ⅰ类，土类型为软弱土。

根据《建筑抗震设计规范》（GB50011 – 2001）附录 A，广元市中区抗震设防烈度为 6 度，设计基本地震加速度值为 0.05g。设计地震分组为第三组。

根据《建筑抗震设计规范》（GB50011 – 2001）第 5.1.4 条确定水平地震影响系数 a = 0.04，设计特征周期 Tg = 0.35s。

根据场地地质、地形、地貌，场地划分为对建筑抗震有利地段。

抗震设防烈度为 6 度时，可不考虑地基液化的影响。

四　岩土工程评价

（一）地基岩土物理力学参数评价

根据钻探资料、原位测试成果分析，各主要土层承载力特征值见下表：

岩土名称	承载力特征值	压缩模量	变形模量
强风化泥岩	Fak = 300kPa		视为不压缩
中风化泥岩	Fak = 500kPa		视为不压缩

（二）地基稳定性评价

拟建场地位于坡地，地形简单，起伏不大。场地及附近无滑坡、泥石流、崩塌、断层断裂、软弱夹层及岩溶发育不良工程地质现象。基岩位于苍溪向斜北翼的单斜岩层上，为侏罗系沙溪庙组砂岩，场地为三级场地，三级地基。地基稳定性良好。

（三）基础适用性评价

根据场地工程地质条件，本工程可选强风化泥岩为基础持力层，做浅基础设计。

五　结论及建议

（一）结论

第一，工程重要性等级为三级，场地复杂程度为三级，地基复杂程度为三级，勘察等级为丙级。

第二，拟建场地无不良工程地质现象，场地简单、稳定，宜于建筑。

第三，勘察期间未见稳定地下水。据临近场地及已有建筑工程的地下水水质分析可知，该地下水及土层对钢筋混凝土及钢筋无腐蚀性。

第四，广元市中区抗震设防烈度为 6 度，设计基本地震加速度值为 0.05s。

（二）建议

第一，根据场地工程地质条件，强风化泥岩为拟建物基础较好持力层，可选强风化泥岩为基础持力层，做浅基础设计。

第二，基坑开挖好以后，防止基槽浸水、暴露，以免影响持力层的物理力学性能，应及时通知相关部门验收基槽。

（广元市建筑规划勘察设计院）

拾　祀殿长廊复合地基检测

应四川省广元市皇泽寺博物馆的要求，采用 $N_{63.5}$ 重型动力触探法，对由山东省文物科技保护中心设计，山东省文物工程公司施工的四川省广元市皇泽寺博物馆复原工程（祀殿长廊）的沙卵石换填复合地基基础进行了质量检测工作。检测目的是提供加固后其复合地基的承载力特征值是否达到设计要求。检测结果可作为建设、监理、设计单位及建设工程质量管理监督部门的工程质量验收依据。

一　地基处理概况

该工程为一层长廊结构建筑物。为了提高地基土的承载力，由山东省文物工程公司采用沙卵石换填对地基基础进行加固处理，平均开挖深度 0.7 米，换填厚度约为 5 米，要求处理后其复合地基承载力特征值达到 80kPa。

二　检测依据

检测工作执行的规范为《岩土工程勘察规范》（GB50021－2001）；《建筑地基基础设计规范》（GB50007－2002）；《建筑地基处理技术规范》（JGJ79－2002）及《四川省建筑地基基础质量检测若干规定》。

三　工程地质概况

拟建场地位于广元市皇泽寺博物馆，东邻滨河路，交通方便。根据钻孔揭示，其祀殿场地地层自上而下主要分布第四系全新统人工填土（见表八）。由于原地基土层的承载力不能满足设计要求，因此采用沙卵石换填对其进行加固处理，要求处理后其复合地基承载力特征值达到 80kPa。

表八	祀殿长廊复合地基地层概况
地 层	地层简述
杂填土	杂色，松散，干，主要由砖块、水泥、石块等建筑垃圾组成，土质不均。该层分布于整个场地，层厚 0.3 ~ 1.8 米
素填土	红褐色，稍湿，稍密，主要由粉粒、黏粒及少量碎石等组成。碎石上层为泥质砂岩风化产物，呈强风化状。该层分布于整个场地，最大揭露厚度为 2.8 米

四　检测情况

本次检测采用落锤 63.5kg 的重型动力触探。根据建设、设计、施工、质监等单位共同商议确定的检测数量和点位，于 2004 年 3 月 18 日进行了现场测试工作，共抽查检测 3 个点。现根据室内数据处理、资料整理和推断分析结果提交本检测报告。检测结果见动探检测曲线图（图 49）。

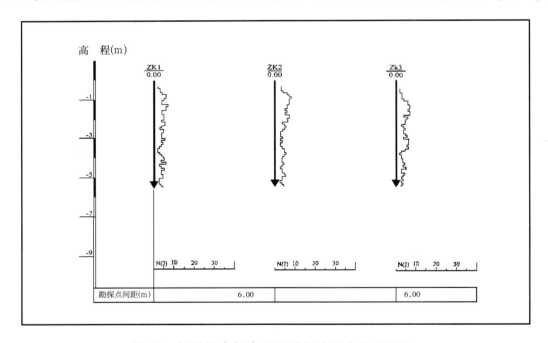

图 49　祀殿长廊复合地基动探检测曲线示意图

五　检测结论

根据重型动力触探击数计算得到：该工程地基经沙卵石换填后，其复合地基承载力特征值达到 80kPa，满足设计要求，可以进入下道工序的施工。

（四川省工程物探检测中心）

拾壹　鼓（钟）楼岩土工程勘察

一　工程概况

此次勘察的目的：

1. 查明拟建场地内有无不良工程地质现象。

2. 地层分布及对土层承载力作出评价。

3. 地下水的埋藏条件。

4. 要求提供设计所需的岩土技术参数及可能采取的基础形式、尺寸和预计埋置深度。

5. 对场地和地基的地震效应作出评价，划分场地类别。

6. 判定水和土对建筑材料的腐蚀性。复原工程为相对称的两幢角楼，其结构高度为 15 米左右，间距为 170 米。

二　岩土工程条件

（一）地理位置及地貌特征

本复原工程位于皇泽寺公园内，场地地势陡峭，地形简单，交通较方便。大地貌单元属于四川盆地西北边缘低山丘陵区，小地貌单元属于坡地。

（二）地层与土性

卵石层：灰褐，稍湿稍密，卵石成分为灰岩、粉砂岩类的花岗岩等。卵石粒径 +20～100 毫米不等，卵石含量约占 50%～55%，砾石含量约占 25%～30%，余为沙泥成分。该层为人工换填的卵石层，质纯，磨圆度中等，呈亚圆形及次棱角状，颗粒级配较好，分选性较好。卵石表面风化微弱，硬度较高。

（三）区域地质构造

该拟建工程位于苍溪向斜北翼单斜岩层上，无大中型断裂构造，岩层倾角平缓。工程区与区域构造中最近的龙门山断裂直线距离约为12公里，距其他断裂更远，因而构造稳定性是好的。

（四）气候条件及地下水埋藏条件

广元市处于四川盆地西北边缘，气候温和湿润，雨量丰富，多年平均气温为16℃，最高气温41℃，最低气温－8℃，平均湿度69%，平均年降雨量1058.4毫米，年平均日照时数1350（57天）小时，全年平均风速每小时3.6米，最大日降水量187.4毫米，降水多在夏秋两季，最高洪水位高程为480.13米（1990年嘉陵江洪水位，百年一遇）。

本场地在勘察期间未见稳定地下水。

三　场地和地基的地震效应

根据现场钻探拟建场地覆盖层厚度估计为15.2米，根据《建筑抗震设计规范》（GB50011－2001）第4.1.3条中第3点规定估计各土层的剪切波速，并计算土层等效剪切波速 Vse＝200m／s，

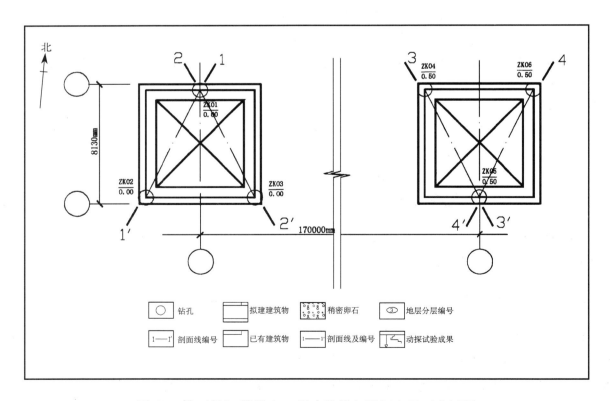

图50　鼓（钟）楼岩土工程建筑物与勘探点平面布置图

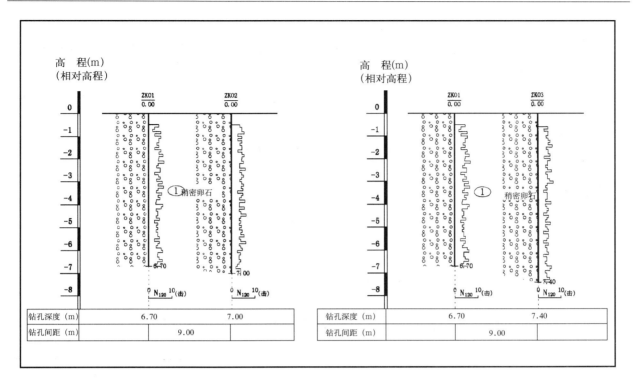

图 51　鼓（钟）楼岩土工程勘察地质剖面图

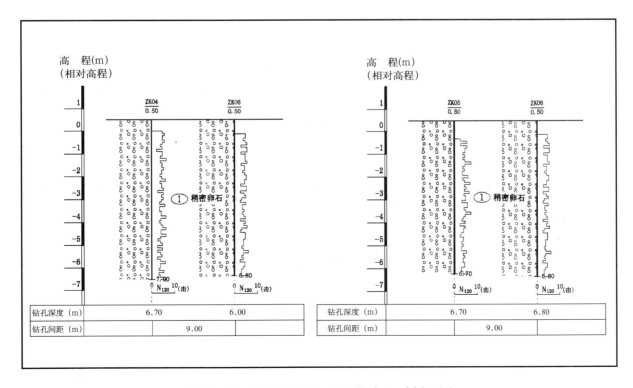

图 52　鼓（钟）楼岩土工程勘察地质剖面图

确定场地为Ⅱ类，土类型为中软土（图50～52）。

根据《建筑抗震设计规范》（GB50011－2001）附录A，广元市中区抗震设防烈度为6度，设计基本地震加速度值为0.05g。设计地震分组为第三组。

根据（建筑抗震设计规范）（GB50011－2001）第5.1.4条确定水平地震影响系数a＝0.04，设计特征周期Tg＝0.45s。

根据场地地质、地形、地貌，场地划分为对建筑抗震有利地段。

抗震设防烈度为6度时，可不考虑地基液化的影响。

四　岩土工程评价

（一）地基岩土物理力学参数评价

根据钻探资料、原位测试成果分析，各主要土层承载力特征值见下表。

岩土名称	承载力特征值	压缩模量	变形模量
稍密卵石	Fak＝160kPa		Es＝12mpa

（二）地基稳定性评价：

拟建场地位于坡地，地形简单，起伏较大。场地及附近无滑坡、泥石流、崩塌、断层断裂、软弱夹层及岩溶发育不良工程地质现象。基岩位于苍溪向斜北翼的单斜岩层上，为侏罗系沙溪庙组砂岩，场地为三级场地，三级地基。地基稳定性良好。

（三）基础适用性评价

根据场地工程地质条件，由于沙卵石回填厚度大于3米，沙卵石沉降量过大，作基础设计时，应加强基础刚度。

五　结论及建议

（一）结论

第一，工程重要性等级为三级，场地复杂程度为三级，地基复杂程度为三级，勘察等级为丙级。

第二，拟建场地无不良工程地质现象，场地简单、稳定，宜于建筑。

第三，勘察期间未见稳定地下水。据临近场地及已有建筑工程的地下水水质分析可知，该地下水及土层对钢筋混凝土及钢筋无腐蚀性。

第四，广元市中区抗震设防烈度为6度，设计基本地震加速度值为0.05g。

（二）建议

第一，根据场地工程地质条件，由于砂卵石回填厚度大于3米，沙卵石沉降量过大，进行基础设计时，应加强基础刚度。

第二，基坑开挖好以后，防止基槽浸水、暴露，以免影响持力层的物理力学性能，应及时通知相关部门验收基槽。

（广元市建筑规划勘测设计院）

拾贰　武则天陈列馆岩土工程勘察

一　概　况

（一）工程概况及勘察目的

广元市皇泽寺拟在皇泽寺内北侧山体上修建武则天陈列馆一幢，楼高一层，砖混结构。本次勘察目的如下：

1. 查明场地内地层结构、分布规律及地基土物理力学性质；

2. 查明地下水埋藏条件及类型；

3. 查明场地内有无不良地质作用；

4. 提供各主要地基土承载力特征值，对基础选型提出合理化建议。

（二）技术标准

1.《岩土工程勘察规范》（GB50021 – 2001）

2.《建筑地基基础设计规范》（GB50007 – 2002）

3.《建筑抗震设计规范》（GB50011 – 2001）

（三）完成工作量

我公司根据建筑物结构特点，沿拟建物周边轴线共布设探槽12个，基本查明了地层结构及分布规律，总进尺45.02米。该项勘察于2004年2月22日至26日完成野外作业（图53~61）。

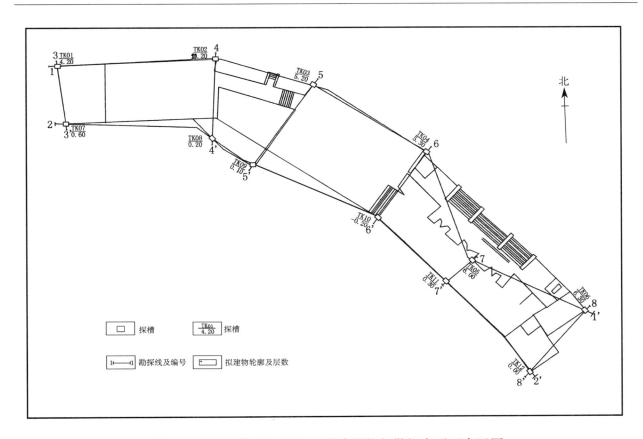

图53 武则天陈列馆岩土工程建筑物与勘探点平面布置图

二 场地工程地质条件

（一）场地位置及地形地貌

拟建场地位于皇泽寺北侧山体上，交通方便。场地地形狭窄，经工程开挖后形成北高南低阶梯地形。

（二）地层特征

据探槽揭露及地表调查，场地地层自上而下分布第四系全新统人工填土、侏罗系中统沙溪庙组泥岩。现分述如下：

杂填土①（Q_4^{ml}）：杂色，松散，干，主要由砖块、水泥、石块等建筑垃圾组成。该层分布于场地局部，层厚0.3～1.6米。

素填土②（Q_4^{ml}）：红褐色，松散，稍密，稍湿，主要由粉粒、黏粒及少量碎石等组成，碎石主要为泥岩风化产物。该层局部分布，层厚0.3～3.8米。

侏罗系中统沙溪庙组（J_2）泥岩，根据风化程度分为两个亚层，岩层产状130°/17°。现分述如下：

强风化泥岩③$_1$：暗红色，主要由黏土矿物组成，矿物成分已风化蚀变。岩体呈碎块状、碎屑状，手捏易碎，采取率较低。

中风化泥岩③$_2$：结构部分破坏，风化裂隙较发育。岩体较完整，最大揭露厚度2米。

（三）气候及水文地质概况

广元市位于盆地北部边缘，以内陆气候为主，气候温和湿润，雨量丰富。受西北高原气候影响，四季多风，最大风速27.8米/秒，基本风压0.35米/秒。

本次勘察期间未见有地下水。

三　场地工程地质条件评价

（一）主要岩土层承载力评价

（1）素填土（Q_4^{ml}）

红褐色，松散，稍密，稍湿，据当地建筑经验，承载力特征值如下：

素填土　　fak＝60kPa

（2）泥岩：层位稳定，承载力较高，且埋深较浅，根据当地建筑经验及有关规范，承载力特征值如下：

强风化泥岩　　fak＝400kPa。
中风化泥岩　　fak＝900kPa。

（二）地震效应

按照《建筑抗震设计规范》（GB50011－2001），广元市抗震设防烈度为6度，设计基本地震加速度值为0.05g，为设计地震第三组。根据拟建场地岩土层分布情况及邻近场地覆盖层厚度资料综合评价，场地上类型为中软弱土岩石，场地类别为Ⅱ类，属建筑抗震有利地段。

（三）场地稳定性评价

根据钻探揭示及地表调查，场地内上覆地层为分布不均匀第四系全新统人工填土，其下为侏罗系中统泥岩，无空洞、崩塌、滑坡、泥石流等不良地质作用和地质灾害，场地稳定属三级场地，三级基地，适宜建筑（见表九）。

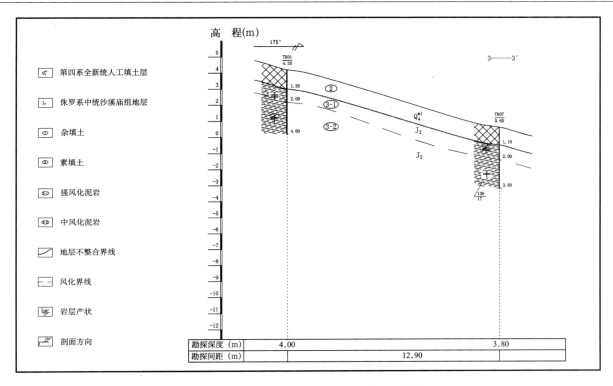

图 56　武则天陈列馆岩土工程勘察地质剖面图

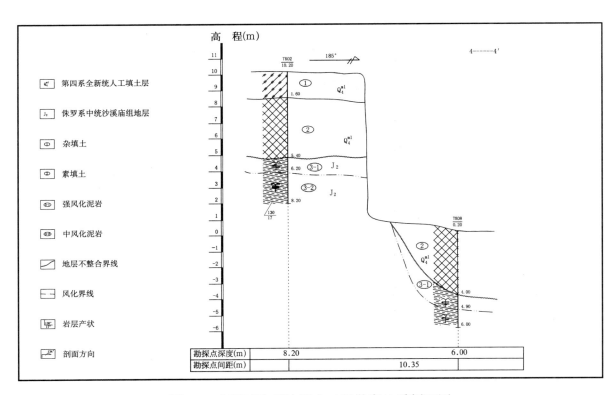

图 57　武则天陈列馆岩土工程勘察地质剖面图

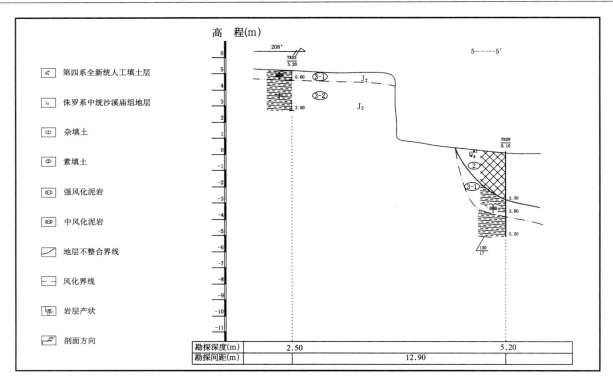

图 58　武则天陈列馆岩土工程勘察地质剖面图

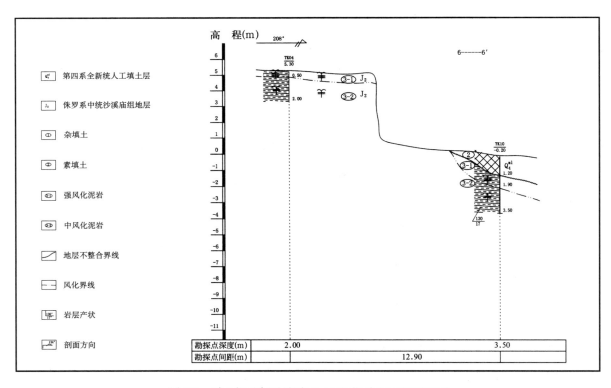

图 59　武则天陈列馆岩土工程勘察地质剖面图

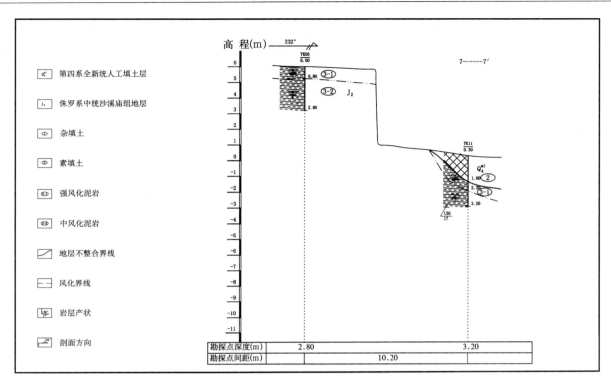

图60　武则天陈列馆岩土工程勘察地质剖面图

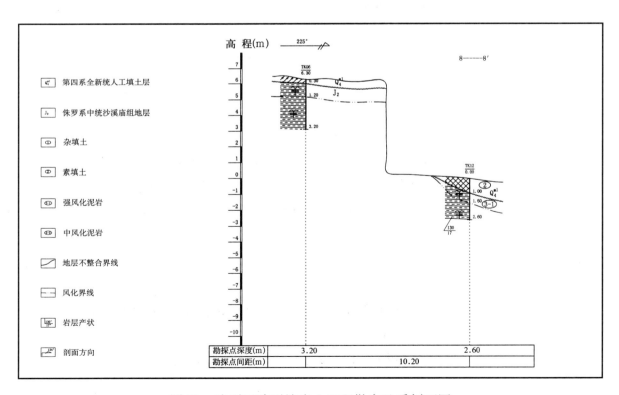

图61　武则天陈列馆岩土工程勘察地质剖面图

表九　　　　　　　　　　　　　　　　　勘探点主要数据一览

顺序号	探孔编号	孔深（m）	钻孔坐标			地下水位（m）			
						初见水位		稳定水位	
			H	X	Y	埋深	标高	埋深	标高
1	TK01	4	4.2						
2	TK02	8.2	10.2						
3	TK03	2.5	5.2						
4	TK04	2.0	5.3						
T	TK05	2.8	6.0						
6	TK06	3.2	6.3						
7	TK07	0.6	3.8						
8	TK08	0.2	6.0						
T	TK09	0.1	5.2						
10	TK10	-0.2	3.5						
11	TK11	0.3	3.2						
12	TK12	0.0	2.6						

四　结论及建议

（一）结论

第一，拟建场地无不良地质作用，场地稳定，属三级场地，二级地基，适宜建筑。

第二，杂填土、素填土厚度不均、力学性质差，不宜做天然基础持力层。

第三，据《建筑抗震设计规范》（GB50011-2001），广元市基本设防烈度为6度，设计基本地震加速度值为0.05g，为抗震有利地段。

（二）建议

第一，由于拟建物楼高一层，荷载较小，建议采用条形基础，以中风化泥岩做基础持力层。

第二，基础施工时，可不考虑地下水影响。

第三，基坑施工完备后应进行验槽工作，若发现地质问题，以便及时解决。

（四川省蜀通土木工程公司）

拾叁　大佛楼维修改造工程竣工报告

四川广元皇泽寺摩崖造像为全国第一批重点文物保护单位，其中开凿于初唐的大佛窟（28 号窟）为皇泽寺重点之精华。20 世纪 80 年代在该窟前建造了三层楼阁式仿古钢筋混凝土窟檐——大佛楼，现大佛楼已成为皇泽寺的主体建筑物。由于当时对石窟的历史、古代建筑的历代风格、文物整体环境的协调保护等方面的认识不足，造成了大佛楼无论是建筑造型、使用功能、文物整体性保护等各方面均与皇泽寺极不协调。

此项工程于 2000 年 6 月 28 日正式开工，主体建筑于 2000 年 9 月 26 日完工。

一　主要工程项目和施工简介

主要工程项目有拆除大佛楼屋面梁架，保留现钢筋混凝土柱、梁板等承重构件。一层做天花，用平棊，三层增加平座、楼梯。柱顶上新做铺作、梁栿、屋面等。该工程平面布局、构件标高、材料强度标号、木构件用料尺寸、施工工艺等均严格按施工设计要求和传统工艺做法进行施工，并针对设计上的疏漏和建设单位所提出的增减工程项目作出了及时的补充和调整。所有新做的钢筋混凝土构件中，与原钢筋混凝土构件连接者，其新、老钢筋均搭接满焊。

在基础施工过程中，挖至设计标高时，地基土为回填土其地耐力不能满足设计要求。当继续下挖至 3.12 ~ 3.82 米时，出现了原山体。排除山体表面浮石后，按设计要求做柱下独立钢筋混凝土基础。

在柱、梁、板施上过程中，施工所在地的钢材市场所出售的 Φ10 钢筋质量不稳定。为确保施工质量，将原设计中所有 Φ10 钢筋改为 Φ12，其间距、根数不变。按楼层分段现浇柱子时，各柱均设有检测点，以防柱子移位偏心。梁、楼板现浇时，分班组连续作业，一次成型，确保了梁、楼板的施工质量。

在大木作构件制作、防护和安装过程中，因所用木料含水率较大，部分构件制作完成后，及时涂刷桐油熬制的草油，防止木构件制成品的急剧开裂。对于部分开裂过大的构件，在安装时及时更换，确保了整体大木作的安全和质量。对于安装归位但又没有涂刷草油的构件和已涂刷过草油的构件，局部做单皮灰地仗后，均又通刷一遍草油。构件连接处用钉者，全部为钢筋打制的特殊长钉。

在屋面木基层和屋面瓦的施工过程中，根据山体的自然走向，增加了二层屋面后坡檐椽的长度，改变了椽子与山体的搭接方式，即将椽头直接搭在开凿的椽洞之中。在开凿椽洞的同时，沿山体走向重新开凿屋面后坡排水沟。清理出早期山体表面排水沟，在沟沿砌单砖挡水墙高 240 毫米，将沟中雨水通过 Φ200 塑料管集中排水。在安装鸱吻时，考虑到当地季风较大，为确保鸱吻整体稳定性，用一根 Φ22 螺纹钢上下贯通整个鸱吻。整体鸱吻是由 15 块分体组成，每块上下之间又插入 40×60 毫米的方木桩，增加了块与块之间的相互联系。在挂二层屋面后坡檐头时，将板瓦直接搭在新开凿的排水沟沿上，使雨水直接排入沟中，这样就能较好地解决屋面与山体交接处极易漏雨的通病。

在小木作制作安装过程中，对于各处所用装板，均作烘干处理。一层天花平棊为活动板，这将为室内文物布展所需照明线路和灯具的灵活布置创造了条件。板门在门轴与木门枕之间用轴承，使尺寸很大的板门开启非常方便。三层平座栏杆外侧增加戗杆，使栏杆更加稳定。

在施工组织设计方面，考虑到大佛楼处在多层台地上，施工场地特别狭小，而且大佛楼又是游览皇泽寺另外几处景点的必经之路。置于这种极其困难的施工环境，加之施工工期短，工程量大，促使施工单位在施工组织设计方面，必须科学合理地综合考虑施工人员的交叉作业、采购材料的进场时间、各项分类工程构件制作和安装的具体安排及与其他施工单位的相互协调、周六和周日游客增多后的安全防护措施等等，如此才确保了施工工期和施工质量按期顺利地完成。

在施工工艺方面，受地形的限制，大型搅拌混凝土设备和垂直运输设备难以进入施工现场。因此，在采用人工搅拌混凝土时，除严格控制水灰比、沙和石子的粒径外，对于沙石中所含的杂质和混凝土养护等影响混凝土强度的主要因素，均严格按规范和操作程序进行施工，使每台班浇筑的混凝土均达到了设计标号的要求。对于屋面瓦中所用的各种灰浆配比，均按传统做法进行拌和。为减轻屋面荷载，筒瓦装陇灰用炉砟灰代替泥灰，达到了预期的效果。

在施工安全措施上，游客必经之路，其上搭木板，两侧加围护网引导，确保了游客通道的安全畅通。对于极易下落物体的工程项目，如拆除原建筑物、松散材料的垂直运输等，采取夜间施工的方法。这种施工方法，虽然给施工单位带来了一些不利的因素，但确保了皇泽寺的正常开放和游客的安全。对于施工人员的自身安全，绝大多数按建筑行业安全操作规程的要求进行施工，杜绝了人身伤亡事故的发生。

二 工程质量检验

在大佛楼维修改造施工过程中，各类分项工程的质量检验，基本上按照建筑行业施工质量要求及检验程序进行的，选购的主要材料均有随货出厂的产品检验合格证，分项隐蔽工程则及时做现场验收记录。对于直接关系到建筑物整体质量安全的承重构件中的钢筋混凝土，其所用水泥和钢筋均委托质检站做质量、配比、强度的检验。为确保砼标号能够达到设计要求，在搅拌混凝土时除严格控制水灰比外，还对模板工和机械振捣操作人员实行质量负责制，对现浇后的混凝土养护实行带班队长负责制。这一切与经济利益挂钩的负责制，确保了该工程混凝土项目质量。为了能在科学数据上证实混凝土强度质量，每个现浇混凝土台班均作标准试块，分别进行个别试块三天和全部试块二十八天的强度检验。上述各种试件、试块的检验报告，均达到了规范要求和设计强度的要求。屋面挂瓦中的各种用灰、板瓦和板瓦之间的压露尺寸，这些决定屋面质量的关键因素均在施工过程中较好地控制把关，使得屋面的施工质量基本达到了古建筑施工操作规范的要求。

三　文物安全防护

大佛楼的维修改造，宗旨是给珍贵的历史文物提供一个更好的保护空间，因此维修改造工程中对文物的保护必须做到万无一失。对于体量较大的大佛窟，采取全封闭的保护措施。在封闭前，建设单位与施工单位共同对大佛现状作详细记录。待施工结束拆除保护设施后，又共同对大佛现状与原状记录进行对比。历经三个多月的改造工程结束后，大佛现状与施工前完全相同。

一层的则天殿和二层的窟龛原来就处于室内。在施工过程中，利用拆除下的门窗、隔扇做临时拦护设施。这样既杜绝了造像被游客的触摸，又能使游客通过临时护栏，观看到造像。

在安装上层屋面梁柑时，考虑到改造后的大佛楼屋面荷载比原屋面有所增加。为减轻直接压在大佛窟券顶上的梁柑荷载，在梁柑标高往上 2.86 米处，用双工字钢对焊成 140 × 140 毫米方钢插入山体新开凿的孔洞之中。孔洞深 0.5 米，四周和方钢中空部分用细石混凝填充。在梁栿底做一钢托板，托板与方钢之间用 4 根 Φ22 螺纹钢焊接做拉筋。由托板、拉筋和方钢组成的托架体系，分担了部分梁栿对窟栱券的垂直压力，确保了大佛窟的安全。

四　建筑物维护和保养

大佛楼的维修改造前期工程已告一段落，这只是文物保护的主要措施之一。关键是今后对建筑物的维护和保养。科学合理的维护与保养，能够使建筑物延年益寿，这样也能充分体现出各级文物管理部门对大佛楼改造工程的正确决策和大力支持。

大佛楼依山靠崖而建，二层屋面后坡靠崖部分是否漏雨，是保护大佛的关键所在。虽然在施工过程中已将该处排水处理的较好，但该处的集中式排水沟今后是否畅通，是确保屋面不漏的唯一先决条件。排水沟易塞之物主要为山体下落的泥沙、枯草、落叶等，对这些杂物必须定期清理。同时还必须对屋面瓦垄抹灰的开裂和脱落进行重新勾抹，对瓦面上生长的杂草进行清理等，这些也是保持屋面瓦件整体性和屋面不漏的另一重要措施。

大佛楼维修改造所用木料为近年度采伐的圆木，含水率较高，如单一强调必须用干木料，或全部木料都通过烘干处理，这显然是不现实的。针对这种实际情况，施工时除部分木材表面做地仗外，其余木材表面均刷草油，以防木材急干产生通长裂缝，进而影响其使用年限和安全强度。经过满一年自然风干后，应马上着手油漆地仗的工程，这样就能有效地保护木质构件安全合理的使用。

五 工程造价

大佛楼维修改造工程施工单位报价为 100.8 万元，经双方协商采取一次性包定项目，总造价为 95 万元。在具体的施工过程中，为补充设计上的不足增加了一些项目，应建设单位的要求也相应增加了一些项目。建设单位最终认可项目合计人民币 1 万元，其他项目应列入不可预见费之中，实际工程最终结算价应为 96 万元人民币。

大佛楼维修改造工程已告一段落。在施工过程中，由于建设方与施工方的紧密配合，使该工程比较顺利地完成。

（山东省文物工程公司）

拾肆　复原工程竣工报告

皇泽寺复原工程总建筑面积 941 平方米，仿唐木结构，包括二圣殿、武氏家庙、钟鼓楼、水榭、心经亭等建筑。工程总投资 418 万元，总工期一年四个月。

工程于 2004 年 2 月 8 日开工，在建设、质检、监理、设计等有关单位的认真监督和配合下，通过项目部全体员工一年多的共同努力，2005 年 6 月 16 日，项目部按照设计文件及合同约定，完成所有承建工程。

（一）质量

项目部配备了专职质检员，制定了完善的质量管理制度质量控制例会制度、验收制度和质量责任制度。工人实行岗前培训，技术交底，在质量管理中，采取自检、专检、互检相结合，隐蔽工程，一律通知有关单位，现场验收，验收合格后再进行下道工序，所有材料按规定进行分组抽样送检，无合格证、出厂日期、检验报告的材料，一律不准用于工程。各种试块按规定要求，现场取样制作、送检。木材制作、安装前有质检员检查，有节疤或病虫害的构件，一律不准用于工程。各种木构件的卯榫、搭接长度，有质检员进行现场逐项验收，各分项、分部工程，会同有关部门全部进行了验收，并分别签署了质量合格文件。

（二）工期

工程于 2004 年 2 月 8 日开工建设，武氏正殿、长廊、殿阁、山门等主体工程于 5 月已全部完成，但由于连日暴雨，长廊出现部分滑坡，工程无法继续进行，停工近两个月。同时，由于沿江河堤施工，经过工地的交通道路无法阻断，造成水榭、角楼、围墙、照壁等工程不具备施工条件，直到 2005 年 6 月 16 日，项目部才完成所有承建工程。

（三）安全

为确保工程不出现任何工伤事故，项目部配备了一名专职安全员，制定了完善的安全管理措施，脚手架搭设严格按照规范要求，高空作业人员一律配备安全带或安全绳，一名兼职安全监督员，配合专职安全员的工作，电工、机械操作工、电气焊工、脚手架工等一律持证上岗，施工用电按三级配电、二级漏保，做到一机、一闸、一漏、一箱、一锁，临时用电线路一律采用橡套绝缘电缆。各种机械设备、电动工具等定期进行绝缘测试，并配置合格的接地装置，电机、电焊机做好防雨、防潮，雨后应先由专业电工进行绝缘测试，合格后再交付使用。

（四）文明施工

因工地靠近旅游景点，项目部制订了有针对性的管理制度与措施，如严禁翻越栅栏进入景点，严禁践踏景点内草坪，施工材料按制定地点堆放，施工道路定期洒水、减少扬尘等。伙房配备了电冰箱、消毒柜，工作人员先进行健康查体，持证上岗。每到旅游旺季，项目部在白天停止有噪声、有污染的施工项目，一律安排至夜间或旅游旺季过后再施工。

经过公司技术、质检等部门对承建工程进行检查评定，各种技术和管理资料齐全，工程质量符合有关质量验收标准，具备竣工验收条件。

（山东省文物工程公司）

拾伍 防洪工程

一 概　述

（一）工程概况及建设依据

广元市城区位于东经 105°46′~105°55′，北纬 32°21′~32°29′，地处嘉陵江上游、四川省北部边缘，北与陕西、甘肃接壤，南倚剑门雄关。城区坐落在嘉陵江、南河两条江河汇合处的冲积台地上。区内地势相对较高，城区地势起伏小，较平坦。嘉陵江由北向南、南河由东向西将城区分为三块，嘉陵江右岸从上至下为则天区和下西区，嘉陵江左岸、南河右岸从上至下为东城区和嘉陵区，嘉陵江左岸、南河左岸为南河区。两条江河于主城区下部汇合向南流去。

广元市是川北重镇，川、陕、甘结合部的物资集散地，川北的交通枢纽，区内 1999 年国民生产总值 51.3 亿元。城区地势虽然相对较高，但在没有堤防保护的情况下，受洪水威胁仍然很严重，经常发生洪涝灾害，1981 年、1990 年、1998 年均发生较大洪水，给沿江人民的生命财产造成巨大损失。1949 年以来广元城区已修建河堤 18.73 公里，解除了部分地方的洪水威胁，但整个城区的防洪包围圈没有形成，仍然存在严重的洪水威胁。特别是国家重点文物保护单位皇泽寺还处在洪水的威胁下，为确保皇泽寺和该区域人民生命财产安全，考虑实施新建广元城区皇泽寺堤防。堤防位于嘉陵江右岸，从韩家沟与嘉陵江的汇口到嘉陵江铁路桥，长 991.71 米，建成后与已成河堤形成完整的防洪体系，使皇泽寺区域达到防御五十年一遇洪水的能力。

（二）水文

嘉陵江是长江在四川省境内的量大支流，发源于秦岭山地和岷山，自甘肃礼县，向南流经略阳进入广元市，经广元、昭化、苍溪后流出。嘉陵江昭化以西为上游，属山区，海拔 1000~4000米。上游山势陡峻，河流深切形成峡谷，水流湍急。两岸台地少见，植被良好。昭化至合川为中游，属低山、深丘区。

嘉陵江流域径流主要由大气降水补给，降雨和径流在年际、年内以及区域上变幅较大，11月到翌年3月为枯水期，4～10月为汛期。洪水由暴雨形成，洪水与暴雨相应主要发生在6～9月，上游新店子水文站实测的最大洪峰流量的为12800立方米/秒（1990年7月6日），洪水多为复式峰型，一次洪水过程一般历时3～5天。

嘉陵江干流广元城区段设计洪水分析主要依据嘉陵江上游干流控制站——新店子水文站实测资料、邻近流域白龙江三磊坝水文站实测资料加历史洪水，其成果：年最大流量均值 $Q_{M均}=4510$ 立方米/秒，$Cv=0.52$，$Cs=3Cv$，$Q_{2\%}=11000$ 立方米/秒，$Q_{10\%}=7630$ 立方米/秒。

支流韩家沟采用推理公式法推求其成果 $Q_{2\%}=109$ 立方米/秒，$Q_{10\%}=69.5$ 立方米/秒。

依据布设的河道断面，设计洪峰流量，按推算非均匀流水面线的方法 t 由下游控制断面，向上游断面逐一推算各河段的设计洪水水面线。

嘉陵江新店子水文站，多年平均悬移质输沙量3732万吨，多年平均含沙量3.73千克/立方米估计推移质输沙量为746万吨。

（三）地质概况

1. 地形、地貌

工程区处于四川盆地北部，山地和盆地交接地带，地势西北高东南低，河谷及近岸地带多为漫滩及具镶嵌结构的一级阶地，为侵蚀堆积河谷地貌；远河岸地带为一、二级阶地及构造剥蚀丘陵、低山地貌。河谷堆积地貌不发育，多在河谷一侧零星分布，范围一般较小，在广元城区东坝、上西坝一带面积分布较大。漫滩分布于河谷两岸，一般高出当地河水位0～5米，长1000～4000米，宽50～400米，地面较平坦，略倾向河流下游。漫滩堆积物为河床相砾石，卵石层，常覆于侵蚀后的一级阶地堆积之上。工程区内阶地分布于各河谷地带，通常以一、二级阶地比较发育，具有镶嵌式结构，一般高出当地河水面5～25米，分布较普遍，阶面平坦宽展，大致以1%～2%的坟降向河床倾斜。剥蚀构造丘陵地带，主要表现为长垣状和迭置式的单斜丘陵或孤立的单丘，高程530～630米，高差60～100米。

2. 地层岩性

工程区内多为大面积第四系地层覆盖，属第四系全新统冲积层，下状基岩为侏罗系沙溪庙组，岩性特征如下：

（1）Q^{ml}——第四系全新统人工堆积层，由杂色沙卵石等填土组成，结构松散，干至稍湿，主要为旧河堤填筑料。

（2）Q_4^{al}——第四系全新统一级阶地及漫滩冲积层。该层为本区主要堆积层，整个工程区内均有分布，由粉土、沙卵砾石构成，厚3～18米。

（3）$Q_{2+3}^{[g]}$——中上更新统冰水堆积层，零星分布在河谷两岸，形成二级和三级阶地岩性为黏土夹卵砾石组成，厚 10~20 米。

（4）J_{2s}——侏罗系沙溪庙组，紫红色砂质泥岩，灰白、灰紫色泥质粉砂岩，岩体完整，岩性较坚硬，以及青灰色、灰黄色长石石英砂岩，岩性坚硬，厚 75~1500 米。

3. 地质构造与地震

该区处于四川盆地北缘弧形构造带，区内未发现断裂构造，区域相对稳定，本区地震动峰值加速度为 0.05g。

4. 水文地质

区内地下水受岩性、构造及地貌形态影响，主要表现为第四系冲积层孔隙潜水，含水层厚 6~40 米，单位涌水量 1000~5000ms/日，主要受大气降水及河水补给，水量丰富。地下水属重碳酸钙型水，对混凝土无侵蚀性。

（1）堤防工程地质条件

参考嘉陵江右岸下西堤地质条件，堤基岩性为沙卵砾石，阶地表层粉土厚 0.4~1.5 米，下伏基岩为侏罗系沙溪庙组泥质粉砂岩。堤防设计为挡土墙式，建议防洪堤基础置于基岩上。堤身建议采用沙卵（砾）石填筑，填筑干容重 2.1 吨/立方米，沙卵（砾）石内摩擦角水上 35 度，水下 30 度，开挖边坡水上 1:1，水下 1:1.15。

（2）天然建筑材料

① （砾）石嘉陵江沙卵砾石料极丰富，可就近开采。

② 料区内条块石料较为丰富，主要为灰黄色长石石英砂岩，主要料场有皇泽寺料场，储量 12 万立方米，运距 0.5~5 千米。条块石料干抗压强度 30.5MPa，湿抗压强度 22.2MPa，符合防洪堤用材要求。

（四）工程任务与规模

嘉陵江广元城区皇泽寺防洪工程为新建堤防 991.71 米，位于嘉陵江右岸自韩家沟与嘉陵江的汇口到嘉陵江铁路桥，与上游上西堤、下游下西堤的已成河堤连接形成防洪封闭圈，达到防御五十年一遇洪水的防洪体系，保护嘉陵江右岸的国家重点文物保护单位皇泽寺以及环城公路和供水站。

根据实测嘉陵江从广元酒厂至皂角铺河段纵横断面，上游段河道较顺直，但河宽沿流程变化，在广元水文站附近控制断面收缩成瓶颈，中水时河宽由上游 400 米左右缩至 280 米，右岸靠山崖且临江有皇泽寺等重点文物保护单位，左岸临广元市区，拓宽行洪断面牵涉皇泽寺和广元市区街道拆迁，将花费巨额投资，所以经济上是不可行的。因此皇泽寺堤的堤距根据实际地形情况确定，为 200~400 米。

（五）工程设计

1. 工程等别和防洪标准

根据本工程堤防的保护范围和保护区的重要性和规划、发展，按照《堤防工程设计规范》（GB50286-98）的规定，确定皇泽寺堤为三级堤防工程，主要建筑物为三级建筑物。

2. 工程总体布置

本次拟建的皇泽寺河堤为新建堤防，与已成河堤相连接，形成防洪封闭圈，使皇泽寺区域达到防御五十年一遇洪水的能力。

皇泽寺堤防从韩家沟与嘉陵江的汇口开始，沿嘉陵江右岸下行，经皇泽寺、洞儿寺到嘉陵江铁路桥止，堤长991.71米。

3. 堤防工程设计

根据堤防管理和防洪抢险的需要，结合堤段地理位置，遵照《堤防工程设计规范》（GB50286-98）对3级堤防工程堤顶宽度的规定，本次设计考虑堤路结合型式，设计堤顶宽拟定为10米，其中公路宽7.5米，人行道和墙2.5米。

堤顶高程为设计洪水位加堤顶超高，设计洪水位采用设计洪水水面线推算成果，堤顶超高按规范计算，结合已成堤防的运行情况，本次设计采用1.2米。

根据工程等级、地理、地质条件，结合堤身高度和填筑材料的具体情况，参照广元已建河堤的经验，拟定的堤型为复式混凝土挡土墙堤型。根据业主的建设要求，拟定了两个方案：

方案一

靠河岸一级挡土墙为衡重式挡土墙，挡土墙基础下在基岩上，基础宽度4米，墙趾宽1.2米，高2米。挡土墙外坡为直墙，内坡坡比为1:0.35，从基础到平台高6.6米，平台宽2.375米。挡土墙上部底宽2.35米，顶宽1米，高4.5米。为节约工程造价，根据业主要求和实际情况，墙顶高程按十年一遇洪水水位加超高1.2米确定。挡土墙采用C15埋石混凝土浇筑。挡土墙墙后采用砂卵石夯填，上面为宽1.5米的人行道和宽7.5米的公路。二级挡土墙为重力式挡土墙，挡土墙基础下在沙卵石上。基础宽度1.72米，墙趾高0.6米。挡土墙外坡为直墙，内坡坡比为1:0.35，顶宽0.6米，墙顶高程按五十年一遇洪水水位加超高1.2米确定。挡土墙采用C15埋石混凝土浇筑。

方案二

靠河岸一级挡土墙为衡重式挡土墙，挡土墙基础下在基岩上，基础宽度4米，墙趾宽1.2米，高2米。挡土墙外坡为直墙，内坡坡比为1:0.35，从基础到平台高5.1米，平台宽2.035米。挡土墙上部底宽2.2米，顶宽1米，高4米。为节约工程造价，根据业主要求和实际情况，墙顶高程按十年一遇洪水水位确定，挡土墙采用C15埋石混凝土浇筑。挡土墙墙后采用沙卵石夯填，上面为宽1.5米的人行道和宽7.5米的公路。二级挡土墙为重力式挡土墙，挡土墙基础下在沙卵石上。基础宽度 2.42 米，墙趾高 0.6 米。挡土墙外坡为直墙，内坡坡比为 1:0.35，顶宽 0.6 米，墙顶高程按五十年一遇洪水水位加超高 1.2 米确定。挡土墙采用 C15 埋石混凝土浇筑。根据业主的使用要求，在一级挡土墙上设 1×1 米的 C20 钢筋混凝土柱，柱与二级挡土墙间设 C25 钢筋混凝土梁板结构，形成广场景观。

经过设计概算，方案一工程静态总投资为 1420.94 万元，方案二工程静态总投资为 1711.45 万元，方案二虽然比方案一投资多 290.51 万元，但该方案所形成的广场，不论景观还是周围区域的旅游和开发效益都有不可估量的优势，因此推荐采用方案二。

根据嘉陵江的水流特性，保护堤脚是堤防稳定的关键。经计算冲刷深度为 3~6 米，设计中考虑迎水坡脚挡土墙置于最大冲刷面以下 0.5~1.5 米，以确保堤脚的安全。

根据计算，本次设计的堤型及防冲保护措施合理、经济可行，堤基承载能力及墙基应力满足规范要求。

堤顶路面设计为混凝土路面。其具体结构为面层为厚 20 厘米的 C_{25} 混凝土，底层为厚 20 厘米的粉煤灰沙砾石铺垫。

（六）工程施工

工程位于广元城区段嘉陵江沿岸，沿途有 108、212 国道通过，对外交通十分方便。本工程所处地段施工场地比较开阔，场内交通及施工设施等易于布置。

工程所处地区嘉陵江沿岸沙卵石料极其丰富，质量较优，可就地开采用于堤身的填筑。区内各时代厚层砂岩大多可用作条块石科，运距较近，储量能满足需要。区内土料基本可满足工程需要。

由于工程施工期为枯水期，流量较小，因此一般堤段不作施工导流，仅有个别深挖方堤段需筑纵向土石围堰，设抽水泵抽水后即可施工。

根据主体工程施工的施工分期洪水，确定施工期为 2003 年 10 月至 2004 年 6 月。

此工程主体工程的主要施工方法：沙砾石开挖采用 2 立方米液压反铲挖装，8 吨自卸汽车运输。沙砾石回填除利用开挖料外，其余部分从沿河各料场取用，采用 2 立方米液压反铲挖装，8 吨自卸汽车运输，沙卵石填筑采用 74kW 推土机平场，13 吨振动碾分层碾压，蛙式打夯机修边。混凝土浇筑采用 0.4 立方米混凝土搅拌机拌制混凝土，5 吨自卸汽车运输，2.2kW 插入式振捣器振捣，大卵石采用 5 吨自卸汽车运输，混凝土浇筑采用分层浇筑，分层埋石。

此工程主体工程的主要施工程序：先进行堤基的清理，用推土机推去堤基表层腐质土，杂物等。清理完堤基后，采用分段施工的方法，先进行防洪堤的基础开挖。

开挖料就近堆放，然后进行基础和一级挡土墙的大卵石混凝土浇筑。混凝土工程完成后，开始进行挡土墙后的沙卵石回填夯实，然后进行一级挡土墙上部柱和二级挡土墙的浇筑以及公路的施工，最后进行上部梁板的混凝土浇筑。

施工场地比较开阔，各施工辅助企业可布置在两岸阶地上。施工道路除利用现有公路外，需新修施工临时道路。施工用水在河中抽取，施工用电由广元市供电局供给。

（七）工程占地和拆迁

在工程设计中，为了确保堤防工程安全，减少投资，堤线本着少占地、少拆迁的原则布置。本阶段只估算了施工临时占地费用，具体占地拆迁费用下阶段根据实际调查计算费用。

（八）工程设计概算

根据四川省水利电力厅川水建管（1998）379 号文，关于颁发《四川省重庆市水利水电工程设计概（估）算编制规定》的通知及四川省水利电力厅川水建管（1999）38 号文《关于执行防洪及河道整治工程概（估）算编制办法补充规定》的通知精神，建筑工程采用（1997）年颁《四川省重庆市水利水电建筑工程预算定额》编制单价并乘以 1.03 的扩大系数，施工机械台班费采用（1997）年颁《四川省重庆市水利水电工程施工机械台班费定额》。

工程概算一至五部分合计 1629.95 万元，静态总投资为 1711.45 万元。

二 水 文

（一）流域概况

1. 流域自然地理概况

嘉陵江是长江在四川省境内的最大支流，干流全长 1100 千米，流域面积 159800 平方千米。嘉陵江发源于秦岭山地和岷山，其东源又名西汉水，源于甘肃礼县，向南流经略阳、广元，于昭化城上游 2.5 公里与西源白龙江汇合，再向东南流经苍溪、阆中、南部、蓬安，南充至合川。其左、右岸最大支流渠江和涪江分别从东西两侧汇入，后经重庆注入长江。嘉陵江主干明显且河曲，是典型树枝状水系。

嘉陵江流域位于东经 102°30′~109°00′，北纬 29°20′~34°30′之间。流域地势由北向南倾斜，右支涪江分水峙处的雪宝顶，为全流域最高峰，海拔高程为 5588 米，而下游嘉陵江河口，水面高程仅 200 米左右，高差达 5200 余米。嘉陵江昭化以上为上游，属山区，海拔高程为 1000~4000米。上游山势陡峻，河流深切形成峡谷，水流湍急。两岸台地少见，植被良好。昭化至合川为中游，山势渐缓，一般海拔高程为 400~1000 米，属低山、深丘区。河流蜿蜒且都侵蚀到红色地层之中，形成大量的环形、河曲。河谷较为开阔，两岸有少量台地，植被较好。合川至重庆为下游，河流切穿华蓥山支脉，造成沥鼻、温塘、观音等峡谷，谓之"小三峡"。

2. 气象水文特征

嘉陵江流域上游属亚热带山地气候，冬季干燥寒冷，盛夏湿润凉爽，嘉陵江中下游属亚热带季风气候，冬寒夏热，四季分明，夏秋多雨，冬春干旱，雨热同季，有冬春多风的特点。

由于同时受地形和纬度的影响，嘉陵江流域气温从北向南递增，多年平均气温为 8℃～18℃，极端最高气温 35℃～42℃，极端最低气温 -14℃～-4℃。年平均雨量也大体从上游到下游呈递减趋势，但以支流涪江中游地区为最小。

设计河段气象特征，以广元气象站资料为代表，由 1951 年至今的观测资料统计，多年平均气温 16.1℃，极端最高气温 38.9℃，极端最低气温 -8.2℃，最大风速 28.7 米/秒，相应风向 NNE，多年平均无霜期 263 天，最长可达 305 天，最短 223 天，多年平均日照 1389.6 小时，多年平均相对湿度 69%，年平均降水量 973 毫米，最多达 1518.1 毫米（1961 年），最少仅 580.9 毫米（1956 年），年际相差 937.2 毫米，最多年是最少年的 2.6 倍。降水在年内分配也极为不均，80% 的雨量都集中在 7、8、9 三个月，径流主要由降水补给。根据嘉陵江上游新店子水文站（1964～1999 年）实测资料分析计算，多年平均流量 196 立方米/秒，最大流量 12800 立方米/秒，最小流量 18.4 立方米/秒。降雨和径流在年际、年内以及区域上的分布是不平衡的。

（二）基本资料

本次设计主要采用了嘉陵江干流有关测站历年施测的水文资料，河段洪水调查资料，河道演变调查，已建工程及分析调查资料，河段历次实测的地形图以及本工程河段实测的河道纵横断面。

1. 主要测站概况

（1）新店子水文站

1952 年水利部水文总站设朝天驿水位站，1957 年撤销，1962 年恢复，1963 年 5 月 1 日将断面下迁 180 米，同年再次下迁 400 米，改为新店子。

新店子水文站位于广元铁路大桥上游 23 千米，为嘉陵江上游干流控制站。控制流域面积 25367 平方千米。

测量河段河道呈 s 型，基本断面设于弯道中央，离上弯 400 米，距下弯 200 米，河底由沙卵石组成，常有沙洲出现，河道冲淤变化比较大，主槽左右摆动，主流多偏于左岸。左岸为石灰岩组成，水位在 480 米以下比较稳定，下游 2800 米处有一支流加入。右岸为易风化破碎页岩组成，水位 480 米以下出现滩地、串沟，滩地部分流向与基线有夹角。水位测量采用吴淞基面。流量测验以流速仪法为主，流速仪多以常、简测法为主。

高水个别测次采用浮标法，采用多线配合绳套推流。

新店子水文站从 1964 年开始观测至 1995 年，具有 1964 年至 1967 年、1969 年至 1995 年共三十一年实测水位、流量资料。

（2）新店子水文站（广元）

广元铁路大桥上游 660 米，原由县防办设立有广元水位站，控制流域面积 25643 平方千米。该站从 1972 年开始观测水位至今，已有二十八年水位资料。

1996 年后原新店子水文站迁于广元水位站处，仍称新店子水文站，该站有 1997 年至 1999 年三年实测流量资料。

2. 洪水资料的审查和处理

本次嘉陵江洪水分析计算，除利用以上资料外，并调查推算有新店子水文站 1857 年、1956 年、1977 年、1981 年、1988 年、1989 年六次洪水流量资料，在该站原省洪水分析办公室整编刊印的 1857 年、1898 年、1956 年、1947 年等四次历史洪水资料。本次河段防洪治理工程的可研设计除搜集研究了以上资料外又进行了河床质沿程调查、洪水调查，河道、河势调查，灾情调查等工作。这些资料经审查、处理、补充、校核（对精度不高、质量较差的已分析订正取舍），供此次设计使用。

上游新店子水文站（后下迁至广元水位站址），历年流量测次数量较多，从未发现有漏峰现象。浮标系数经多次比测统一采用 0.85，对几次较大洪水年份资料的审查未发现不合理之处。测验精度较高，历年测验成果已整编刊印，经与下游广元水位站同步洪水资料对照分析未发现有特殊和反常现象，因此认为该站洪水资料具有一定的可靠性。另据流域资料分析得知，产生各年洪水的流域和河道的产流、汇流条件，在实测期内没有发生较大的变化。人类活动的影响相对较小，所以洪水资料具有较好的一致性。而洪水资料的代表性，经采用最大流量差积曲线法、年最大流量滑动平均法、年最大流量累进平均法进行分析。由计算和作图表明，差积曲线没有长期的下降和上升的趋势，说明洪水系列丰、平、枯水年是交替出现的，没有长期的丰水年和长期的枯水年。从累进平均曲线的变化趋势看，要达到均值的相对稳定，最少要二十年系列。

广元城区河段至新店子水文站河道单一，区间无支流加入，降水均匀，资料一致性较强。经上述分析，采用的洪水系列已包括了丰、平、枯水年的周期流量，且经插补延长后的连序系列达四十七年，可认为系列具有一定的代表性，再加入经过论证的重现期较长的历史洪水调查资料，其代表性较好。

（三）暴雨洪水特性

1. 暴雨特性

暴雨是产生洪水的直接因素，嘉陵江上游暴雨主要受大巴山暴雨区的影响，每当夏季来临，挟带大量水汽的东南季风侵入四川盆地，由于秦岭大巴山受阻，在迎风坡面常造成强暴雨天气，天气系统以低槽为主，切变线次之。暴雨在地区分布上不均，暴雨中心多出现在上寺、新平、雁门一带。多年平均最大24小时降雨量,新平、雁门一带为140~150毫米,三堆130毫米,广元城121.7毫米,新店子118.9毫米,大滩区101毫米,阳平关以北为60毫米。暴雨在地区分布上的差异,主要是暴雨特性和地形条件相互作用的结果。暴雨的成因主要取决于天气系统,造成一次中量级以上洪水的降雨量一般系全流域普降暴雨或大雨,且雨量一般均在80毫米以上。

2. 洪水特性

嘉陵江干流洪水出现时间与暴雨同步多出现在6~9月。最大流量多集中发生在7、8月。其特点:涨率大,退率小,峰高量大,多为复式峰型,一次洪水过程一般历时3~5天。洪水年际变化也较大,据上游新店子水文站实测的年最大流量的最大值为12800立方米/秒(1990年7月6日),最小值仅为663立方米/秒(1997年广元站),相差19.3倍,年最高水位变幅达18米以上。

(四) 设计洪水

1. 防洪标准

广元城区是一座以科研、教育为中心,电子、机械、纺织、冶金为主的新兴综合性中等工业城市,是我国西南、西北联络的交通枢纽,川西北重镇。根据嘉陵江与南河广元城区河段特点和城市的重要性,按国家《水利水电工程水利动能设计规范》(SDJ11-77) 和《防洪标准》(GB50201-94) 规定,以确保城市主体部分安全为主的原则确定广元城区嘉陵江河段防洪标准洪水重现期定为五十年一遇。

2. 嘉陵江干流设计洪水

(1) 历史洪水

嘉陵江洪水频繁,根据四川省水利电力厅1984年编制的《四川省洪水调查资料》和文献资料,近两百年来嘉陵江(广元附近河段)及相邻支流,曾发生过大洪水和较大洪水的年份有1760年、1810年、1827年、1833年、1835年、1857年、1884年、1889年、1898年、1899年、1903年、1907年、1912年、1918年、1919年、1930年、1936年、1937年、1938年、1946年、1947年、1956年、1961年等。

经四川省水利电力厅洪水分析计算办公室对各单位调查历史洪水资料进行整理、复核、审查后,认定嘉陵江新店子河段1857年、1898年、1956年、1947年等年份洪调成果较为可靠,并于1984年刊印各年流量值见表一○。

表一○　　　　　　　　　　　嘉陵江广元新店子河段洪水调查成果表

年份	1857	1898	1956	1947
流量 (m³/s)	11700	10200	8520	6550
可靠程度	供参考	供参考	较可靠	供参考

因 1857 年后的历史洪水能确切推算出较为可靠的洪峰流量，所以采用 1857 年至今，作为历史洪水重现期考证的根据。现将 1857 年以来，嘉陵江新店子附近河段最大的几次特大洪水的重现期考证如下：

① 1990 年洪水

1990 年洪水，广元市区受灾严重，街上可行船。新店子实测流量为 12800 立方米/秒，大于以上刊布的所有调查历史洪水，所以定为 1857 年至今的第一大洪水，确定其重现期为一百四十年左右。

② 1857 年洪水

根据历史调查资料，本次洪水只在嘉陵江上游广元、苍溪有记载。应是集中于嘉陵江上游的暴雨形成。1857 年洪水为刊布的调查最大历史洪水，但因其小于 1991 年实测洪水所以定为考证期第二位洪水，确定其重现期为七十年左右。

③ 1898 年洪水

根据历史记载，这次洪水也是由集中于嘉陵江上游的暴雨形成。此次洪水为刊布调查历史洪水的第二位。因其小于 1990 年洪水，定为考证期第三位洪水，确定其重现期为五十年左右。

④ 1981 年洪水

1981 年 7 月，嘉陵江上游连降暴雨，致使山洪暴发，嘉陵江洪水猛涨。广元城区进水，交通中断。新店子水文站实测流量 10100 立方米/秒，为实测系列第二大洪水，略小于 1898 年洪水，定为考证期第四位洪水，确定其重现期为四十年左右。

⑤ 1998 年、1956 年、1961 年、1947 年洪水

1998 年嘉陵江上游普降暴雨，广元市区附近，嘉陵江、白龙江、清江河、南河同时涨大水，淹没农田及广元市城南停车场被淹。此次洪水实测最大流量大于刊布的 1856 年、1947 年洪水。在考证期中排第五位，在实测期中排第三位。由于其与实测期中第四、五位洪水流量相差很小，分析此一量级洪水在调查期中可能遗漏，而 1956 年、1961 年、1947 年洪水小于实测期第五次洪水，所以 1998 年、1956 年、1961 年、1947 年洪水不作为历史洪水处理。

（2）新店子年最大流量系列的插补延长

新店子水文站有 1964 年至 1966、1969 年至 1995 年共三十年实测年最大流量系列，新店子迁于原广元水文站后有 1997 年至 1999 年三年最大流量系列。实测系列年数虽已达三年，但不连序，故有必要进行插补。

邻近流域白龙江三磊坝水文站有 1953 年至今的实测流量资料。

白龙江与广元城区上游嘉陵江处于同一气候分区自然地理条件一致，且有半数以上三磊坝水文站与新店子水文站年最大流量发生在同一天的时间间隔内。本次作三磊坝水文站与新店子水文站年最大流量相关计算，其相关系数为 K = 0.919，相关程度密切。据此查补出新店子水文站 1953 年至 1963 年及 1968 年最大流量，其中 1956 年、1961 年采用刊布历史调查洪水流量值。

1997 年至 1999 年迁站后流域面积增大，但区间面积仅占 1%，采用面积比的 n 次方折算到原

址（n～2/3），使系列具有一致性。

1996 年迁址后，新店子水文站（广元站）具有实测水位资料。该站 1974 年至 1999 年水位流量关系点据点绘图，其关系点据集中，关系稳定，可得出历年综合水位流量关系。据 1996 年实测量高水位，查算得 1996 年新店子（广元）水文站年最大流量为 1720 立方米/秒，按面积比的 2/3 次方折算到新店子站为 1710 立方米/秒。

（3）新店子年最大流量统计参数计算

经插补延长后得新店子水文站 1953 年至 1999 年连续年最大流量系列，其经验频率按公式：

$$P = \frac{m}{N+1} * 100\%$$

计算，n = 47 年。其中 1990 年、1981 年作历史洪水处理。

1990 年、1857 年、1898 年、1981 年四年历史洪水经验频率按公式：

$$P = \frac{M}{n+1} * 100\%$$

计算，其计算结果见表一一

表一一 嘉陵江新店子站历史洪水频率表

年份	流量（m³/s）	M	P = M/N+1（%）
1990	12800	1	0.7
1857	11700	2	1.4
1898	10200	3	2.1
1981	10100	4	2.8

年最大流量统计参数根据实测系列和各历史洪水经验点据计算统计参数，用 P－Ⅲ 型曲线适线确定。

计算采用了两种方案：1. 实测系列采用插补延长后的四十七年系列，计算得年最大流量均值 = 4550 立方米/秒，变差系数 Cv = 0.50，偏差系数 Cs = 3.5Cv。2. 只用新店子水文站 1969 年至 1999 年的三十一年实测连序系列。计算得年最大流量均值 $Q_{m均}$ = 4510 立方米/秒，变差系数 cv = 0.52，偏差系数 Cs = 3.0Cv。

考虑到解放前的资料精度相对较差，且三磊坝水文站与新店子水文站年最大流量有的并不发生在同一时期，相关计算有一定误差，而新店子水文站实测连序系列已有足够长度，最后决定采用第二方案计算结果（见表一二）。

表一二　　　　　　　　　　　　　新店子年最大流量系列表

按时序排列		按大小排列			
年　份	流　量 （m³/s）	序　次 m	P＝m／（n＋1）＊100% （%）	年　份	流　量 （m³/s）
1969	1340	1	3. 13	1990	12800
1970	2650	2	6. 25	1981	10100
1971	3480	3	9. 38	1998	8540
1972	4140	4	12. 50	1977	8320
1973	3550	5	15. 63	1984	6290
1974	2280	6	18. 75	1989	6180
1975	4740	7	21. 88	1978	5710
1976	4310	8	25. 00	1983	5390
1977	8320	9	28. 13	1980	4910
1978	5710	10	31. 25	1975	4740
1979	3640	11	34. 38	1976	4310
1980	4910	12	37. 50	1972	4140
1981	10100	13	40. 63	1979	3640
1982	3360	14	43. 75	1988	3550
1983	5390	15	46. 88	1973	3550
1984	6290	16	50. 00	1971	3480
1985	2910	17	53. 13	1992	3430
1986	1320	18	56. 25	1993	3410
1987	2700	19	59. 38	1999	3360
1988	3550	20	62. 50	1982	3360
1989	6180	21	65. 63	1985	2910
1990	12800	22	68. 75	1987	2700
1991	1670	23	71. 88	1970	2650
1992	3430	24	75. 00	1994	2570
1993	3410	25	78. 13	1995	2440
1994	2570	26	81. 25	1974	2280
1995	2440	27	84. 38	1996	1710
1996	1710	28	87. 50	1991	1670
1997	663	29	90. 63	1969	1340
1998	8540	30	93. 75	1986	1320
1999	3360	31	96. 88	1997	663

（4）嘉陵江设计洪峰流量计算

新店子水文站集水面积 $F_新$ = 25367 平方千米，本次设计河段控制断面在新店子水文站附近，且该设计河段区间内无较大支流汇入。工程设计洪水直接引用新店子水文站洪水分析成果，见表一三。

表一三 嘉陵江皇泽寺防洪堤设计洪峰流量表

新店子水文站			皇泽寺防洪堤
$Qm = 4510 m^3/s$　$CV = 0.52$，$Cs = 3Cv$			
P（%）	Kp	Qp（m^3/s）	Qp（m^3/s）
0.01	4.75	21423	21420
0.1	3.76	16958	16960
0.2	3.46	15605	15600
0.33	3.24	1462	14610
0.5	3.06	13801	13800
1	2.75	12403	12400
2	2.44	11004	11000
3.3	2.21	9967	9970
5	2.02	9110	9110
10	1.692	7631	7630
20	1.354	6107	6110
50	0.871	3928	3930

3. 韩家沟洪水计算

韩家沟属于无资料小流域。流域面积为 F = 9.8 平方千米，自分水岭河长 L = 7.5 千米，沿河长河道平均比降 J = 31‰。其设计洪水根据设计暴雨按汇流理论推算。设计流域暴雨参数根据《四川省中小流域暴雨洪水计算手册》查算。成果见表一四：

表一四 韩家沟流域暴雨参数表

时段（小时）	1/6	1	6	24
均值（mm）	16.5	43	85	116
CV	0.38	0.42	0.50	0.52

采用《四川省中小流域暴雨洪水计算手册》中推荐的水科院推理公式计算设计洪峰流量。

其计算公式为：

$$Q = 0.278\psi \cdot S \cdot \frac{F}{T^n} = f\ (F.\ L.\ J.\ S.\ n.\ \mu m)$$

式中：Q – 设计洪峰流量，m^3/s

w – 洪峰径流量系数

T – 流域汇流时间，h

F – 流域面积，km^2

L – 河流长度，km

J – 沿 L 的河道平均坡度

S – 暴雨雨力，mm/h

n – 暴雨公式指数

皿 – 参流产数，mm/h

m – 汇流参数

设计洪峰流量计算成果见表一五。

表一五　　　　　　　　　　　韩家沟设计洪峰流量计算成果

P（%）	QP（m^3/s）
1	127
2	109
3.3	96.7
5	86.4
10	69.5

4. 施工分期洪水

根据嘉陵江新店子水文站各月最大流量散布图分析，嘉陵江汛期在 4～10 月，主汛期为 6～9 月，11 月至次年 3 月为枯季。

所以本次施工分期洪水计算，除主汛期采用年最大流量频率分析成果，其余时段均按月分期。

新店子有 1964 年至 1967 年、1969 年至 1995 年、1997 年至 1999 年实测各月最大流量资料。

对于缺测的 1968 年各月最大流量采用三磊坝站与新店子站月最大流量相关计算延长，其相关系数 R = 0.895。

对于缺测的 1996 年，根据该站 1996 年实测各月最高水位，利用历年综合水位流量关系曲线查算，经插补得：1964 年至 1999 年共三十六年 1、2、3、4、5、10、11、12 月最大流量系列。用矩法计算统计系数，并经适线得各月最大流量统计参数见表一六。

表一六 嘉陵江新店子月最大流量频率计算成果表

月份	1	2	3	4	5	10	11	12
均值（m³/s）	51.4	46.8	123	78.4	707	690	185	78.4
Cv	0.4	0.35	0.66	1.26	1.08	0.81	0.62	0.48
Cs/Cv	2	2	2	3	3	3	2	2

此次设计河段施工设计洪水直接采用新店子水文站处分析成果，结果见表一七（考虑到汛期可能提前和延后使用期作适当变动）。

表一七 嘉陵江皇泽寺防洪堤分期设计洪水流量表

时段（月）	QP（m³/s）			
	P = 5%	P = 10%	P = 20%	P = 50%
1	89.2	78.9	67.4	48.7
2	76.6	68.6	59.8	44.9
3	279	232	181	106
4	1427	956	552	197
5	2230	1575	992	397
6~9	9110	7630	6110	3930
10	1815	1394	987	497
11	405	339	268	162
12	149	129	107	72.4

所算分期洪水成果可以提前或错后使用。

5. 设计洪水合理性分析

此次嘉陵江河段设计洪水分析计算采用了工程附近新店子水文站的原始资料，经审查、分析，具有足够的代表性、一致性、合理性，且经插补延长后的系列年数达四十七年，又加入了较可靠的调查历史洪水资料，经验点据适线良好，所以分析计算成果是较为准确、可靠的。

河段洪水许多单位已做了大量工作，由于使用资料年限不同，成果各有差异，而随资料年限增长统计参数渐趋稳定，上、下游工程分析结果也比较一致。

本次分析年最大流量统计参数，与原分析值略有出入，考虑到本次所使用的系列更长，且实测系列中包含了 1990 年的特大洪水，而适线结果又十分理想，所以此次分析成果相对更加合理、可靠。

嘉陵江广元城区附近河段年最大流量计算成果比较见表一八。

表一八　　　　　　　　嘉陵江广元城区附近河段年最大流量计算成果比较表

地点	年最大流量均值（m³/s）	Cv	Cs/Cv	Qm₂%（m³/s）
凉亭子电站进口	8000	0.49	3	18700
凉亭子电站尾水	10390	0.49	3	24300
广元城区防洪堤	4220	0.51	3	10200
广元城区防洪论证	4060	0.54	3	10200
原新店子	4190	0.51	3	10100
本次新店子	4510	0.52	3	11000

（五）控制断面水位流量关系曲线

本工程设计河段下游断面水位流量关系曲线，按明渠稳定流的满宁公式推求：

$$Q = \frac{1}{n} J^{\frac{1}{2}} F R^{\frac{2}{3}}$$

式中：Q – 流量（m³/s）

F – 过水断面面积（km²）

R – 水力半径（H）

n – 河床糙率

J – 水面比降

根据横断面资料，逐级计算过水面积、水力半径、水面比降，参考调查洪水水面比降选取糙率 n，参照《天然河道糙率表》选取，J，n 的选取以推算调查洪水流量与实测流量相符为控制。相应流量，根据以上参数利用上述公式推算。

（六）泥沙

嘉陵江是长江上游重点产沙河流，其含沙量居各支流之首。而工程河段上游嘉陵江支流西汉水又是嘉陵江的主要产沙区。根据新店子水文站资料统计，多年平均悬移质输沙量 3732 万吨，多年平均含沙量 3.73 千克/立方米。多年各月平均输沙率见表一九：

表一九　　　　　　　　新店子水文站多年平均月、年悬移质输沙率分配表

月	1	2	3	4	6	7
输沙率（kg/s）	2	2.3	6.2	153	757	976	4745
月	8	9	10	11	12	年	年输沙量（万吨）
输沙率（kg/s）	4780	2233	420	25.8	4	1183	3732

推移质输沙量以悬移质输沙量的 20% 计，估算为 746 万吨。

（七）河道设计洪水水面线的推求

根据规范，设计河段沿江防护对象的重要性和规模，结合保护区实际，确定防洪标准。广元市区是广元市政治、经济、文化的中心，有重要厂矿和铁路干线，采用五十年一遇洪水重现期。

1. 断面的布设

本次沿设计河段共布置了 6 个断面。断面布置原则是重点河段间距密，一般河段间距稀，并考虑其控制作用。

2. 糙率的选取

糙率的选取根据河床及水流情况初选。以推算的洪水水面线与调查洪水位比较合理的原则最后选定，n = 0.035 ~ 0.040 之间。

3. 设计洪水水面线的推求方法

设计洪水水面线根据能量方程式，由下游断面逐个向上游断面推算。本设计河段下游断面设计洪水位，采用相应断面水位流量关系查算。

4. 设计洪水水面线

本工程设计洪水水面线成果见表二〇、二一：

表二〇　　　　　　　　　　嘉陵江广元城区河段天然水面线计算成果表

桩号 ＼ 频率	2%	3.33%	5%	10%
0 + 000	475.98	475.40	474.90	473.90
0 + 300	476.14	475.60	475.13	474.09
0 + 700	477.70	477.04	476.48	475.42

表二一　　　　　　　　　　韩家沟天然水面线计算成果表

桩号 ＼ 频率	2%	3.33%	5%	10%
0 + 000	477.70	477.04	476.48	475.42
0 + 040	477.78	477.13	476.57	475.51
0 + 220	478.27	477.61	477.14	476.02

三 工程地质

（一）地质概况

1. 地形、地貌

工程区处于四川盆地北部，山地和盆地交接地带，地势西北高东南低，在地形上表现为自摩天岭高中山—龙门山、米仓山中山—盆地边缘低山、丘陵的这种渐次过渡的特征。防洪堤所处河谷及近岸地带多为漫滩及具镶嵌结构的一级阶地，为侵蚀堆积河谷地貌；远河岸地带为一、二级阶地及构造剥蚀丘陵、低山地貌。

河谷堆积地貌不发育，多在河谷一侧零星分布，范围一般较小，在广元城区东坝、上西坝一带面积分布较大。

漫滩分布于河谷两岸，一般高出当地河水位 0 ~ 5 米，长 1000 ~ 4000 米、宽 50 ~ 400 米，地面较平坦，略倾向河流下游。两河河床开阔，呈宽缓的 U 型。南河段河床宽 150 ~ 300 米，坡降约 1.8‰ ~ 2‰。嘉陵江段河床宽 400 ~ 700 米，坡降约 1.5‰ ~ 1.8‰。河流心滩、边滩、沙洲发育。漫滩堆积物为河床相砾石、卵石层，常覆于侵蚀后的一级阶地堆积之上。

工程区内阶地分布于各河谷地带，通常以一、二级阶地比较发育，具有镶嵌式结构，一般高出当地河水面 5 ~ 25 米，分布较普遍，阶面平坦宽展，高程 480 ~ 471 米，大致以 1% ~ 2% 的坡降向河床倾斜。一级阶地具有二元结构，上部沙土、粉土厚 0.5 ~ 8 米，下部为沙、砾沙、卵石层。剥蚀构造丘陵地带，主要表现为长垣状和迭置式的单斜丘陵或孤立的单丘，高程 530 ~ 630 米，高差 60 ~ 100 米。

2. 地层岩性

工程区内多为大面积第四系地层覆盖，属第四系全新统冲积层，下伏基岩为侏罗系沙溪庙组，岩性特征由上至下分述如下：

（1）Q_4^{ml}——第四系全新统人工堆积层，由杂色沙卵石等填土组成，结构松散，干、稍湿，主要为旧河堤填筑料。

（2）Q_{4-1}^{al}——第四系全新统一级阶地冲积层。该层为本区主要堆积层，整个工程区内均有分布，由粉土及沙卵砾石构成，厚 3 ~ 18 米。

（3）Q_{2+3}^{fgl}——中上更新统冰水堆积层，零星分布于河谷两岸形成二级和三级阶地，岩性为黏土夹卵砾石，厚 10 ~ 20 米。

（4）J_{2s}——侏罗系沙溪庙组，紫红色砂质泥岩，灰白、灰紫色泥质粉砂岩，岩体完整，岩性较坚硬，以及青灰色、灰黄色长石石英砂岩，岩性坚硬，本层厚 75 ~ 1500 米。

（二）区域地质

该区处于四川盆地北缘弧形构造带，西北紧邻龙门山北东向构造带，东北紧邻米仓山东西向构造带，产生于侏罗、白垩系中的弧形构造带表现为舒缓宽展的褶皱，断裂极少。因西北面受龙门山构造制约，东南受巴中莲花状构造影响，所以构造呈现为由北东逐渐向东方偏转的弧形褶皱，总的趋势为北东东向。北东东—南西西向的走马岭向斜穿越本区。该向斜构造两翼对称，略现紧密，倾角 11~21 度。

区内未发现断裂构造，漫滩堆积物常覆于侵蚀后的一级阶地堆积之上，形成上迭式的沉积结构，显示了全新世以来地壳有幅度不大的升降。

综上所述，测区地质构造条件较简单，新构造运动不明显，区域相对稳定，据四百万分之一《中国地震动峰值加速度区划图》，本区地震动峰值加速度为 0.05g。

（三）工程地质条件

参考嘉陵江右岸下西堤地质条件，堤基岩性为沙卵砾石，阶地表层粉土厚 0.4~1.5 米，下伏基岩为侏罗系沙溪庙组泥质粉沙岩。堤防设计为挡土墙式，建议防洪堤基础置于基岩上。堤身建议采用沙卵（砾）石填筑，填筑干容重 2.1 吨/立方米，沙卵（砾）石内摩擦角水上 35 度，水下 30 度，开挖边坡水上 1:1，水下 1:1.15。

（四）水文地质

区内地下水极为丰富，受岩性、构造及地貌形态影响，主要表现为第四系冲积层孔隙潜水，分布面积 100 平方千米。主要受大气降水及河水补给，含水层厚 6~40 米，单位涌水量 1000~5000 立方米/日，枯季地下水补给河水，丰水期河水补给地下水，互为补排关系。地下水及地表水水质类型属重碳酸钙型水，矿化度 249.5mg/l，总硬度 203.5mg/l，暂时硬度 112.5mg/l，永久硬度 91.1mg/l，游离二氧化碳 2.7mg/l，无侵蚀性二氧化碳。其次为侏罗系基岩裂隙潜水，地下水较为贫乏，泉流量小，一般 $0.01~0.051m^3/s$，为相对隔水层。

（五）天然建筑材料

1. 沙卵砾石料

区内沙卵砾石料极其丰富，总储量达 1000 万立方米，可就近开采。经下西坝、桑树坝、碾子河坝等典型料场调查，储量达 570 万立方米。卵石粒度模数 6.9~8.5，质地坚硬，针片状含量小于 6%。卵砾石成分由砂岩、砾岩、石英岩、灰岩、变质岩、火成岩组成，石质坚硬，可作混凝土骨料使用。

沙料与沙卵砾石料伴生。筛分结果表明，在沙卵砾石料中，沙占 11%，主要为细至中粒石英砂，粒度模数 2.36，容重 1.46 吨/立方米，含泥量 3.6% ~ 7.3%。

2. 条块石料

区内条块石料主要为灰黄色长石石英砂岩。

皇泽寺料场位于下西坝北部皇泽寺，总长 300 米，宽 40 米，厚 10 米，盖山厚 0.5 ~ 4 米，储量 12 万立方米。运距 0.5 ~ 5 千米。

根据弱风化长石石英砂岩试验成果资料，含水率 4.6%，干抗压强度 30.5MPa，湿抗压强度 22.2MPa，软化系数 0.73，天然密度 2.25 克/立方米，干密度 2.18 克/立方米。

3. 土料

本工程对土料需求极少，可在近河岸的丘顶及坡麓上取用更新世冰水沉积黄色黏土，质量满足设计要求。

（六）结论及建议

1. 防洪堤段工程地质条件较好，构造简单，岩性单一，褶皱平缓，无明显的断裂构造，新构造活动不明显，区域相对稳定。据四百万分之一《中国地震动峰值加速度区划图》，该区地震基本烈度动峰值加速度为 0.05g。

2. 堤防工程地质条件较简单，堤基岩性为沙卵砾石，阶地表层粉土厚 0.4 ~ 1.5 米，下伏基岩为侏罗系沙溪庙组泥质粉砂岩。在局部顶冲段，可加大堤脚砌置深度，提高抗冲能力，建议将地表粉土清除。

3. 河流对堤基的侧蚀冲刷是主要的工程地质问题，建议采用防冲措施，防止河水冲刷和侵蚀。为防止洪期河水冲刷掏蚀基础，建议基础置于当地侵蚀基准面以下 3 米或基岩中 1 米。

4. 防洪堤建议用沙卵砾石填筑，填筑干容重 2.1 吨/立方米，容许承载力应达 250kPa。

5. 建议下阶段进一步补充勘探及试验工作，进一步优化设计参数，对天然建材进行详查。

四　工程总体布置及主要建筑物

（一）工程等别

根据本工程堤防的保护范围和保护区的重要性和规划、发展，按照《堤防工程设计规范》（GB50286 - 98）的规定，确定皇泽寺堤为三级堤防工程，主要建筑物为三级建筑物。由于工程所处地区地震动峰值加速度为 0.05g，按规范规定不作专门的抗震设计。

（二）工程总体布置

本次拟建河堤是新建，并与已成河堤相连接，形成城区皇泽寺段防洪封闭圈，使广元城区皇泽寺区域达到防御五十年一遇洪水的能力。

皇泽寺堤从韩家沟与嘉陵江的汇口开始，沿嘉陵江右岸下行，经皇泽寺、洞儿寺到嘉陵江铁路大桥止，堤长 991.71 米。

（三）堤型选择

根据资料，广元城区已建工程堤型主要有带平台的复式斜坡沙砾堤、直斜式复合沙砾堤、直墙式复合沙砾堤。

带平台的复式斜坡沙砾堤，迎水坡面为 30~70 厘米厚的浆砌条石，底层为厚 10 厘米的 C_{10} 混凝土垫层，坡比一般为 1:1.5~1:2，堤身由沙卵（砾）石回填碾压构成，堤脚设有 4~5 米深的悬挂式防冲齿墙，坡面平台宽度 2 米或 2.5 米。背水坡表面培耕作土种植草坡护坡，由于堤顶相对堤后地面较低，背坡上不设马道。

重力式挡土墙沙砾堤，迎水侧下部为浆砌块（卵）石挡墙，墙身坡比为 1:0.3，采用水泥砂浆砌卵石。堤身为沙卵石回填夯实，墙体底部设有 4~5 米深的防冲齿墙，堤身背坡采用草皮护坡。

经运行观察，已成河堤堤型及堤身结构很好地适应了嘉陵江河床、河岸的地理地质条件，充分做到了就地取材，方便施工。防冲齿墙结构安全、合理，成功有效地抵御了洪水的冲刷。迎水面采用混凝土硬性护坡，背水侧采用种植草坡护坡，不仅保证了堤防的安全，而且满足了城市景观要求，美化了环境，为市民提供了一个优美的休闲场所。

根据工程区域实际地形、地质条件和其他因素，结合已成工程的经验和业主要求，本次设计选用复式混凝土挡土墙堤型。该堤型能满足河流冲刷和防渗要求，同时也能较好的适应业主建设的需要。

（四）堤防工程设计

1. 堤顶宽度的确定

根据堤防管理和防洪抢险的需要，结合堤段地理位置，遵照《堤防工程设计规范》（GB50286-98）对三级堤防工程堤顶宽度的规定，本次设计考虑堤路结合型式，设计堤顶宽拟定为 110，其中公路宽 7.5 米，人行道和墙 2.5 米。

2. 堤顶高程

堤顶高程为设计洪水位加堤顶超高，设计洪水位采用设计洪水水面线推算成果。堤顶超高由设计风壅增水高度、设计波浪爬高和安全加高组成，由下列公式计算求得：

$$Y = R + e + A$$

$$R：(K_{\triangle} K_v K_p / (1 + m^2)^{0.5}) \times (\overline{HL})^{0.5}$$

$$e = KV^2F/2Sd \times \cos B$$

式中：Y – 堤顶超高

R – 设计波浪爬高

e – 设计风壅增水高度

A – 安全加高

K、K_v、$K_\triangle$、K_p – 系数，具体见规范附录 C，

V – 设计风速

d – 水域平均水深

F – 由计算点逆风向量到对岸的距离

m – 坡比

根据计算结果，结合广元已成堤防的运行情况和超高采用值，本次设计皇泽寺堤超高采用 1.2 米。

3. 防洪堤结构设计及方案选择

根据工程等级、地理、地质条件，结合堤身高度和填筑材料的具体情况，参照广元已建河堤的经验，拟定的堤型为复式混凝土挡土墙。根据建设要求，拟定了两个方案：

方案一

靠河岸一级挡土墙为衡重式挡土墙，挡土墙基础下在基岩上，基础宽度 4 米，墙趾宽 1.2 米，高 2 米。挡土墙外坡为直墙，内坡坡比为 1:0.35，从基础到平台高 6.6 米，平台宽 2.375 米，挡土墙上部底宽 2.35 米，顶宽 1 米，高 4.5 米。为节约工程造价，根据业主要求和实际情况，墙顶高程按十年一遇洪水水位加超高 1.2 米确定。挡土墙采用 C15 埋石混凝土浇筑。挡土墙墙后采用砂卵石夯填，上面为宽 1.5 米的人行道和宽 7.5 米的公路。二级挡土墙为重力式挡土墙，挡土墙基础下在沙卵石上。基础宽度 1.72 米，墙趾高 0.6 米。挡土墙外坡为直墙，内坡坡比为 1:0.35，顶宽 0.6 米。墙顶高程按五十年一遇洪水水位加超高 1.2 米确定，挡土墙采用 C15 埋石混凝土浇筑。

方案二

靠河岸一级挡土墙为衡重式挡土墙，挡土墙基础下在基岩上，基础宽度 4 米，墙趾宽 1.2 米，高 2 米，挡土墙外坡为直墙，内坡坡比为 1:0.35，从基础到平台高 5.1 米，平台宽 2.035 米，挡土墙上部底宽 2.2 米，顶宽 1 米，高 4 米。为节约工程造价，根据要求和实际情况，墙顶高程按十年一遇洪水水位确定，挡土墙采用 C15 埋石混凝土浇筑。挡土墙墙后采用沙卵石夯填，上面为宽 1.5 米的人行道和宽 7.5 米的公路。二级挡土墙为重力式挡土墙，挡土墙基础下在沙卵石上。基础宽度 2.42 米，墙趾高 0.6 米。挡土墙外坡为直墙，内坡坡比为 1:0.35，顶宽 0.6 米，墙顶高程按五十年一遇洪水水位加超高 1.2 米确定。挡土墙采用 C15 埋石混凝土浇筑。根据业主的使用要求，在一级挡土墙上设 1×1 米的 C20 钢筋混凝土柱，柱与二级挡土墙间设 C25 梁板结构，形成广场景观。

经过设计概算，方案一工程静态总投资为 1420.94 万元，方案二工程静态总投资为 1711.45 万元，方案二虽然比方案一投资多 290.51 万元，但该方案所形成的广场，不论景观还是周围区域的旅游和开发效益都有不可估量的优势，因此推荐采用方案二。

根据嘉陵江的水流特性，保护堤脚是堤防稳定的关键。经计算冲刷深度为 3~6 米。设计中考虑迎水坡脚挡土墙置于最大冲刷面以下 0.5~1.5 米，以确保堤脚的安全。

根据计算，本次设计的堤型及防冲保护措施合理，经济可行，堤基承载能力及墙基应力满足规范要求。

堤顶路面设计为混凝土路面。其具体结构为面层为厚 20 厘米的 C_{25} 混凝土，底层为厚 20 厘米粉灰沙砾石铺垫。

五　工程施工

（一）施工条件

本工程长 991.71 米。工程位于广元城区段嘉陵江沿岸，沿途有 108、212 国道通过，对外交通十分方便。本工程所处地段施工场地比较开阔，场内交通及施工设施等易于布置。施工期属于河流枯水期，流量较小，气温在 0℃~20℃ 之间，对工程施工影响较小。

表二二　　　　　　　　　　　　　皇泽寺河堤坐标元素表

桩号	横坐标 Y	纵坐标 X		R	T	E	L	BC	MC	EC
p0	76189.695	91409.066							0	
p1	76190.597	91364.935	28.40073	100	25.30457	3.151933	49.56863	18.83565	43.61996	68.40428
1P2	76258.602	91245.088	9.033034	200	15.79836	0.623	31.53124	165.0982	180.8639	196.6295
p3	76303.258	91125.896	18.77661	300	49.60177	4.072911	98.3141	258.5121	307.6691	358.8262
p4	76311.582	90855.386	13.72757	200	24.07441	1.443732	47.91827	553.788	577.7472	601.7063
1P5	76340.556	90750.838	28.20126	100	25.11944	3.106673	49.22049	661.0011	685.6113	701.2216
1P6	76291.560	90533.63	7.617142	100	6.657018	0.221335	13.29442	901.1106	907.7578	914.405
p7	76284.105	90450.000							991.7096	

注：绵阳设计院传真坐标实录。

（二）建筑材料

本工程所处地区嘉陵江沿岸沙卵石料极其丰富，质量较优，可就地开采用于堤身的填筑，运距在 3000 米左右。所需沙卵石骨料可就近在各料场开采筛分后使用。区内各时代厚层砂岩大多可用作条块石料，主要料场皇泽寺料场，运距为 1000 ~ 5000 米，储量能满足需要。

区内土料基本可满足工程需要。

（三）施工导流与基坑排水

由于此工程位于嘉陵江沿岸，施工期为枯水期，流量较小，因此一般堤段不进行施工导流，仅有个别深挖方堤段需筑纵向土石围堰，设排水泵抽水后即可施工。

（四）主体工程施工

根据主体工程施工的施工分期洪水，确定施工期为 2003 年 10 月至 2004 年 6 月。

此工程主体工程的主要施工方法：沙砾石开挖采用 2 立方米液压反铲挖装，8 吨自卸汽车运输。沙砾石回填除利用开挖料外，其余部分从沿河各料场取用，采用 2 立方米，液压反铲挖装，8 吨自卸汽车运输，砂卵石填筑采用 74 千瓦推土机平场，13 吨振动碾分层碾压，蛙式打夯机修边。混凝土浇筑采用 0.4 米，混凝土搅拌机拌制混凝土，5 吨自卸汽车运输，2.2 千瓦。

插入式振捣器振捣，大卵石采用 5 吨自卸汽车运输，混凝土浇筑采用分层浇筑，分层埋石。

此次工程主体工程的主要施工程序：先进行堤基的清理，用推土机推去堤基表层腐殖土、杂物等。清理完堤基后，采用分段施工的方法，先进行防洪堤的基础开挖，开挖 6.5 施工总布置。

此次工程位于嘉陵江沿岸，施工场地比较开阔，因此各施工辅助企业可布置在两岸阶地上。工程周围均有公路通过，对外交通较方便。场内交通需沿堤线新修施工临时道路 1000 米，将施工临时道路与现有公路相连接，使场外、场内交通畅通。施工用水在河中抽取，施工用电由广元市供电局供给。

（绵阳市水利电力建筑勘察设计研究院）

参 考 书 目

［明］ 曹学佺《蜀中广记》，上海古籍出版社 1993 年。

《广元县志》，广元县地方志编纂委员会编，四川辞书出版社，1994 年。

张明善、黄展岳《四川广元县皇泽寺调查记》，《考古》1960 年第 7 期。

广元市文物管理所、中国社会科学院宗教所佛教室《广元皇泽寺石窟调查记》，《文物》1990 年第 6 期。

丁明夷《川北石窟札记·从广元到巴中》，《文物》1990 年第 6 期。

丁明夷《四川石窟杂识》，《文物》1988 年第 8 期。

辜其一《四川唐代摩崖中反映的建筑形式》，《文物》1961 年第 11 期。

《中国美术全集·雕塑篇 12·四川石窟雕塑》，人民美术出版社，2006 年。

国家文物局教育处《佛教石窟考古概要》，文物出版社，1993 年。

［附　录］

一　景　区　相　关　资　料

（一）环境概况

乌龙山顶峰海拔高度约为 590 米，山体最大高度在 100 米左右，南北长度约 1200 米，总体呈现为北高南矮，顶峰位于距山体北端约 300 米处。该处现立有广元市中区电视塔。山体东麓的 15～50 米高度线之间基本为陡崖，景区位于其北段，主要窟龛所在的崖壁高度在 40 米左右。

目前，嘉陵江东岸以及景区南北两侧的嘉陵江西岸已按照总体渠化工程的要求，砌筑了整齐的堤坝，坝顶高程在 483 米左右，坝身用石材，上列白色饰面的混凝土仿古栏杆。唯景区下方的江岸（约长 1000 米）现状仍以自然形态的缓坡为主，并散布有几处大石，特别是正对大佛楼下、矗立于江水之中的一组巨石，历史上有"金磊石"之称，是景区整体景观中相当重要的一处点缀。江岸缓坡上还留有一部分破旧民房，大都为单层，木构灰瓦。

1934 年，沿江修建川陕公路（寺院因此被毁，且未能留下任何图像与图纸资料）。1954 年修建宝成铁路，路基紧挨现景区下层台地东侧 5 米高的挡土墙。近年来，为恢复皇泽寺景区的原有景观，政府有关部门已决定停止使用景区前的铁路路段，并将其划入景区规划用地。现路基已经平整。

景区内地势北高南低，错落多变，地面绝对标高在海拔 485～530 米之间。

整个景区可以入口大门和小南海北侧石阶为界，划分为北、中、南三区。

中区是主要文物古迹所在地。地势变化较大，为曲折跌落的狭长台地。大佛楼一带则大致可分为上下三层台地，海拔高程分别为 504、494、488 米，其中下层台地（488 米）与江岸（468 米）高差 20 米，与现景区外侧的公路路面（483 米）高差为 5 米。台地侧壁均随地形变化砌筑石质挡土墙，石材露明，盖顶之上加设坐凳式石栏。此区内的建筑物大都依崖而建，其中主要为建于窟龛和摩崖石刻外部的保护性建筑，如覆罩 28 号窟（大佛窟，三层）、38 号窟等（二层）和武氏造像（底层）的主体建筑大佛楼，51 号窟外的五佛亭，以及"蚕桑十二事"图碑外的蚕桑亭。在较高的崖壁上还建有吕祖阁、观景亭等小型亭阁。大佛楼北侧的"小南海"一带，建有两座供游人品茗休憩的茶室及一座公共厕所，建筑面积共计 756 平方米。

南区未见古代摩崖石刻，地势相对低平。此处建有"红军石刻标语碑林"展厅、入口大门以及管理办公和旅游服务用房、公共厕所等，建筑面积共计 860 平方米。

北区亦未见古代摩崖石刻，地势较高，与中区高差在 20 米以上。此处建有以展示、游乐功能为主的女皇宫，以及内部招待所性质的迎宾馆、明园、静园等小型旅馆建筑，建筑面积共计 1899 平方米。

景区内的道路大部分为水泥路面，局部（如中区中层）为铺砖路面。道路宽度不等，往往随台地宽窄而变化。由于地形错落，窟龛又位于不同高度的崖壁之上，故阶梯数量较多。阶梯形式主要为两种：一是上下台地之间的台阶，大部分为石条砌筑；二是由地面上至窟龛的阶梯，因地形狭隘，故一般采用坡度较陡的铁梯。景区绿化以自然形态、随意分布的树木为主，其中较多为柏树和大叶女贞两种，沿台地边缘则种植灌木与尖柏。

（二）文物概况

皇泽寺摩崖石刻中的重要窟龛概况如下：

1. 45 号窟（中心柱窟）

位于大佛楼南侧。窟室平面方形，敞口，窟内有中心柱。周围三壁三龛，龛形与千佛崖三圣堂窟相近，龛楣饰双龙交缠，舟形背光上饰九佛、八飞天，带有一些北朝晚期窟龛的特点，但三龛主像服饰与 51 号窟以及千佛崖盛唐窟龛中的造像服饰一致，两侧小龛的佛座壶门也是唐代样式。在后期开凿的石窟中包含有前期造像或纹饰的特点，这种情形在地处边远、发展滞后的地区比较常见，但如果在前期开凿的窟室中发现后期的造像与纹饰特点，则有二期完成的可能。

此窟基本保存完好。窟口外上方两侧岩壁各有一扁方形卯口，长宽在 20 厘米左右，其下又各有一竖向小卯口。推测为窟外原建木构窟檐坍毁后留下的痕迹。

现窟口处设有高 1.2 米的金属护栏。

2. 38 号窟

位于大佛楼二层正中，与 45 号窟（中心柱窟）处于同一水平高度。窟室平面方形，窟口崩圮。

窟内三壁三龛，总体格局、造像风格、背光及飞天等造型均与 45 号窟、千佛崖三圣堂窟相近，应为同期所开。据 1990 年发表的调查记，窟口上方有唐麟德二年（665 年）题记，为开窟下限年代之佐证。

此窟造像保存尚可，窟口处经过修补及土色粉刷。据调查记，门楣上可见双龙残迹，但现状已无法辨认窟口原状。

38 号窟两侧是一批唐代龛像，左侧窟龛编号为 33 ~ 39 号，右侧为 40 ~ 42 号。龛外均经土色与白色涂刷，除 39 号龛可辨为帐形龛外，其余龛口造型已模糊不清。

窟龛上方留有四处长方形卯口，说明原来这里曾建有面阔三间的木构窟檐。

3. 28 号窟（大佛龛）

位于大佛楼三层，38 号窟之上。开凿年代为盛唐时期（约 7 世纪后半）。此龛为一尖拱龛，龛像为一佛二弟子二胁侍的典型组合。龛形高大，立佛及两侧弟子、胁侍的背后用浮雕手法雕出人形化的天龙八部，雕工极为精美。

此龛造像除两侧龛口有明显风化外，保存基本完好。现龛口处设有高 1 米的金属护栏。

龛口左侧（北侧）岩壁上凿有一批排列不齐、大小不一的唐代窟龛。右侧岩壁退入，现为大佛楼三层的入口处，下部似有缺损及人工凿痕，恐为大佛楼施工时所留。

在龛口上部及两侧，分布有多处卯口，其中龛口两侧凿有两个大而深的方形卯口，左侧大卯口上方 50 厘米处又有一稍小的方形卯口，应是原有木构窟檐留下的痕迹。

4. 51 号窟（五佛窟）

此窟位于大佛楼南侧 45 米。双重龛口，外口方形，内口平拱凸字形，这种双重龛口造型在敦煌莫高窟隋代窟龛中可见。造像为一佛二弟子二胁侍布局，像后浮雕双树下天龙八部像。造像体型细长，头部比例小，无力士像。据龛口及龛像造型推测，可能为隋代所开（约 6、7 世纪之交）。

造像中主像与左侧弟子、胁侍像尚完好，右侧弟子、胁侍像头部缺失。

此窟上方有一小龛，龛口造型与龛像布局均与 51 号窟相同，应为同期所开。

方形龛口的上下、侧壁留有卯口，地面有石槽，推测原来龛口处设有木构门扇类物。

龛口现设有高 1 米金属护栏。

5. 第 1～重 4 窟（巨石造像）

位于大佛楼东侧约 55 米，距江边约 30 米。

巨石呈方形，边长约 10 米，西、北两侧被砖墙包砌，地面以上部分高约 2 米，上部堆砌砖石，草木丛生，埋入地下部分深 2～3 米。巨石南侧表面遗留的横向凹槽及其下三个方形卯口（方约 20 厘米），似为原木构披檐遗迹。

巨石东南两侧壁面上凿有龛像与石幢等。南侧正中是编号为 13、14 号窟的两座窟龛，其中 13 号窟即内有心经的石洞。二窟两侧为上下布列的小龛，东侧现可见大小窟龛七座，由于石面向下斜收，而造像立面与地面垂直，故窟龛口上方形成天然挑篷，由此亦可知巨石仍保持窟龛开凿时的原状。

据窟龛布局形式推测，开凿年代的下限在晚唐、五代时期（约 9、10 世纪之交）。

现巨石周围未设保护措施。

皇泽寺石窟造像的水平位置大都在距上层台地地面 4 米以上，如 38、45、51 号窟距现状地面的高度均为 5 米左右。其原因不明，有可能因崖体下部内凹，不宜开窟，也可能与原状地面高度或依崖所建的建筑（构筑）物有关。就崖壁整体观察，未见有重大坍塌处，故推测窟龛造像的规模在历史上没有发生过太大的变化。但据崖面残留榫卯遗迹推测，在一些主要窟龛之外，原来都有木构窟檐，现皆不存，具体年代、做法亦不可考。

6. 武则天真容造像

据史料记载，唐代皇泽寺中曾设有武则天真容造像，并建有安置造像的真容殿。造像至清代尚存。

今景区内有石像，据传即唐代武则天真容造像（关于石像年代，有不同看法，但至迟不晚于明代）。

石像以整块黄砂岩雕成，高 1.8 米，现置于大佛楼底层则天殿西壁正中龛内。像作比丘尼，方额广颐，面相庄严。通肩披帛，戴化佛冠，双手叠置膝上作禅定印。颈部因多次断接，可能较原状略短。

7. 红军石刻标语碑林

景区南端建有红军石刻标语碑林（陈列馆），其内收藏并展示了 1932 年至 1935 年广元地区留存下来的具有代表性的红军石刻标语及碑刻，共有碑刻四十三通、标语口号六十五条、石刻标语拓片四十八条。1980 年 7 月公布为四川省文物保护单位。

1932 年，红四方面军由陕南进入川北、建立川陕革命根据地。当时，利用石刻宣传革命、发动群众成为一种广泛运用并具有特色的宣传形式。每到一地，即因地制宜地錾刻标语口号，有的刻在悬崖、陡坡上，有的凿于石柱、石坊上，或利用旧碑、旧匾、磨盘、石缸等。标语内容为拥护共产党；拥护红军；反帝抗日；打土豪、分田地；拥护苏维埃政府；打倒国民党、打倒军阀；分化和争取白色士兵；发展苏区经济；工、青、妇、文教及其他。1935 年红军北上抗日之后，这些石刻标语被革命群众保护起来，至 1949 年后才陆续清理和挖掘出来。据统计，广元境内共有红军石刻标语一千余条。

馆内现藏一级革命文物四件：

（1）川陕省苏维埃政府布告

此布告是红四方面军 1933 年在广元境内开展土地革命时所发布的文告。全文六百七十二字，有主席、副主席款识、印鉴和公布时间。

（2）"马克思街"木匾

木匾是 1938 年 11 月 7 日红四方面军指战员为纪念前苏联"十月社会主义革命节"而书写，原悬挂在当时嘉陵县苏维埃政府保卫局门前。

（3）"武装民众开展民主革命战争"石刻标语

（4）"全苏区穷苦青年一条心起来消灭敌人！"、"穷苦青年只有斗争到底才是出路！"石刻标语（刻于石缸）

8. 其他石刻文物

除石刻造像和红军石刻标语之外，景区内还收藏有一批具有一定价值与重要性的石刻文物，包括历代碑刻、墓室石刻、石材构件等。其中较为重要的有：

（1）"大蜀利州都督府皇泽寺唐则天皇后武氏新庙记"碑

此碑有五代后蜀广政二十二年（959 年）题记，故又名广政碑。1954 年修建宝成铁路时在吕祖阁前斜坡中出土。碑身残高92厘米，宽89厘米，厚21厘米。双面碑文。正面刻正文，记录当时为武则天建立祀庙的背景与过程。背面刻庙产具细，包括殿堂廊舍、常住田产等。碑下原有经愿，已毁。碑身现存大佛楼底层。

（2）"广元府记"碑

此碑立于元代至元二十六年（1289年），记录了广元于元代至元十四年（1277年）建府的历史。

其为县级文物保护单位，原立于城内政府街县衙旧址，1974年迁入皇泽寺景区。碑体为龙骨石，高2.4米，宽1.38米，碑文字迹已部分漫漶难辨。

（3）南宋墓室石刻

此为雕刻在墓室四壁石板上的浮雕作品。20世纪70年代广元城郊出土。石板高1.2米，展开长度为22米，雕刻内容有武士像、伎乐图、庖厨图、出行图、孝子图及花卉、四神等。场景中有各类人物（服饰）、建筑、陈设、乐器等。现安置于景区中部，大佛楼的右下方，形成一长20余米、高约2米的石刻壁面，上覆琉璃瓦顶。

（4）蚕桑十二事图碑

此是由十四块石碑组成的画屏。其采用线刻手法，将表现"选椹、种桑、树桑、条桑、窝种、体蚕、绥蚕、起眠、上簇、分茧、腌种、缫丝"等十二事的连环画绘于青石板上。作者曾逢吉，清嘉庆二十一年（1816年）任广元知县，道光七年（1827年）绘图刻碑，立于先蚕祠，后存广元城内南门蚕桑局（民国时期），1950年移至景区内，镶嵌在崖壁上，并在其外建木构亭榭加以保护。

（5）北魏石雕佛像

1982年广元北街出土，背面刻有"延昌三年（514年）太岁在甲午四月二十四日"造像题记，反映了广元地区北魏时期佛教艺术的造型特点与雕刻水平。

附表　　　　　　　　　　　现存历代碑刻简况表　　　　　　　　　长度单位：厘米

序号	名　称	年　代	尺　寸 （高×宽×厚）	出土时间、地点 （或原址）	保存状况
1	广政碑	五代广政二十二年（959年）	92×89×21	1954年吕祖阁下 铁路沿线出土	较好
2	广元府记碑	元代至元二十六年（1289年）	260×140×24	原立于城内	较差
3	张赓谟题诗碑	清代乾隆戊寅（1758年）	180×87×18	寺内原有	较差
4	"神"字碑	清代道光壬辰（1832年）	168×79×18	原存于千佛崖	较差
5	新建文昌阁碑	清代道光二十三年（1843年）	179×91×17	原立于城南文昌阁	较差
6	文昌宫碑	清代同治三年（1864年）	197×85×16	原立于城内观音堂	较差
7	兰草碑	清代光绪戊申（1908年）	190×77×14	寺内原有	较差

（三）　建筑物

景区内现存建筑物均为近现代所建，其中主要建筑物现状如下：

1. 红军石刻标语碑林展厅

位于景区的最南端，东向（即朝向江面），单层，砖混结构，仿木构建筑外观，红墙红柱，深灰色瓦顶，屋脊采用地方传统样式。展厅内陈列红军石刻标语等革命文物。建筑面积281平方米。

2. 办公管理用房

位于红军石刻标语碑林展厅的北侧，东向，二层，砖混结构，外观为仿木构建筑，黄琉璃瓦顶。

底层北端用作售品部，其余为广元市文物管理所办公管理用房。建筑面积440平方米。

3. 大门

位于景区中部距南端80米处，东向。采用仿古木构建筑外观，砖混结构，白墙红柱，黄琉璃瓦歇山顶。底层前面加披檐，作为景区入口，后面为旅游商品部。二层为文物管理所会议室。建筑面积87.5平方米。

4. 吕祖阁

位于入口大门北侧的山体陡崖上，东向，二层，依崖构筑。底层为岩洞，上层为六角亭。外观为传统木构样式，四面开敞，攒尖顶，赭柱灰瓦。建筑面积24.6平方米。

5. 五佛亭

位于吕祖阁北侧，二层，依崖构筑，·是51号窟的保护建筑。底层为砖砌方台，内开南北向券洞以通园路。上层重檐方亭，采用传统木构形式及做法，赭柱灰瓦，枋下用雕龙雀替，纹样精美但不统一，疑为他处移来的构件。建筑面积103平方米。

6. 蚕桑亭

位于五佛亭北侧，单层，为依崖构筑的三间小榭，平面略呈扇形，是"蚕桑十二事"图碑的保护建筑。其内西侧崖壁上镶嵌图碑。采用传统木构形式及做法，赭柱灰瓦。由南北向出入，东侧设槛墙坐凳及靠背栏杆。建筑面积18.6平方米。据铁道部科学研究院西北分院《四川广元皇泽寺坡体病害工程地质勘察报告》，因坡体病害导致桑蚕亭附近产生拉张及下沉性裂缝，亭台已呈现倾斜变形。

7. 观景亭

位于蚕桑亭北侧上方，单层，为传统样式的双开间敞廊。青石方柱，木构屋架，顶覆灰瓦，现已漏损多处。

8. 大佛楼（又名则天楼）

位于观景亭北侧，三层，依崖构筑，为景区主体建筑，也是 28、38 号诸窟及武则天真容造像的保护建筑。面阔三间，进深二间，底层与二层有南北东三面外廊，三层开敞。采用钢筋混凝土结构，外观仿传统形式的木构楼阁。立柱、楼板、栏杆等用混凝土，枋额、出檐等采用木制构件。灰瓦屋面，屋脊采用当地传统样式。

大佛楼底层为则天殿，内设武则天真容造像龛；二层为展室，西侧崖壁正中为北朝 38 号窟，左右为唐代诸窟；三层开敞，西侧崖壁即初唐"大佛龛"（28 号窟）所在。建筑面积 396 平方米。

小南海殿（遗址）位于大佛楼北侧，傍崖而建，殿西南角有泉，水质极佳。殿堂原构毁于明末，清代、民国重建，皆复倾圮，现仅存面阔三间、进深二间的遗址，以及西南角泉址与禅僧造像，保存完好。遗址上现立碑五通。景区内目前尚未有经考古发掘确认的早期建筑遗址，故此殿遗址可以说是皇泽寺的唯一遗存。

9. 茶室

茶室位于小南海殿遗址东侧，前临台沿。布局一横一纵，皆四面开敞，是游人憩息品茶所在。北侧茶室采用当地传统的木构建筑形式，赭柱灰瓦，槛墙坐凳，靠背栏杆，梁枋构架简洁明快，角柱与角梁之间用透雕盘龙戗柱，造型精美，建筑面积 73 平方米。南侧茶室用钢筋混凝土柱，疑为后建，建筑面积 48 平方米。

10. 女皇宫

女皇宫位于小南海北侧山上。由女皇馆、彩塑馆、明空楼三部分组成。二层砖混结构，外观仿传统建筑形式，朱户白墙，黄琉璃瓦歇山顶。建筑面积 350 平方米。

11. 迎宾楼

迎宾楼位于女皇宫东北侧，为内部招待用房。三层，砖混结构，外观为仿木构样式，黄琉璃瓦顶。建筑面积 350 平方米。

12. 明园、静园

明园、静园位于迎宾楼西侧，为内部招待用房。砖混结构，外观仿木构，白墙红柱灰瓦。明园建筑面积 617 平方米，静园建筑面积 108 平方米。

二　皇泽寺相关史料

现知与皇泽寺有关的记载，主要散见于碑刻、题记、史籍之中，择其要录于下：

（1）唐宝历二年（826 年）碑（位于巨石造像南壁北侧的第 13 窟前室左侧）

……并修西龛佛阁记　益昌郡城江岸之□十里……有凿石古龛，龛有释迦如来像并诸圣贤／为侍御之仪□良……则……圣唐贞观二载郡□武都督杨夫人/灵异如响建其……居诸而……□圣仪容……为风雨所浸，我太守北平公□于……舍净缮……/胜因遽□良……水……一方……荣/大唐宝历二年岁次戊……

（2）后蜀广政二十二年（959年）"大蜀利州都督府皇泽寺唐则天皇后武氏新庙记"碑

（正面）……天后武氏其人也，事具实录，此不备书。贞观时，父士彟为都督，于是……后焉。寺内之庙，不知所创之因，古老莫传，固经罕记。……

……以水旱灾沴之事，军民祈祷于天后之庙者，无不响应。未畴玄贶，何安素心，且旧庙地势欹斜，……兴，栋宇俄就，创造殿肆间，对廊肆间并两廊及别塑神像，……箫鼓毕陈，以为遗民，永祈景福……

（背面）所创起立则天圣后新殿并买置常住庄田集用家具一物已上等具列如后……

右件所创起立则天圣后殿舍四间，对廊四间，挟廊两间，计壹拾间。并门外第一重门屋一间，挟舍两间……

（3）唐麟德二年（665年）题记（位于皇泽寺38号窟门拱上方）

麟德二年（665年）岁次……过江同游此寺。

（4）清《广元县志》卷三"皇泽寺"

相传唐时武士彟镇于此，生武则天。武后秉政，建皇泽寺，至今乡号则天焉。或曰，寺已前有，则天复修，更名皇泽。

（5）清《广元县志》卷十三"明陈鸿恩《皇泽寺书事碑记》"

皇泽寺相传为武后创，其偏祀其象云。按唐书武氏年十四召入宫在贞观十一年，乃寺前石一区，中空为洞，颜写心经一卷，题贞观五年。盖此寺前已有矣。考志，武士彟当为利州都督，或者后生其时，后修其报耶？……

（6）清乾隆时邑令张赓谟《不仆武瞾石像说》：

县治西门外，过江即为皇泽寺。……偕友人放舟诣之。既至，向闻此寺中有武瞾石像，因索观之，一尼曰，为某公仆之于草中矣。……以寺有瞾之像，志乘录之，往来人争观之，迁客骚人流连而歌咏之。山若增其辉，川若增其媚，草木若增其菁英，而寺以名胜。……因命役仍其故处。

（7）唐李商隐诗《利州江潭作（感孕金轮所）》，《李义山集》卷五

神剑飞来不易销，碧潭珍重驻兰桡。自携明月移灯疾，欲就行云散锦遥。

河伯轩窗通贝阙，水宫帷箔卷冰绡。此时燕脯无人寄，雨满空城蕙叶雕。

（8）《元丰九域志·古迹》"利州"条

皇泽寺，有唐武后真容殿。按武士为利州都督，生皇后于此。

（9）《旧唐书》卷三九"地理二"：

利州下隋义城郡。武德元年，改为利州，……二年，置总管府，……七年……，改总管府为都督府，……（贞观）六年，罢都督府。

（10）《资治通鉴》卷一九三"唐纪九太宗贞观五年"（631 年）

己亥，朝集使利州都督武士護等复上表请封禅，不许。

（11）《资治通鉴》卷一九五"唐纪十一太宗贞观十一年"（637 年）

故荆州都督武士護女，年十四，上闻其美，召入后宫，为才人。

（12）明曹学佺《蜀中广记》卷二十四"广元县"

……县治在为奴山东，晋寿、绵役二县皆其处。志云，为奴山，一名乌龙山，在广元西二里嘉陵江岸，峭壁如削，有洞不可上，昔李乌奴于此修寺，因名。……今之临清门川主庙，即唐皇泽寺也。《九域志》云，利州都督武士護生武后于此，因赐寺，刻其真容。李商隐利州江潭诗注感孕金轮，乃武则天事也。……盖后母感溉龙而有孕也。

（13）《利州皇泽寺则天后像》　清·王士正

瓦官寺里定香熏，词客曾劳记锦裙。今日兰桡碧潭上，玉溪空自怨行云。

（14）《题广元县西江皇泽寺》　清·沈联芳

益昌舆晋寿，鲁柝可闻邨。为爱此间胜，淹留半日途。

江声书白水，春色上乌奴。可怪比尼像，奚为却翟褕。

（15）《游皇泽寺见武后像有感率成二律》　清·夏金声

临朝称制亦权谋，岂必真唐改伪周。女主入室机早见，才人践后事谁尤。侍儿究竟分姑侄，逊位终能定吕刘。继世牝鸡几覆国，卢陵莫怨廿年幽。

山水英灵气宇恢，嘉陵钟毓信奇哉。溯从委政称雄起，曾向更衣养晦来。爱士不兴文字狱，知人能任栋梁才。休言秽迹污青史，大德难将一青该。

实 测 图

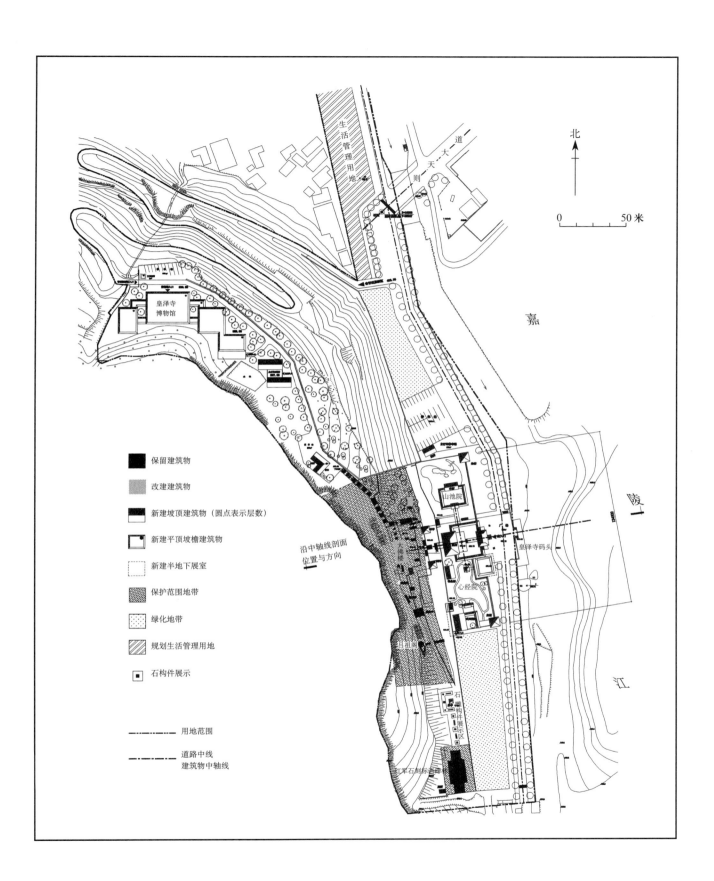

图例：

- 保留建筑物
- 改建建筑物
- 新建坡顶建筑物（圆点表示层数）
- 新建平顶坡檐建筑物
- 新建半地下展室
- 保护范围地带
- 绿化地带
- 规划生活管理用地
- 石构件展示

用地范围
道路中线
建筑物中轴线

生活管理用地

大天则道

嘉

陵

江

皇泽寺博物馆

山池院

心经院

大佛楼

昌祖殿

沿中轴线剖面位置与方向

皇泽寺码头

石窟构件展示区

红军石刻标语碑

北

0   50 米

一　广元皇泽寺总平面图

167

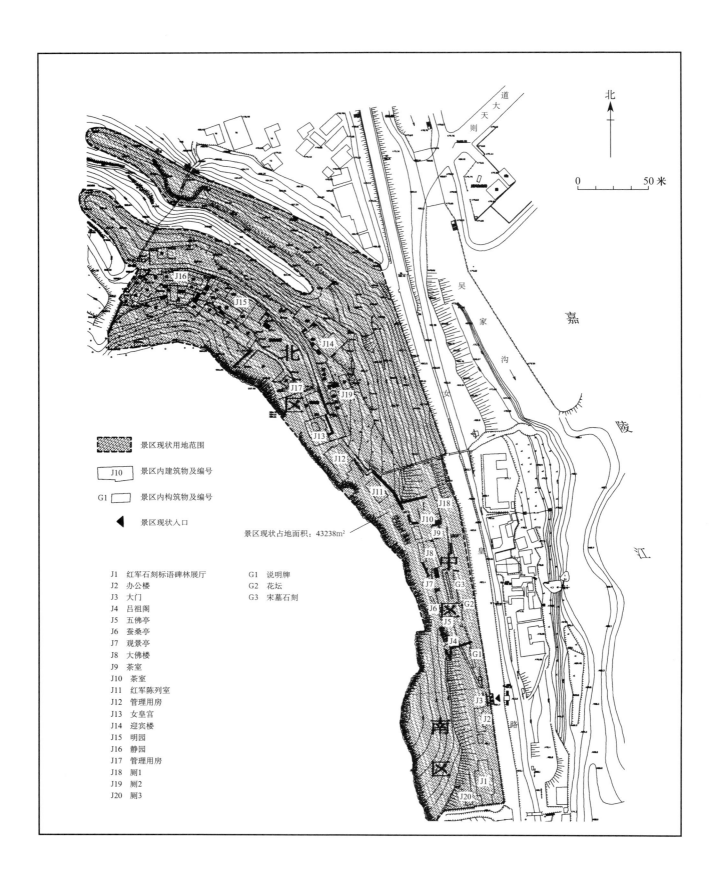

景区现状占地面积：43238m²

北
区

中
区

南
区

景区现状用地范围

J10　景区内建筑物及编号

G1　景区内构筑物及编号

景区现状入口

J1　红军石刻标语碑林展厅
J2　办公楼
J3　大门
J4　吕祖阁
J5　五佛亭
J6　蚕桑亭
J7　观景亭
J8　大佛楼
J9　茶室
J10　茶室
J11　红军陈列室
J12　管理用房
J13　女皇宫
J14　迎宾楼
J15　明园
J16　静园
J17　管理用房
J18　厕1
J19　厕2
J20　厕3

G1　说明牌
G2　花坛
G3　宋墓石刻

二　景区现状平面图

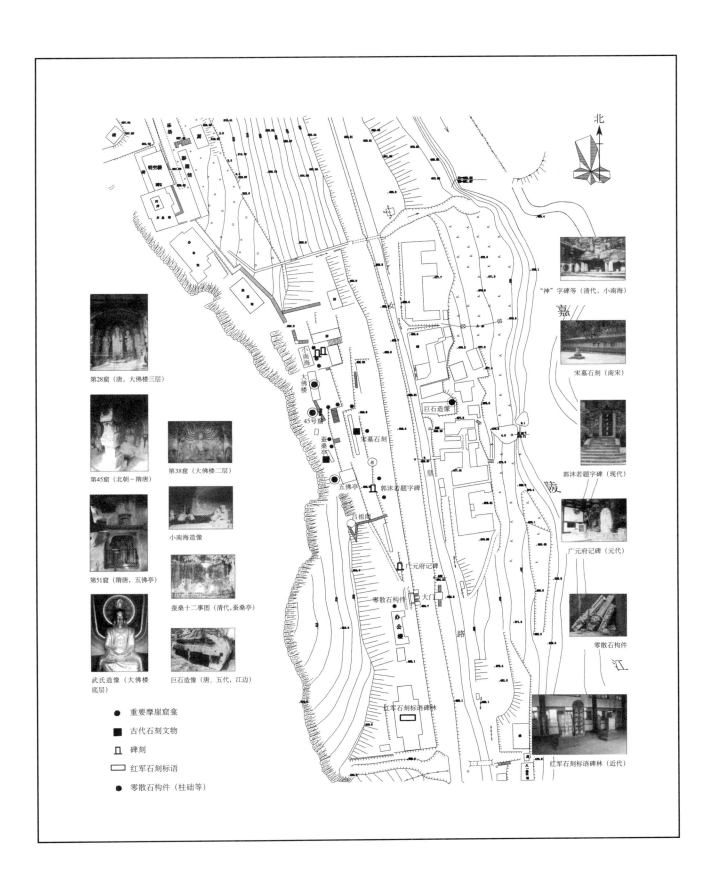

北

"神"字碑等（清代，小南海）

宋墓石刻（南宋）

郭沫若题字碑（现代）

广元府记碑（元代）

零散石构件

红军石刻标语碑林（近代）

第28窟（唐，大佛楼三层）

第45窟（北朝～隋唐）

第38窟（大佛楼二层）

小南海造像

第51窟（隋唐，五佛亭）

蚕桑十二事图（清代，蚕桑亭）

武氏造像（大佛楼底层）

巨石造像（唐、五代，江边）

● 重要摩崖窟龛

■ 古代石刻文物

𠕋 碑刻

▢ 红军石刻标语

● 零散石构件（柱础等）

小南海
大佛楼
45号窟
蚕桑亭
宋墓石刻
巨石造像
五佛亭
郭沫若题字碑
昌祖阁
广元府记碑
零散石构件
大门
办公楼
红军石刻标语碑林

嘉
陵
江

三　景区石刻文物现状分布平面图

169

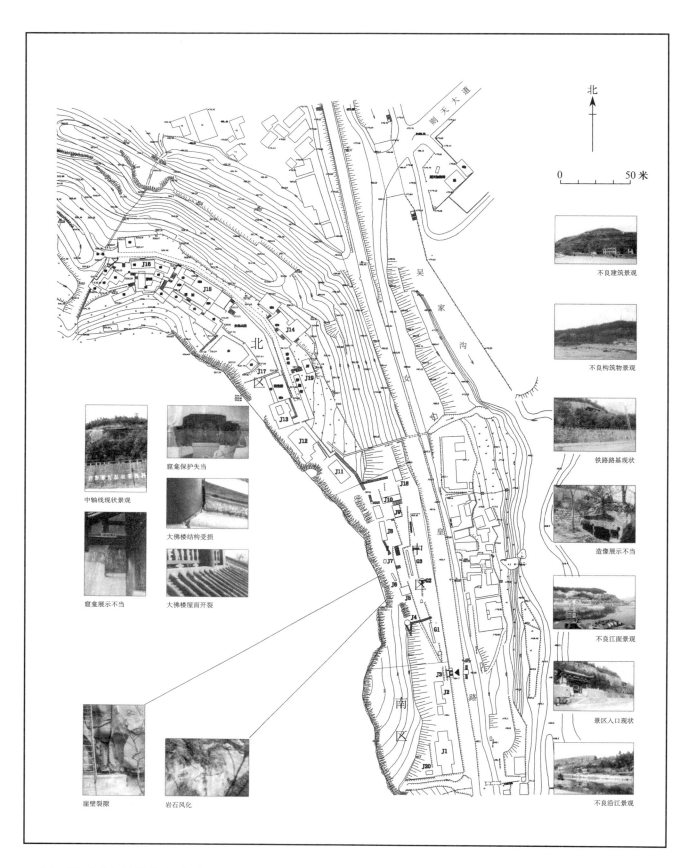

北

北区

J16
J15
J14
J17
J19
J13
J12
J11
J18
J10
J9
J8
J7
J6
G3
G2
J5
J4
G1
J3
J2
J1
J20

南区

吴家沟

则天大道

皇女中路

不良建筑景观

不良构筑物景观

铁路路基现状

造像展示不当

不良江面景观

景区入口现状

不良沿江景观

中轴线现状景观

窟龛保护失当

窟龛展示不当

大佛楼结构受损

大佛楼屋面开裂

崖壁裂隙

岩石风化

0   50 米

四　景区现存问题分布平面图

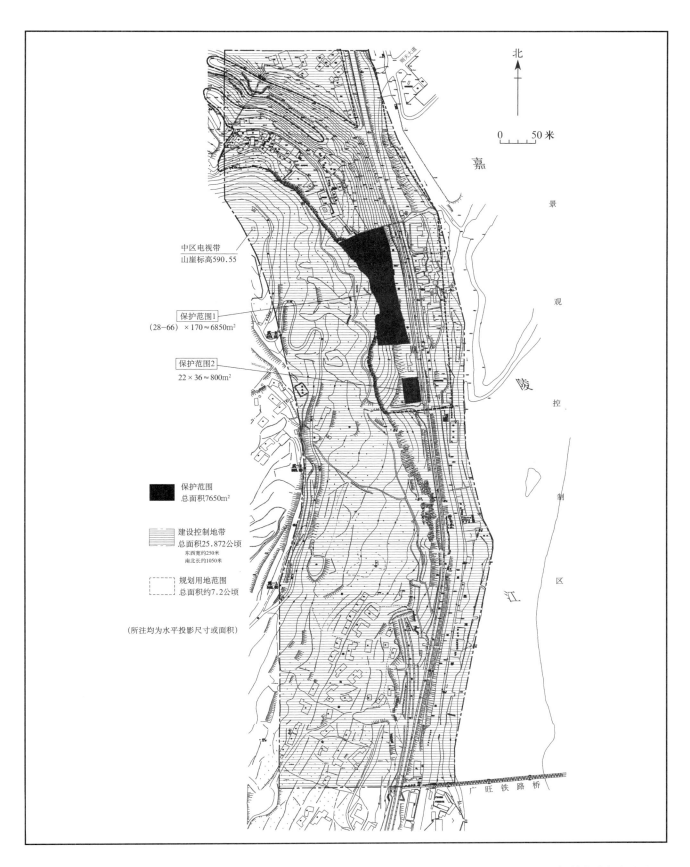

北

0   50 米

嘉

景

观

控

制

区

中区电视带
山崖标高590.55

保护范围1
(28-66)×170≈6850m²

保护范围2
22×36≈800m²

■ 保护范围
总面积7650m²

建设控制地带
总面积25.872公顷
东西宽约250米
南北长约1050米

规划用地范围
总面积约7.2公顷

(所注均为水平投影尺寸或面积)

江

广旺铁路桥

五　景区保护规划平面图

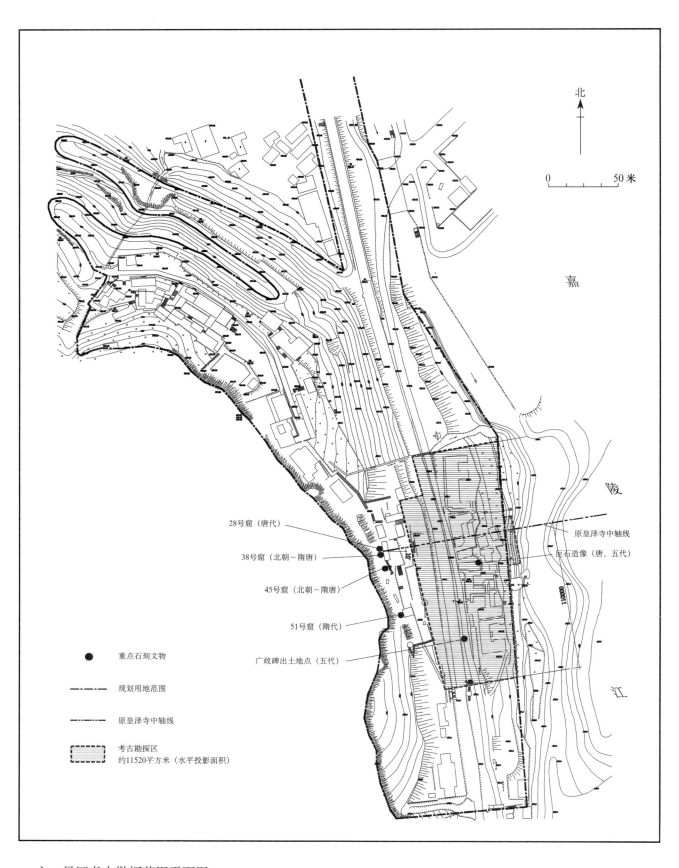

北

嘉

陵

江

0 ____ 50 米

28号窟（唐代）

38号窟（北朝~隋唐）

45号窟（北朝~隋唐）

51号窟（隋代）

广政碑出土地点（五代）

原皇泽寺中轴线

卧石造像（唐、五代）

● 重点石刻文物

—·—·— 规划用地范围

—··—··— 原皇泽寺中轴线

〔〕 考古勘探区
约11520平方米（水平投影面积）

六　景区考古勘探范围平面图

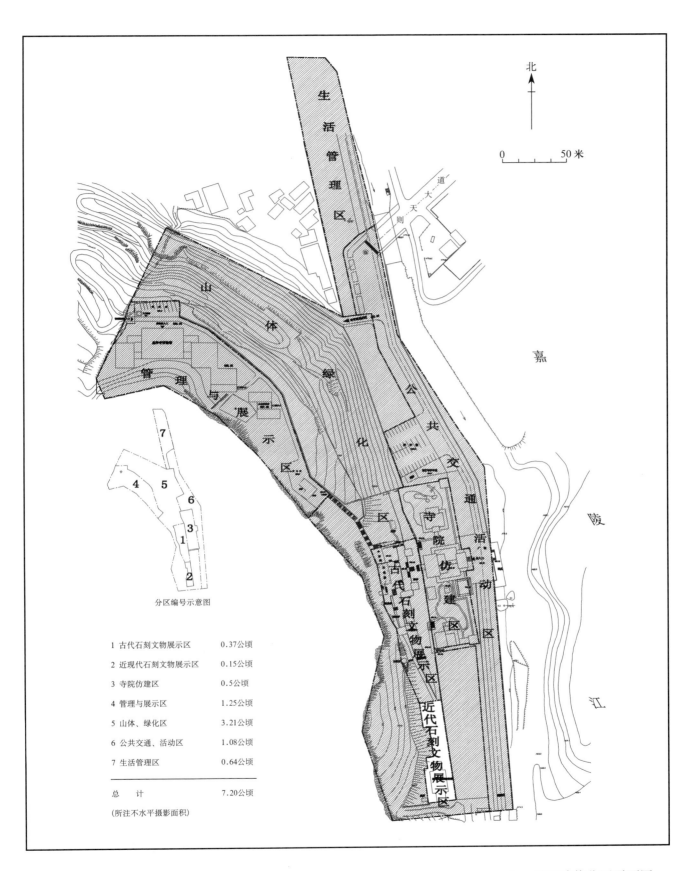

北

0   50 米

分区编号示意图

1	古代石刻文物展示区	0.37公顷
2	近现代石刻文物展示区	0.15公顷
3	寺院仿建区	0.5公顷
4	管理与展示区	1.25公顷
5	山体、绿化区	3.21公顷
6	公共交通、活动区	1.08公顷
7	生活管理区	0.64公顷

总　　计　　　　　　　　　7.20公顷

(所注不水平摄影面积)

七　景区功能分区平面图

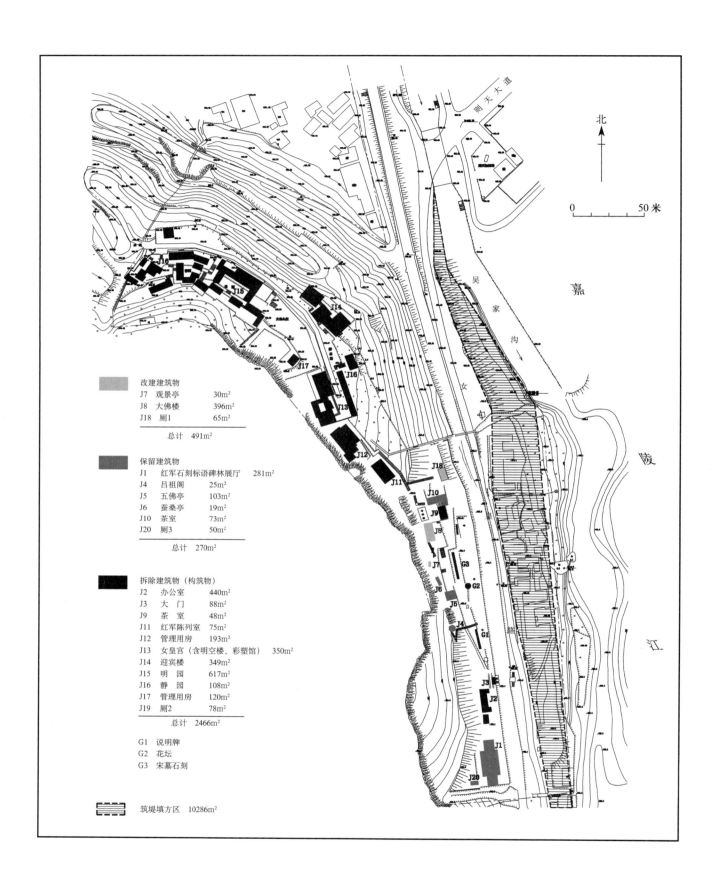

北

0 　　　　 50 米

改建建筑物
J7　观景亭　　　　30m²
J8　大佛楼　　　　396m²
J18　厕1　　　　　65m²
　　　总计　491m²

保留建筑物
J1　红军石刻标语碑林展厅　281m²
J4　吕祖阁　　　　25m²
J5　五佛亭　　　　103m²
J6　蚕桑亭　　　　19m²
J10　茶室　　　　73m²
J20　厕3　　　　　50m²
　　　总计　270m²

拆除建筑物（构筑物）
J2　办公室　　　　440m²
J3　大门　　　　　88m²
J9　茶室　　　　　48m²
J11　红军陈列室　　75m²
J12　管理用房　　　193m²
J13　女皇宫（含明空楼、彩塑馆）　350m²
J14　迎宾楼　　　　349m²
J15　明园　　　　　617m²
J16　静园　　　　　108m²
J17　管理用房　　　120m²
J19　厕2　　　　　78m²
　　　总计　2466m²

G1　说明牌
G2　花坛
G3　宋墓石刻

筑堤填方区　10286m²

八　景区现状建筑物处理平面图

174

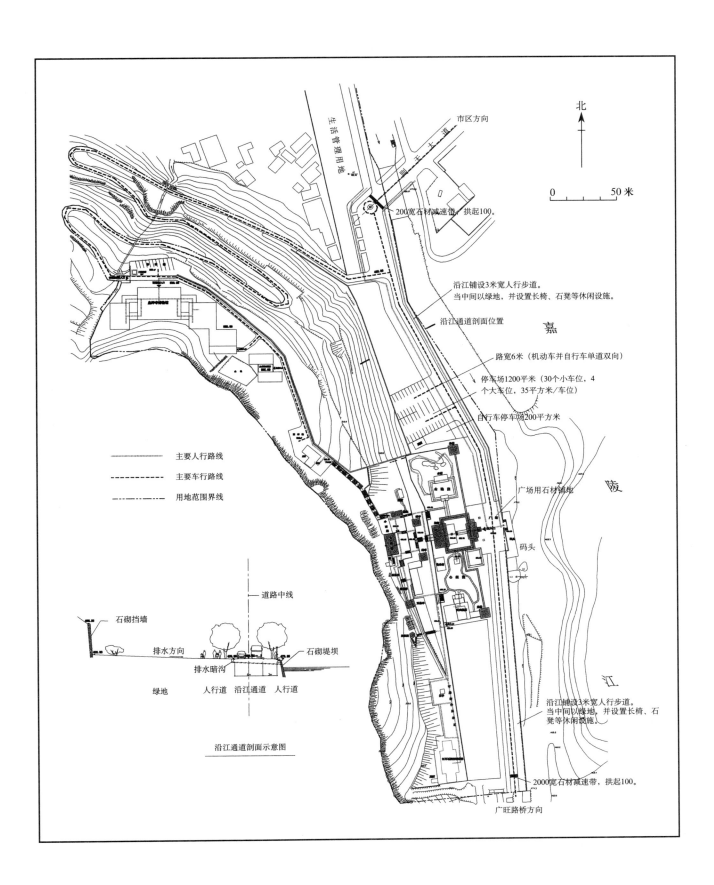

北

0   50 米

200宽石材减速带，拱起100。

沿江铺设3米宽人行步道。
当中间以绿地，并设置长椅、石凳等休闲设施。

沿江通道剖面位置

嘉

路宽6米（机动车并自行车单道双向）

停车场1200平米（30个小车位，4
个大车位，35平方米/车位）

自行车停车场200平方米

陵

广场用石材铺地

码头

主要人行路线
主要车行路线
用地范围界线

石砌挡墙

排水方向

道路中线

石砌堤坝

排水暗沟

绿地   人行道 沿江通道 人行道

沿江通道剖面示意图

江

沿江铺设3米宽人行步道。
当中间以绿地，并设置长椅、石
凳等休闲设施。

2000宽石材减速带，拱起100。

广旺路桥方向

九 景区交通组织平面图

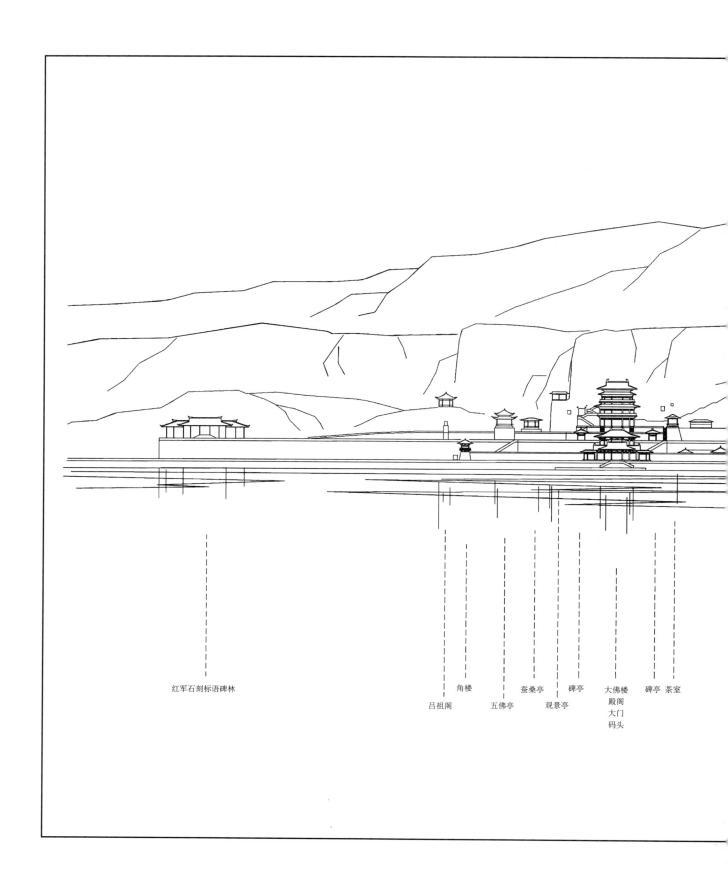

红军石刻标语碑林　　　　　　　　角楼　　　　蚕桑亭　　碑亭　　　大佛楼　碑亭　茶室
　　　　　　　　　　　　　　　　吕祖阁　　五佛亭　　观景亭　　　殿阁
　　　　　　　　　　　　　　　　　　　　　　　　　　　　　　　大门
　　　　　　　　　　　　　　　　　　　　　　　　　　　　　　　码头

一〇　景区仿建区建筑正立面图

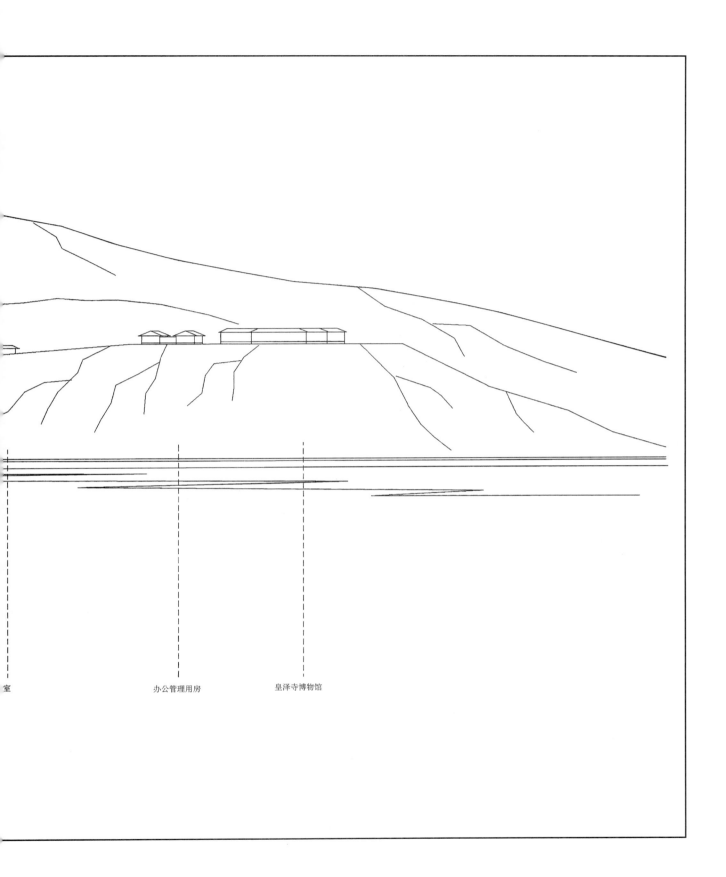

室　　　　　　　　　办公管理用房　　　　　　皇泽寺博物馆

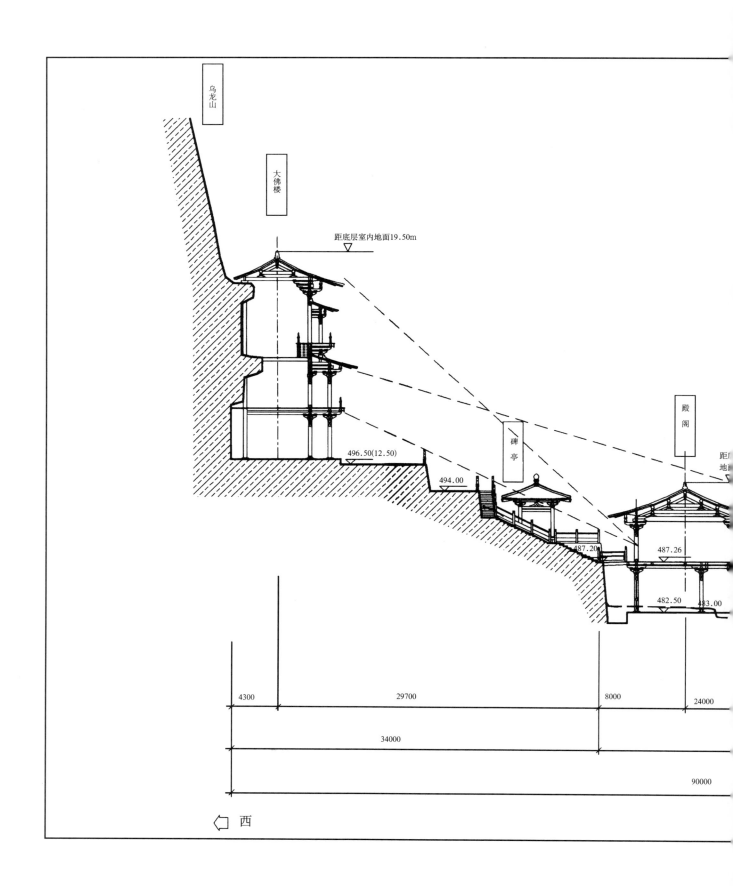

乌龙山

大佛楼

距底层室内地面19.50m

殿阁

碑亭

距底
地面

496.50(12.50)

494.00

487.20

487.26

482.50   483.00

| 4300 | 29700 | 8000 | 24000 |

34000

90000

西

—— 景区仿建区建筑沿中轴线横剖面图

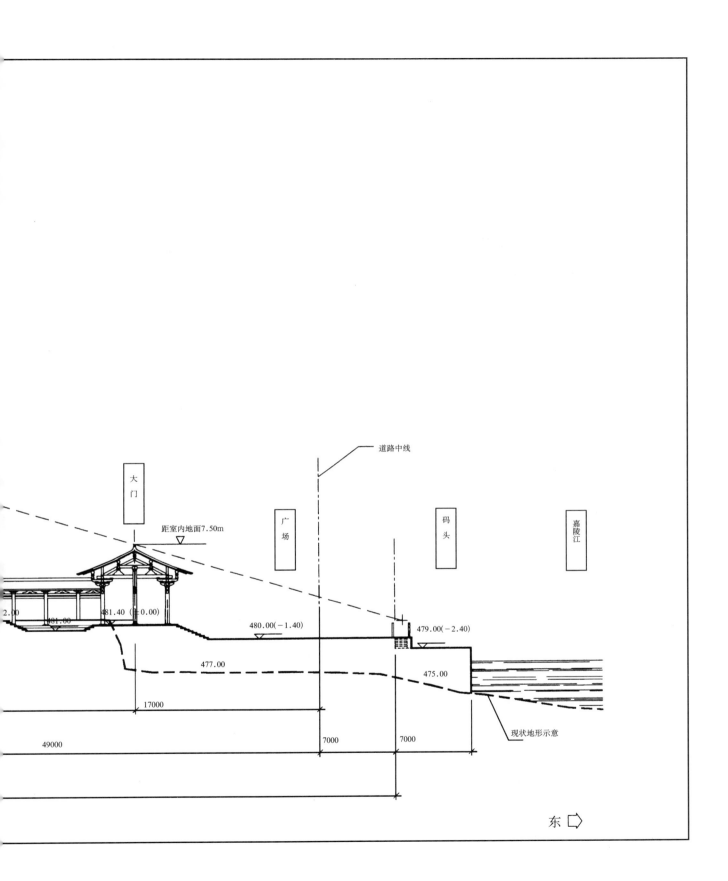

道路中线

大门

距室内地面7.50m

广场

码头

嘉陵江

481.40 (±0.00)

480.00(−1.40)

479.00(−2.40)

477.00

475.00

现状地形示意

17000

7000

7000

49000

东 ⟹

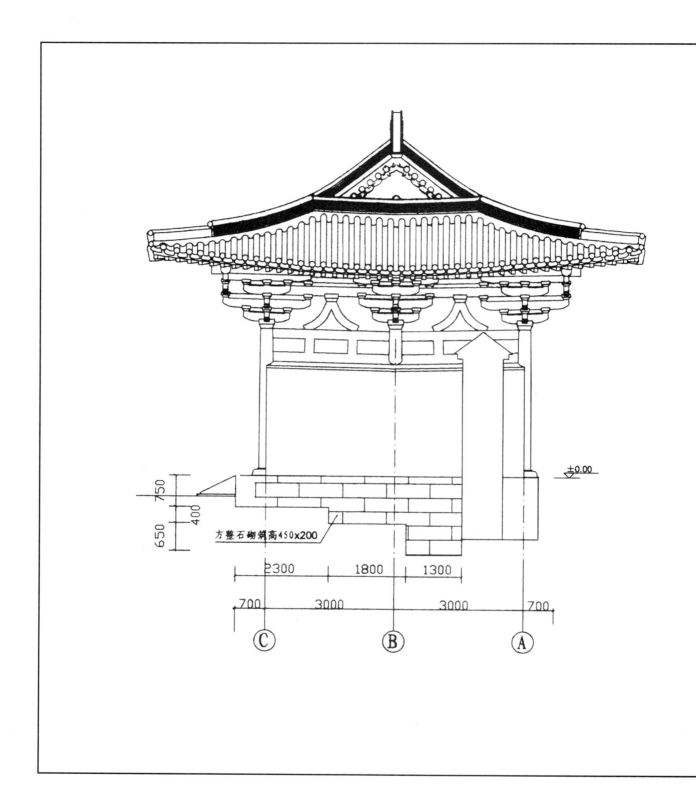

方整石砌蹲高450x200

2300   1800   1300

700   3000   3000   700

Ⓒ   Ⓑ   Ⓐ

一二 大门侧立面、梁架结构仰视图

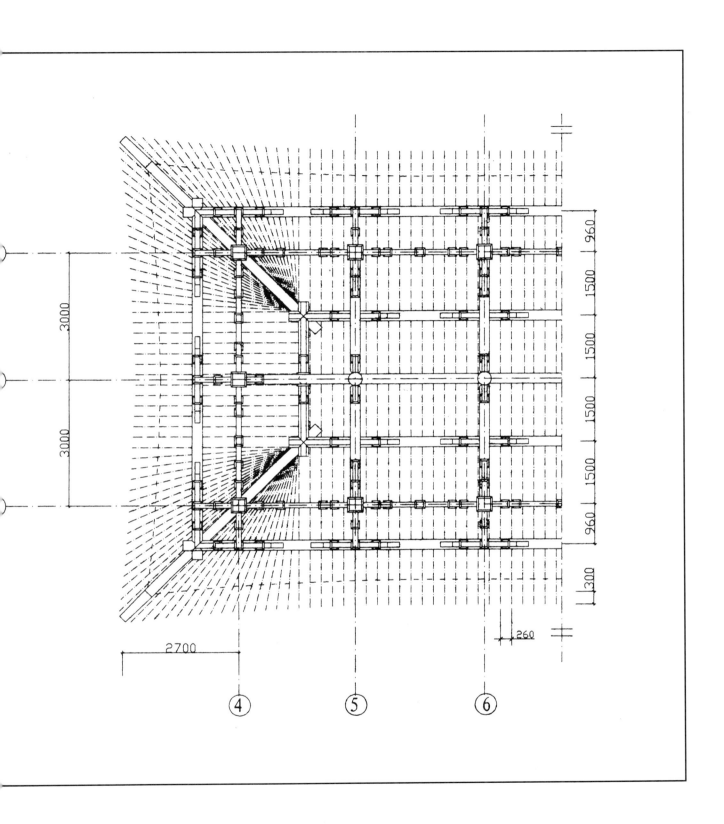

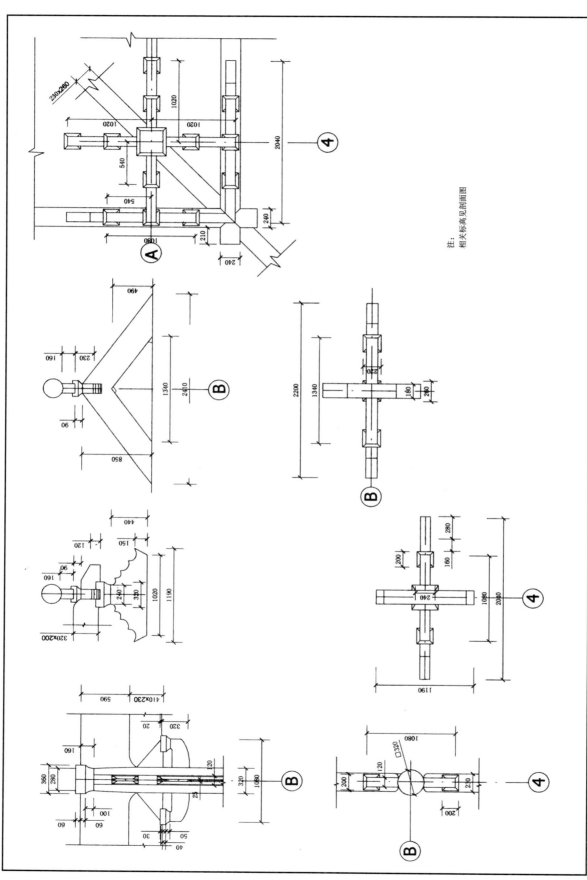

一三 大门铺作大样图之一

注:
相关标高见剖面图

一四 大门铺作大样图之二

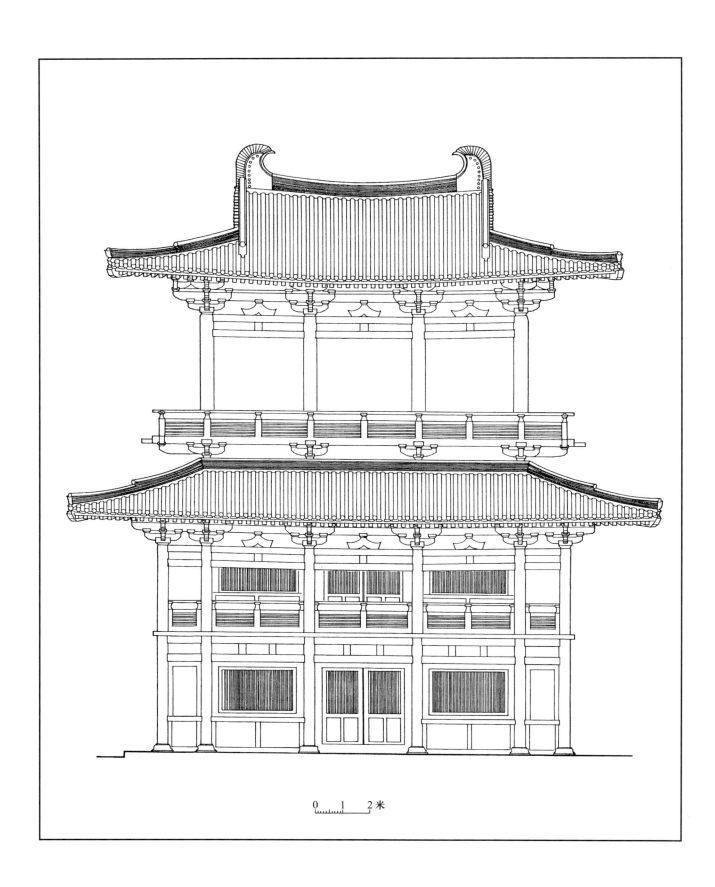

一五　大佛楼正立面图

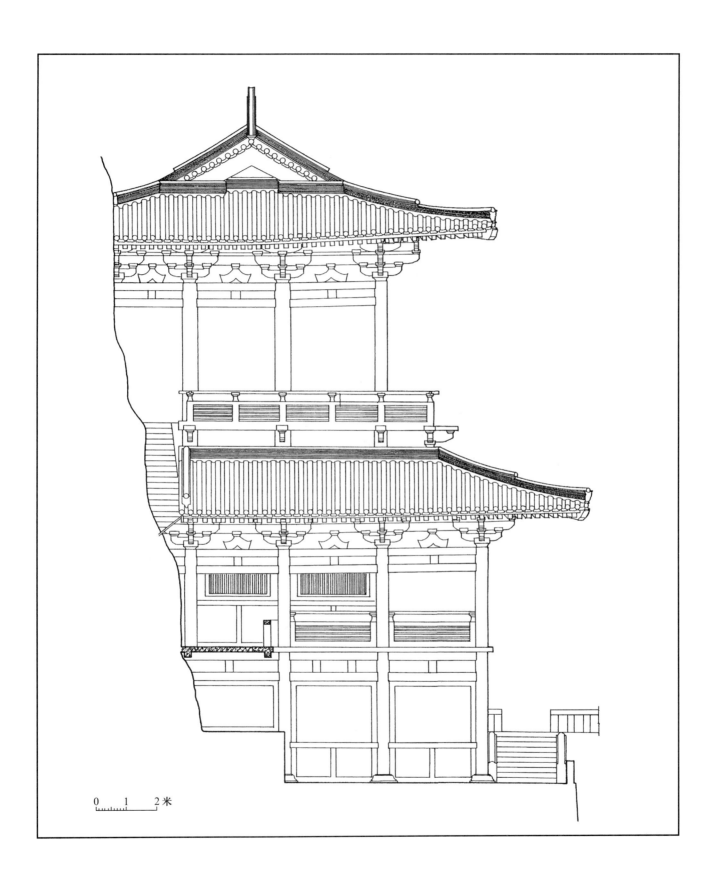

0　1　2米

一六　大佛楼南侧立面图

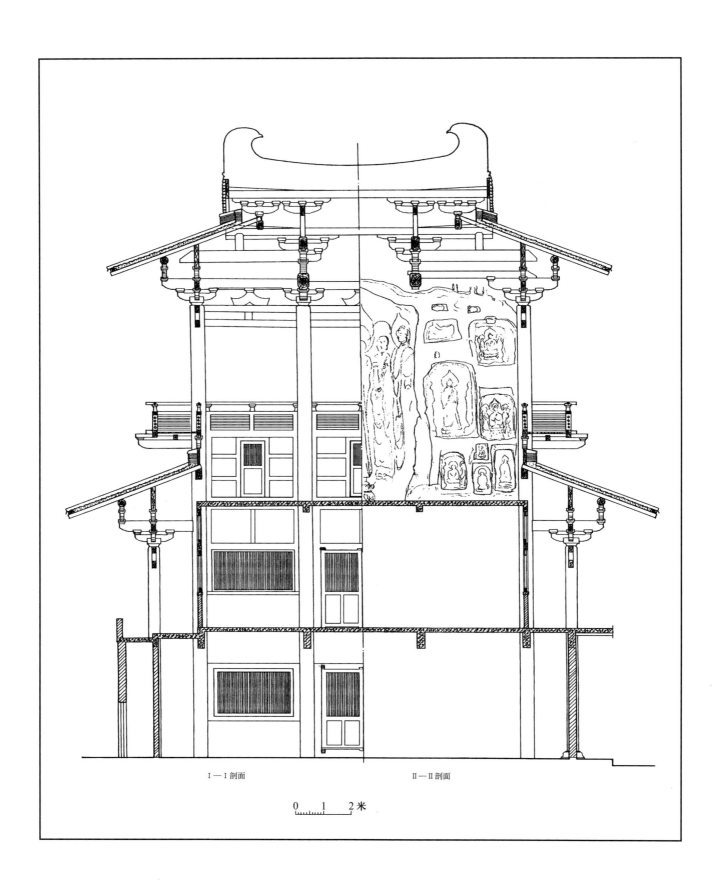

Ⅰ—Ⅰ剖面   Ⅱ—Ⅱ剖面

0   1   2米

一七 大佛楼纵剖面图

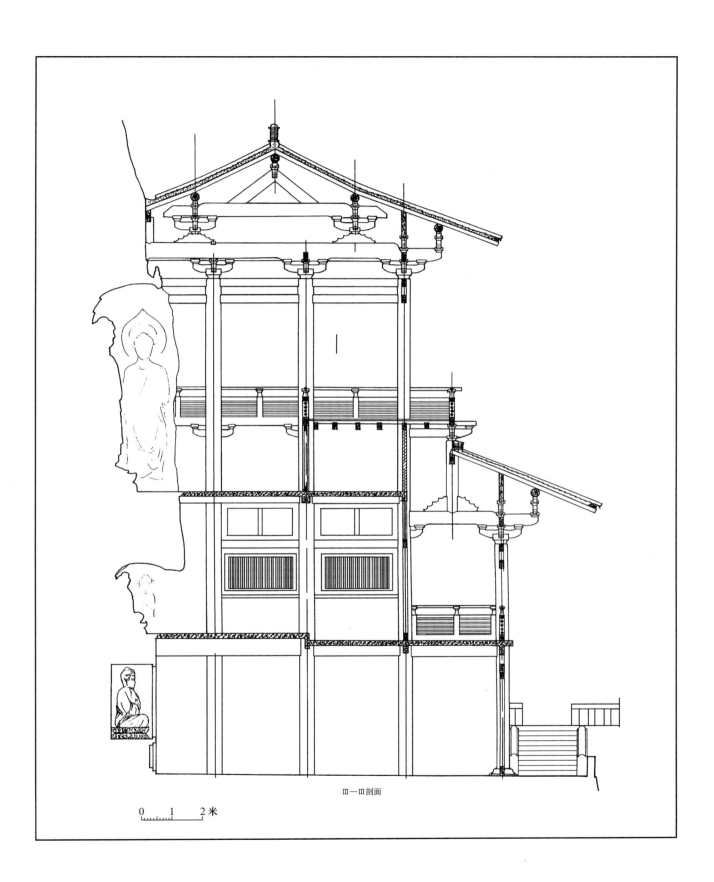

Ⅲ—Ⅲ剖面

0 1 2米

一八　大佛楼横剖面图

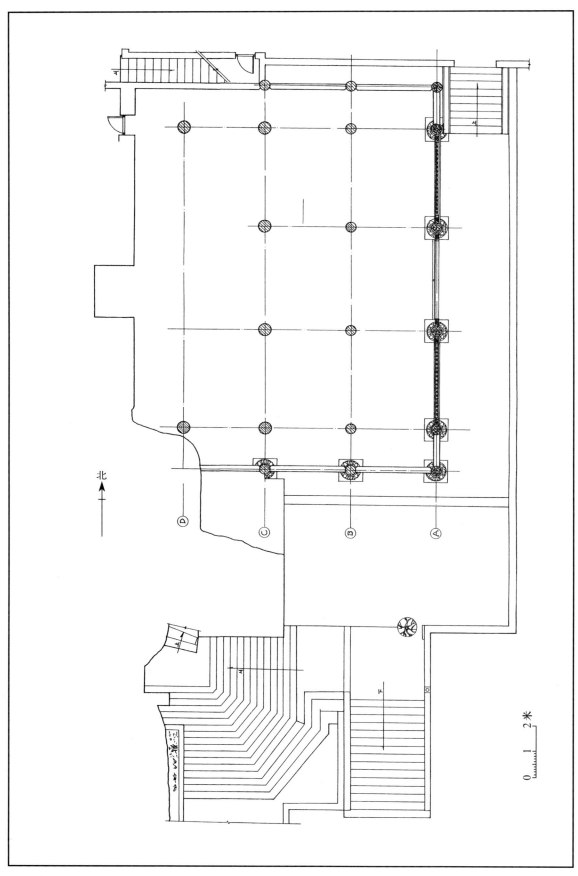

北

Ⓓ ⒸⒷ Ⓐ

0 1 2 米

一九 大佛楼一层平面图

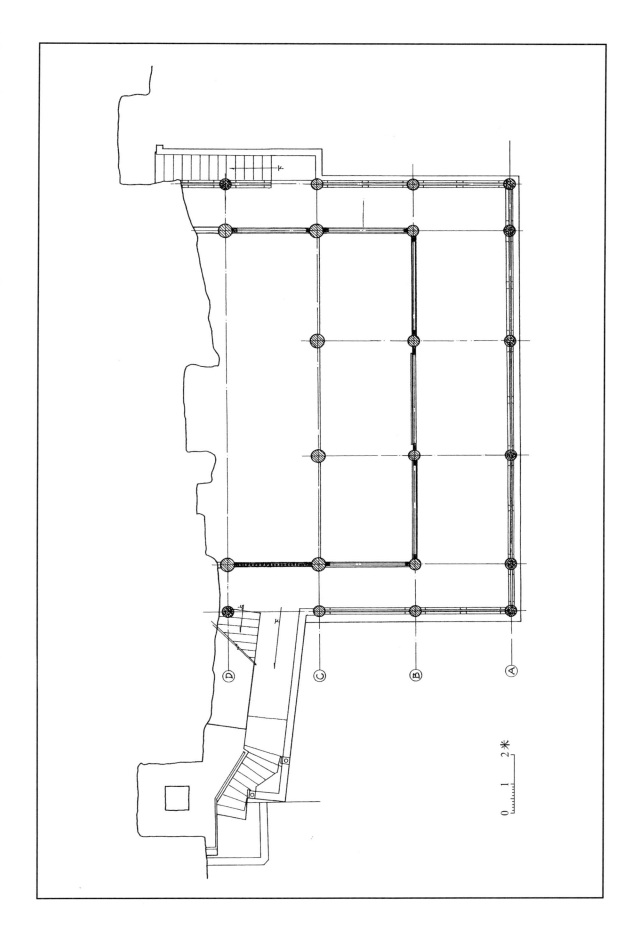

二〇 大佛楼二层平面图

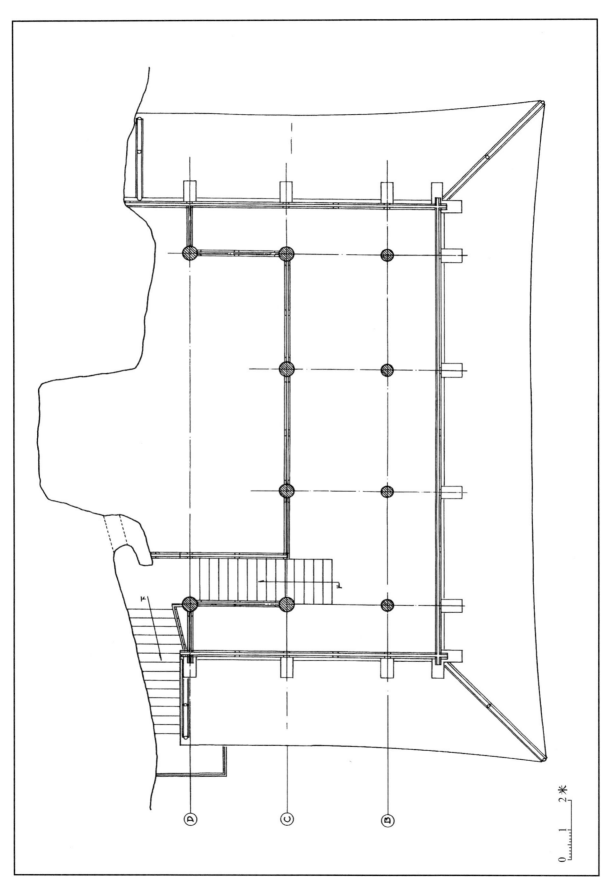

三一 大佛楼三层平面图

0 1 2米

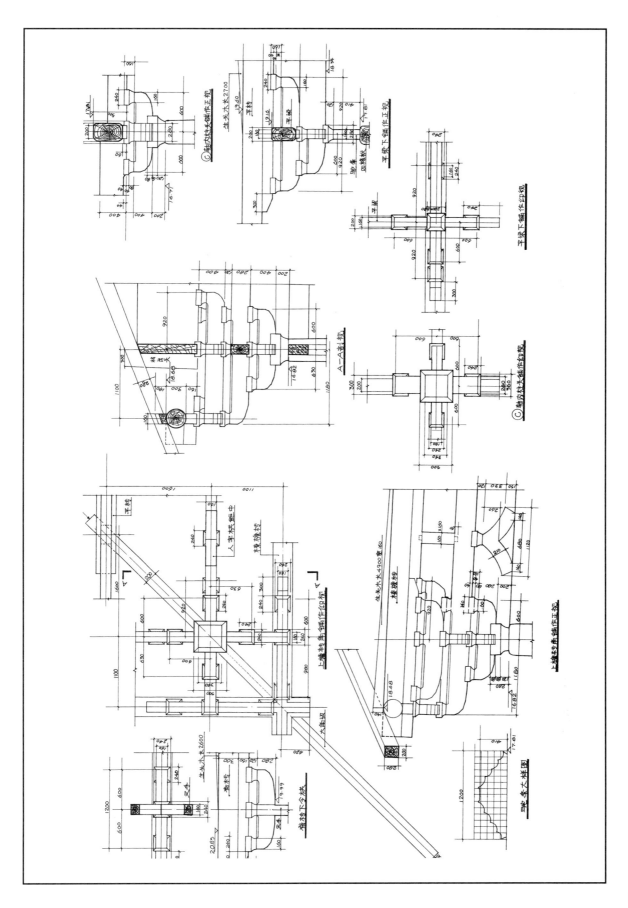

二二 大佛楼上檐内外斗栱大样图

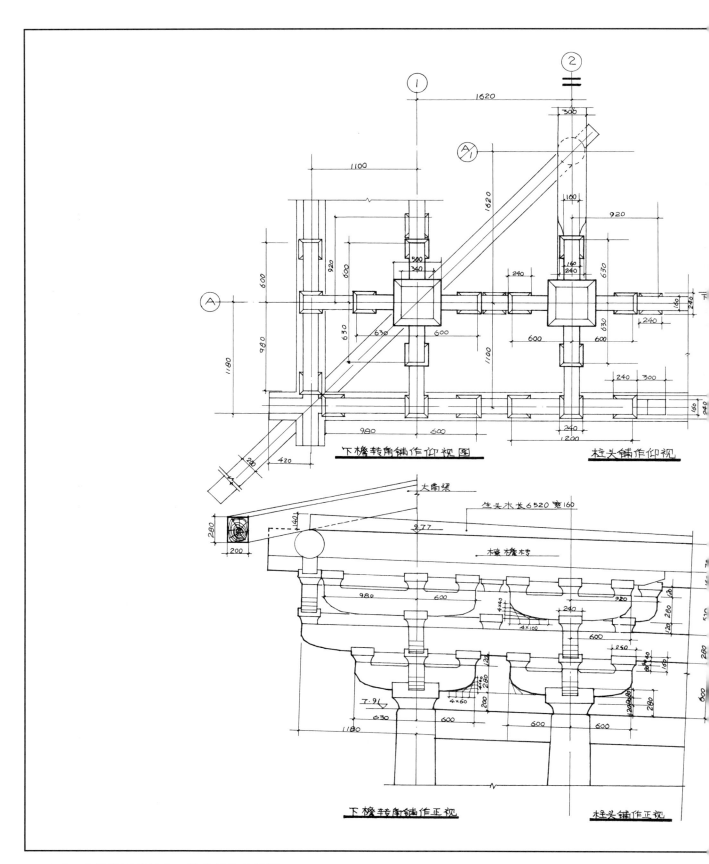

下槍转角铺作仰视图　　　柱头铺作仰视

下槍转角铺作正视　　　柱头铺作正视

二三　大佛楼下檐转角、柱头铺作大样图

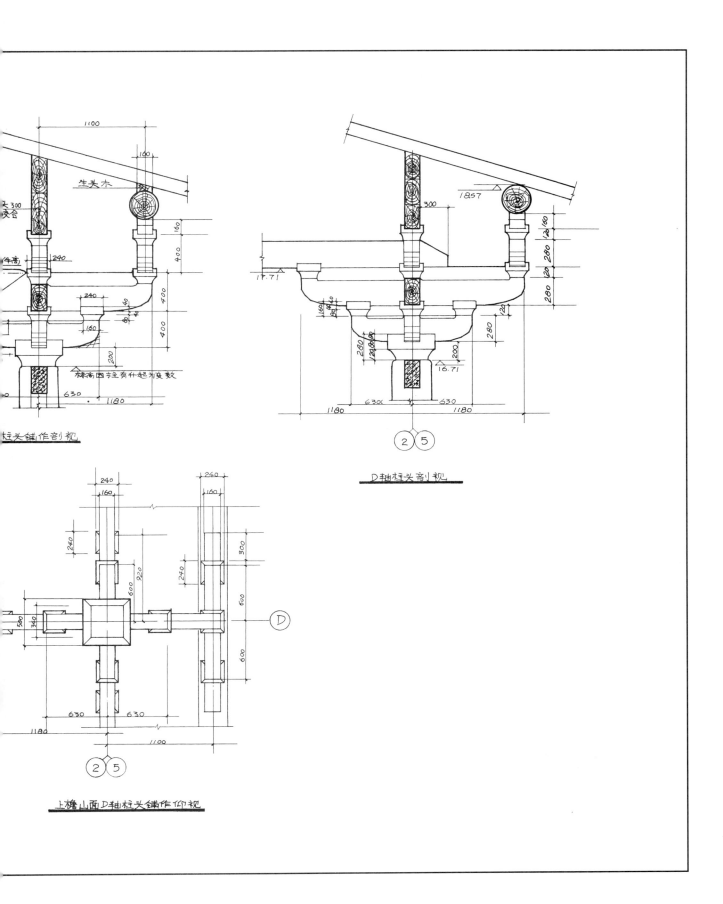

生头木

柱头铺作剖视

D轴柱头剖视

上檐山面D轴柱头铺作仰视

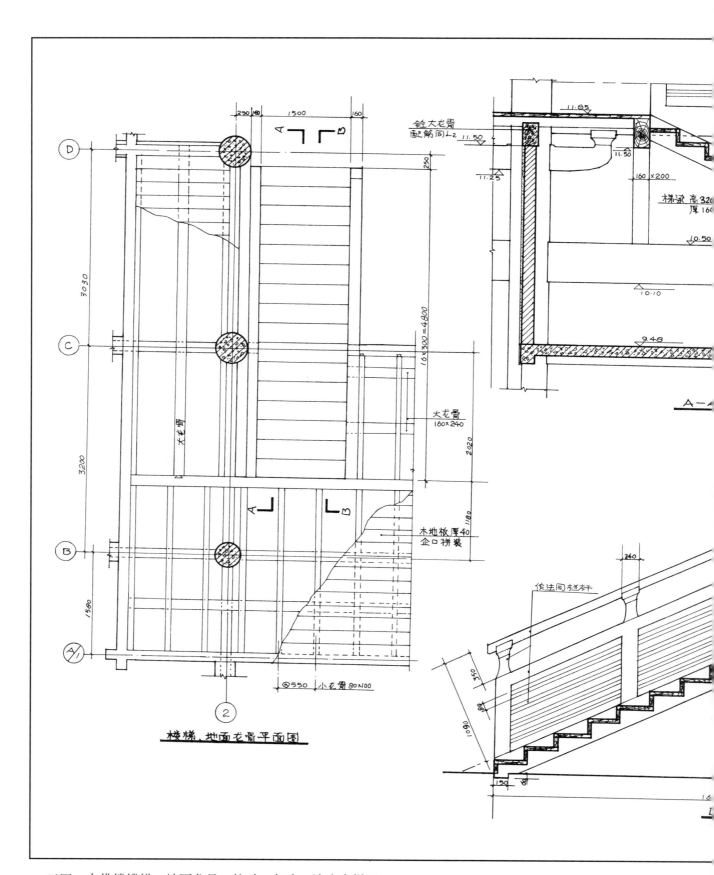

楼梯、地面龙骨平面图

二四　大佛楼楼梯、地面龙骨、柱础、勾头、滴水大样图

194

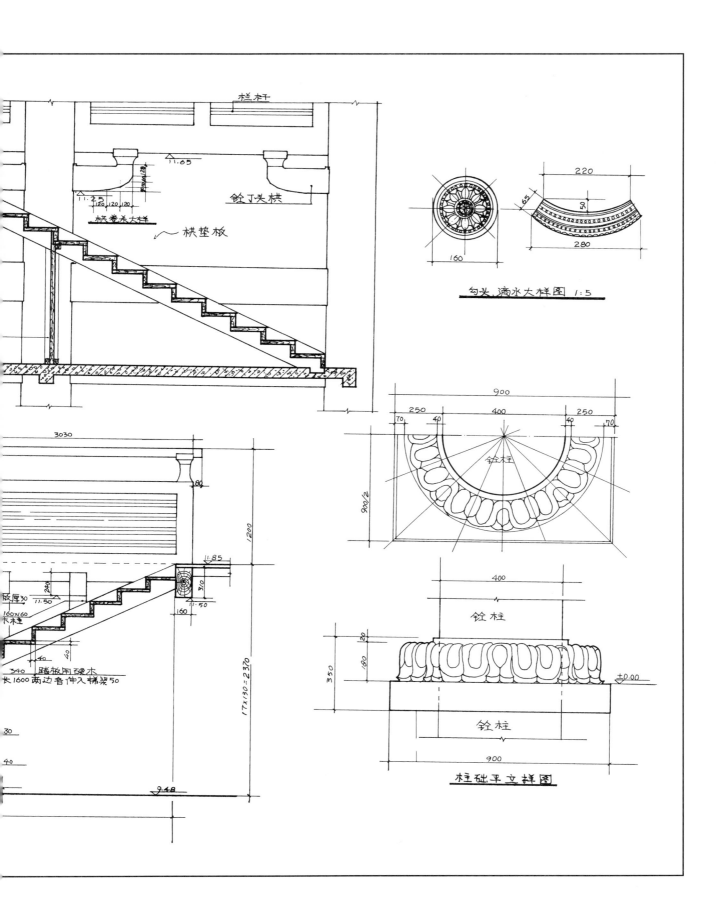

栏杆

11.65

铨丁头栱

拱卷头大样

栱垫板

勾头,滴水大样图 1:5

220
65
50
280
160

900
250　　400　　250
70　40　　　　40　70

铨柱

900/2

400

铨柱

20
180
350

铨柱

±0.00

900

柱础平立详图

3030

80

1200

11.85

11.50
240
160
11.50
160

板厚30
160×60
木楞

40　40

340　踏板用硬木
长1600两边各伸入梯梁50

17×130=2370

30

40

9.48

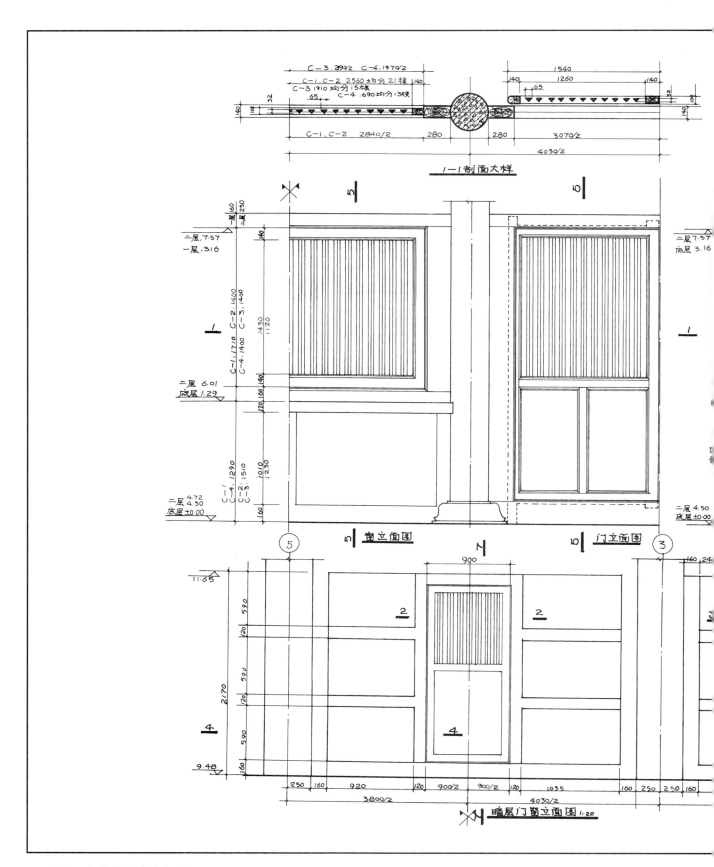

C-3:2992 C-4,1970/2
C-1.C-2 2560 ±均分 21根 140
C-3 1910 均分 15根
65 C-4 ,690均分 13根
32
140 100
C-1.C-2 2840/2   280   280   3079/2

1540
140 1260 140
65
32
140
100

4039/2

1—1剖面大样

一层 160 250
二层 7.57
一层 3.16

二层 7.57
底层 3.16

1

C-1:1710 C-2:1400
C-4:1400 C-3:1400
1430
1120
140 140

二层 6.01
底层 1.29

120 160 140

C-1:1290
C-4:1510
C-2:1510
C-3:1510
1010
1230

二层 4.72
底层 4.50
底层 ±0.00
160

1

二层 4.50
底层 ±0.00

5   窗立面图

门立面图

5   3

11.65

590
120
590
120
590
160

2170

4

9.48

250 160   920   120 900/2 900/2 120   1035   160 250 250 160

3800/2

2

2

4

160 24

2

暗层门窗立面图 1:20

二五   大佛楼门窗大样图

196

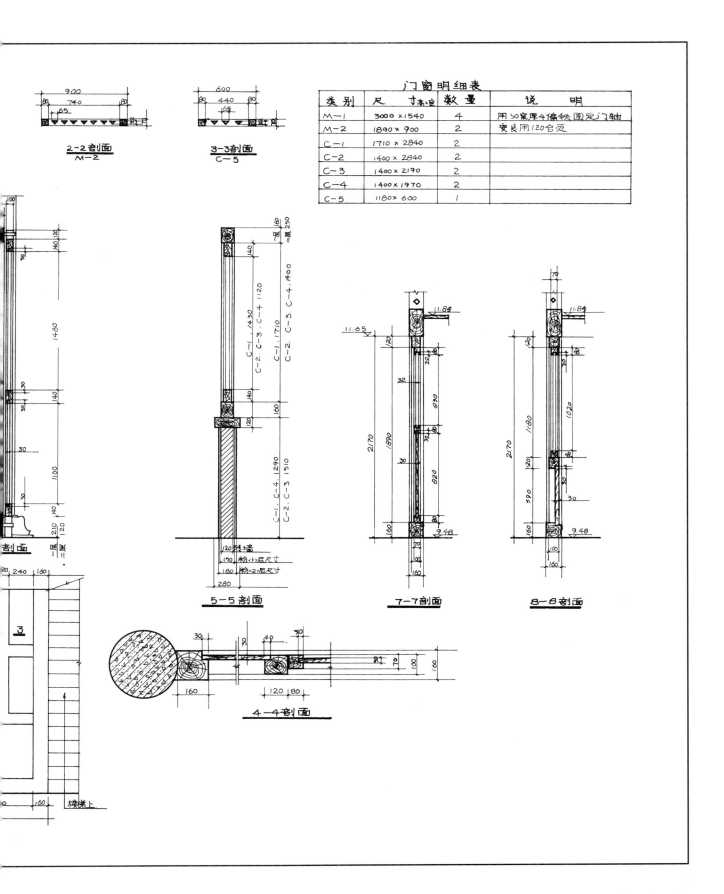

门窗明细表

类别	尺寸 高×宽	数量	说明
M—1	3000×1540	4	用50宽厚4偏铁固定门轴
M—2	1890×900	2	安装用120合页
C—1	1710×2840	2	
C—2	1400×2840	2	
C—3	1400×2190	2	
C—4	1400×1970	2	
C—5	1180×600	1	

2-2剖面
M-2

3-3剖面
C-5

5-5剖面

7-7剖面

8-8剖面

4-4剖面

楼梯上

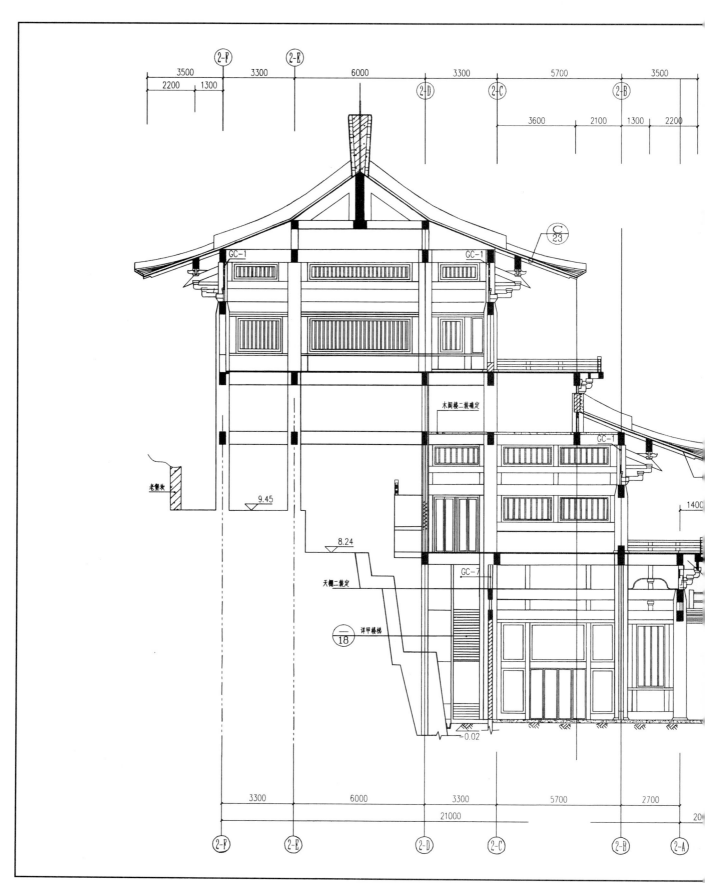

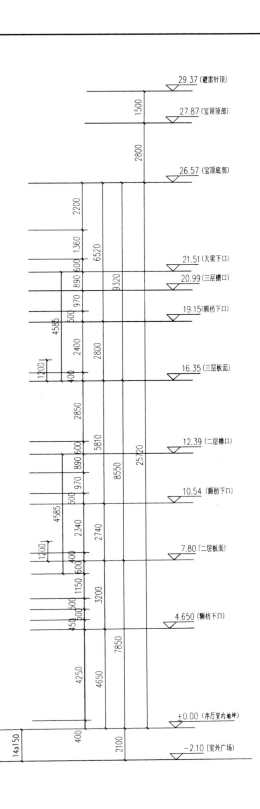

29.37 (避雷针顶)

27.87 (宝顶顶部)

26.57 (宝顶底部)

21.51 (大梁下口)

20.99 (三层檐口)

19.15 (额枋下口)

16.35 (三层板面)

12.39 (二层檐口)

10.54 (额枋下口)

7.80 (二层板面)

4.650 (额枋下口)

+0.00 (序厅室内地坪)

-2.10 (室外广场)

B-B剖面

二六　大佛楼竣工横剖面图

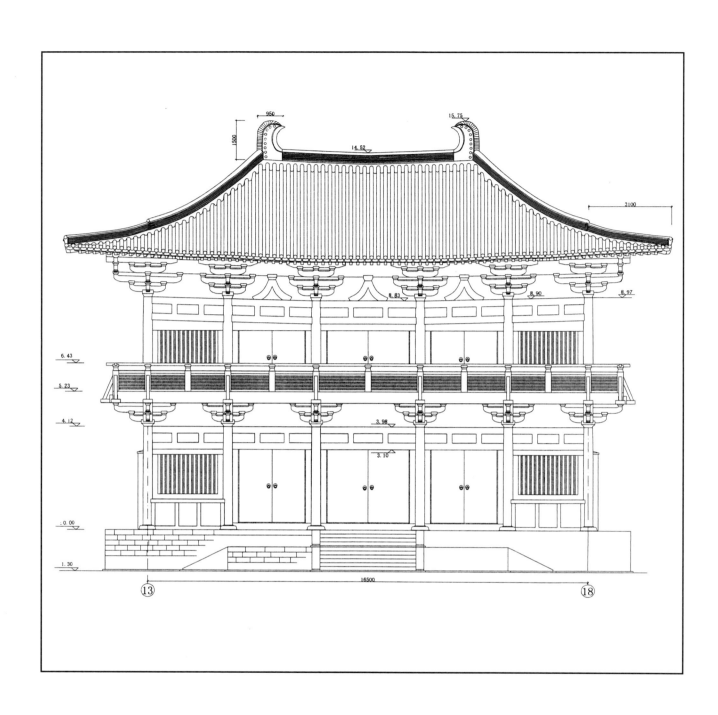

二七　二圣殿正立面图

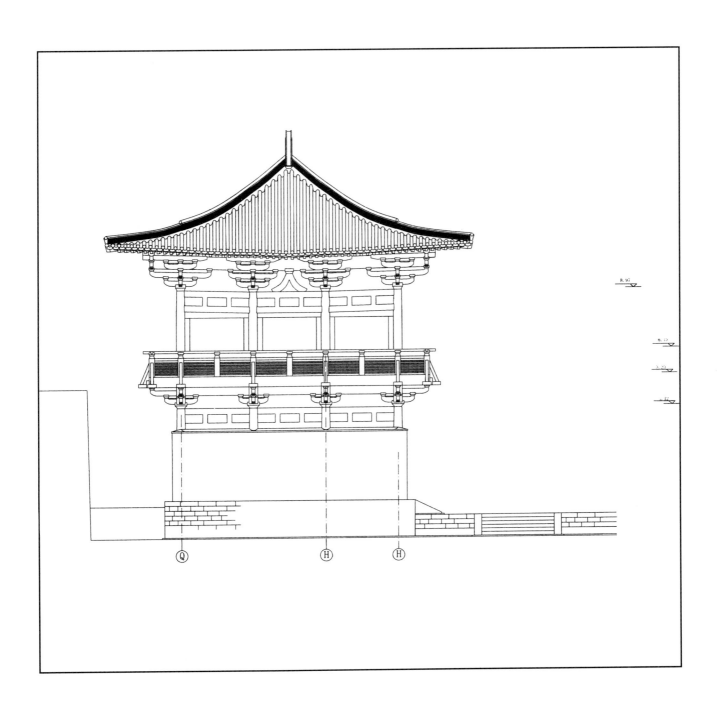

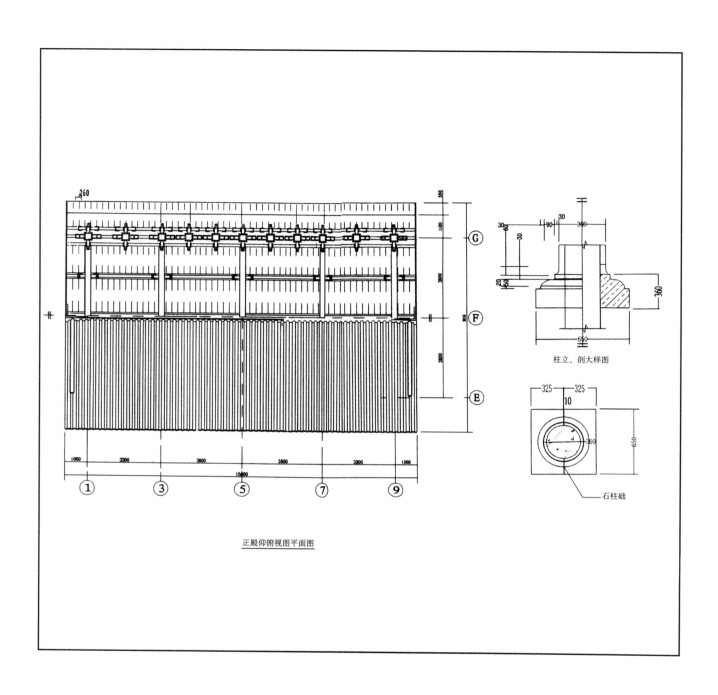

正殿仰俯视图平面图

柱立、剖大样图

石柱础

二九　二圣殿仰、俯视图及柱、柱础大样图

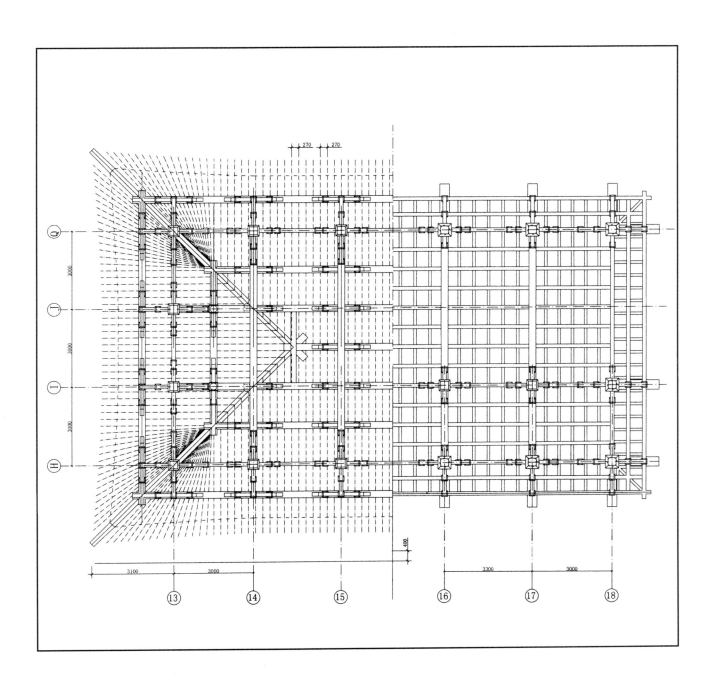

三〇 二圣殿一、二层梁架结构仰视图

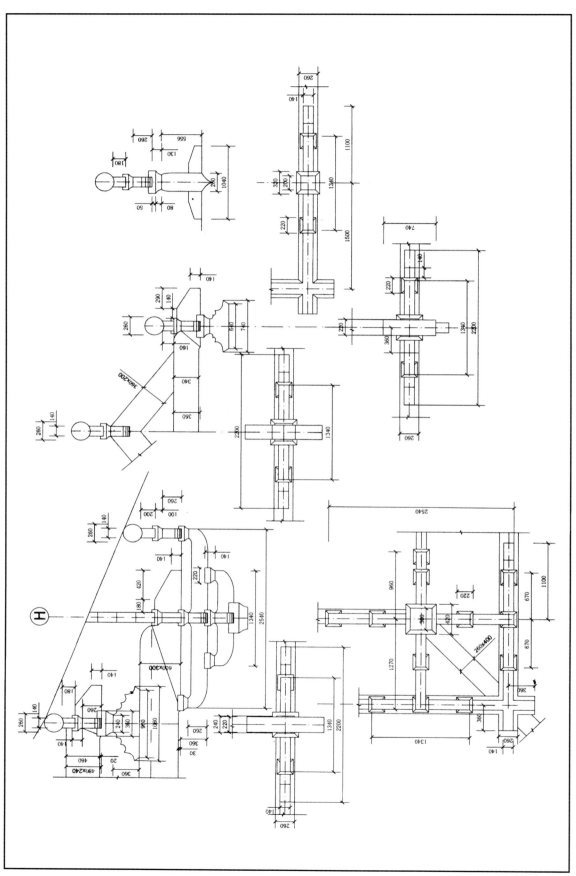

三一　三圣殿二层铺作大样图

将角梁与脊用直径20螺栓串联起来,垫板用厚4毫米的钢板100×100。

角梁45度剖面图

门枕大样图

拱卷杀大样图

门立面大样

当心间(1570)

窗立面大样

门、窗框起线大样

门结点大样

厚径100的檩条

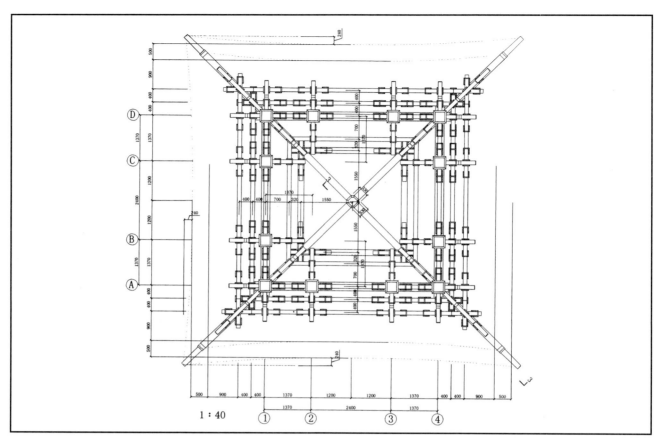

1：40

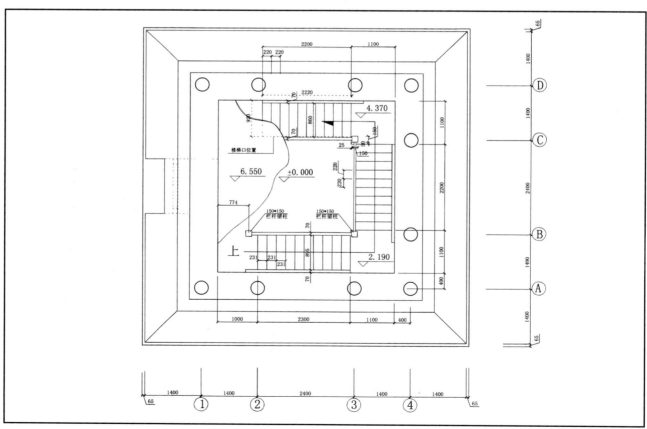

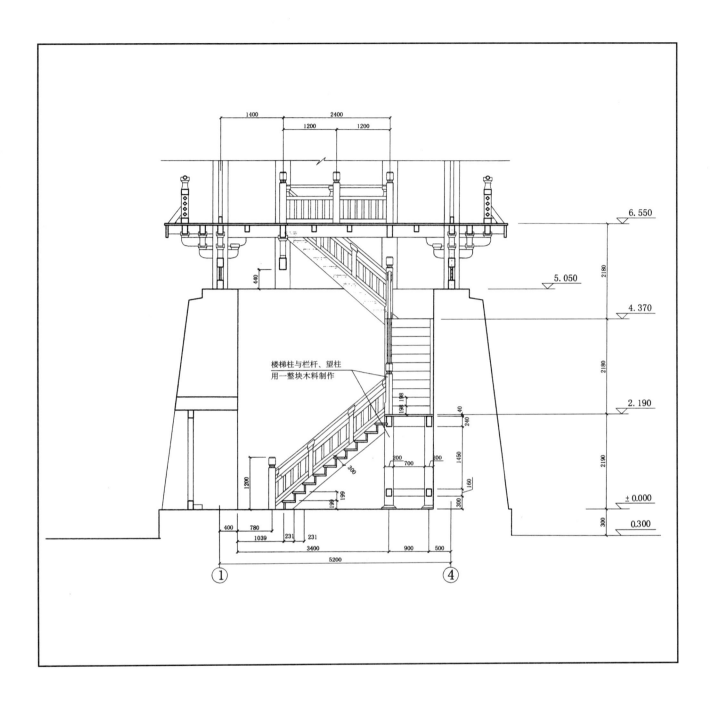

楼梯柱与栏杆、望柱
用一整块木料制作

三三 鼓（钟）楼梁架结构仰视图
三四 鼓（钟）楼楼梯俯视图
三五 鼓（钟）楼楼梯剖面图

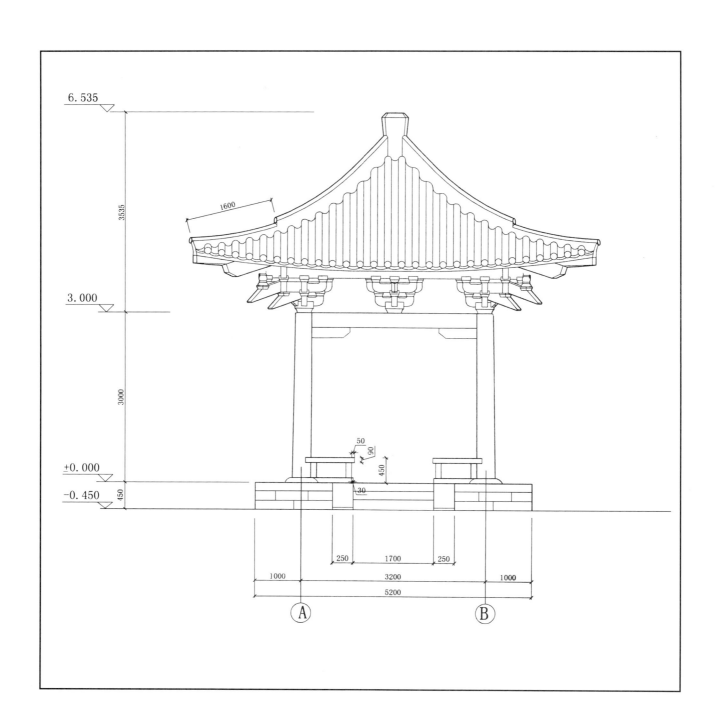

三六　心经亭正立面图

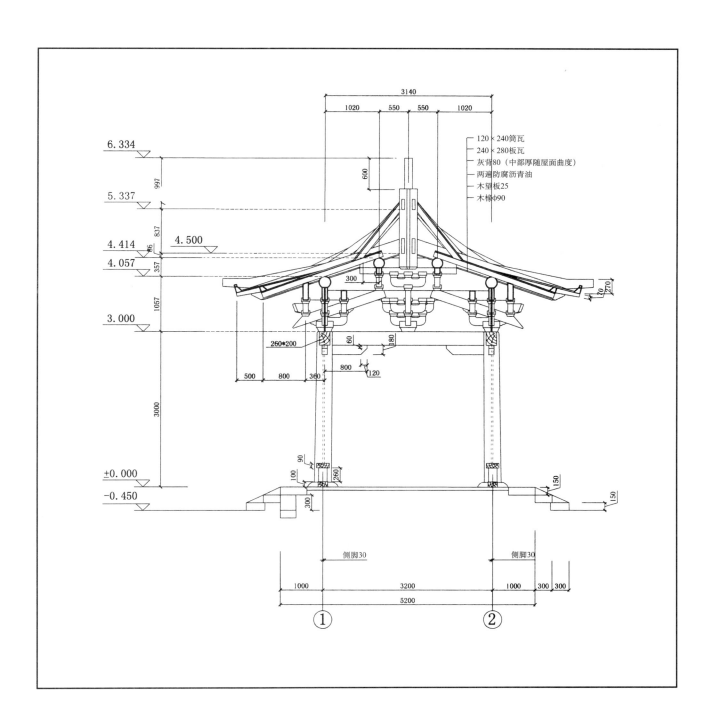

三七 心经亭剖面图

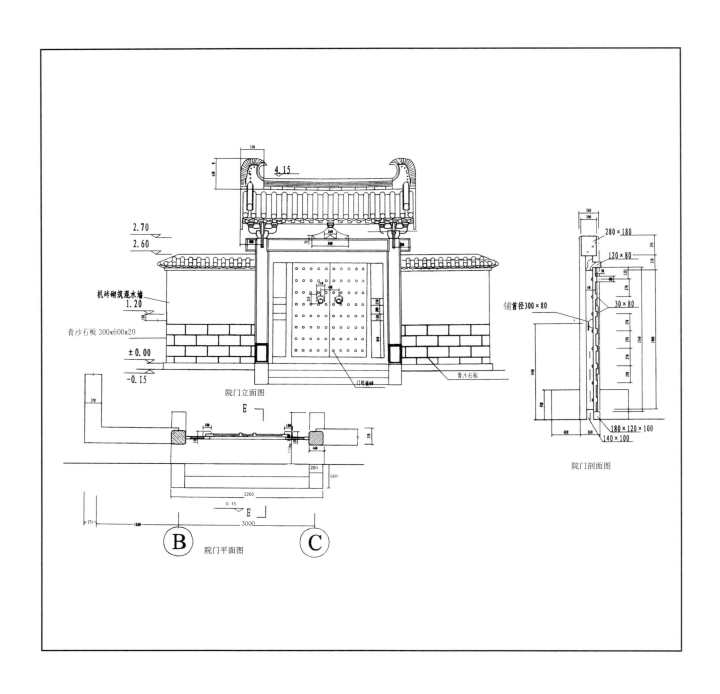

机砖砌筑混水墙

青沙石板 300x600x20

铺首径300×80

280×180

120×80

30×80

180×120×100

140×100

院门立面图

院门剖面图

院门平面图

三八 武氏家庙院门正立面及平、剖面图

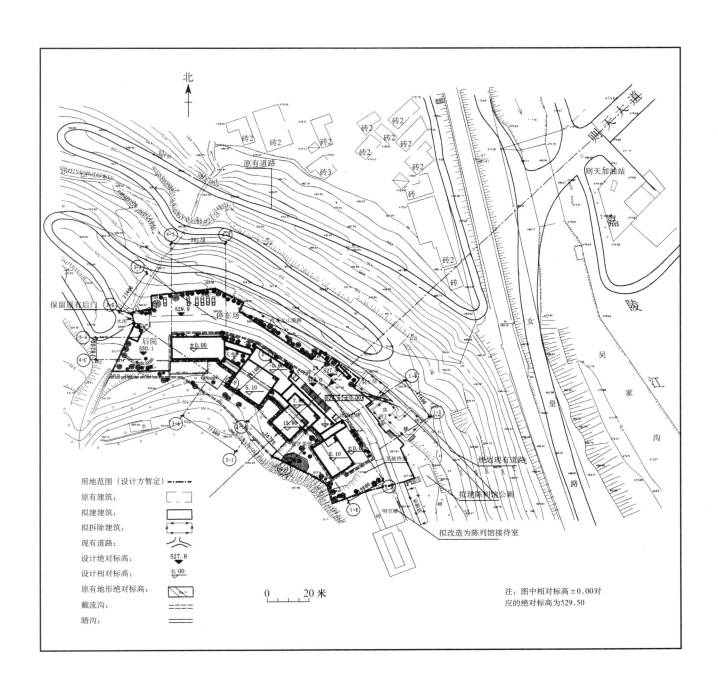

北

用地范围（设计方暂定）: —··—··—
原有建筑:
拟建建筑:
拟拆除建筑:
现有道路:
设计绝对标高: 527.8
设计相对标高: 0.00
原有地形绝对标高:
截流沟:
暗沟:

0   20 米

注：图中相对标高±0.00对
应的绝对标高为529.50

三九　武则天陈列馆总平面图

211

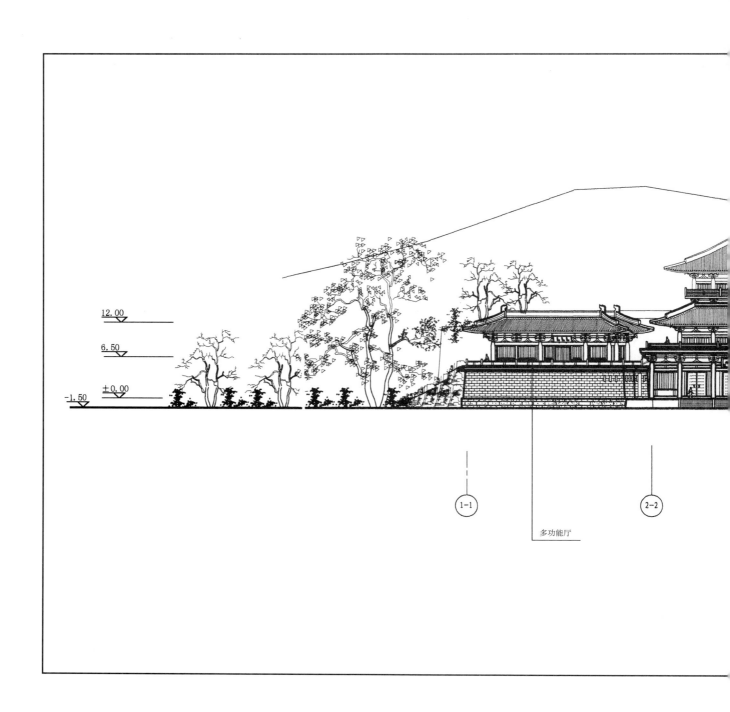

12.00

6.50

±0.00

-1.50

1-1

2-2

多功能厅

四〇　武则天陈列馆正立面图

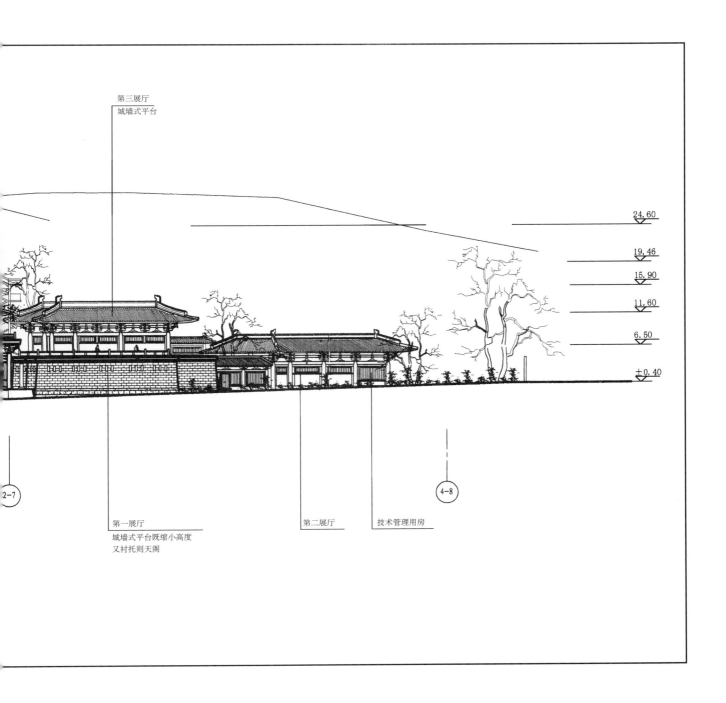

第三展厅
城墙式平台

第一展厅
城墙式平台既缩小高度
又衬托则天阁

第二展厅

技术管理用房

2-7

4-8

24.60

19.46

15.90

11.60

6.50

±0.40

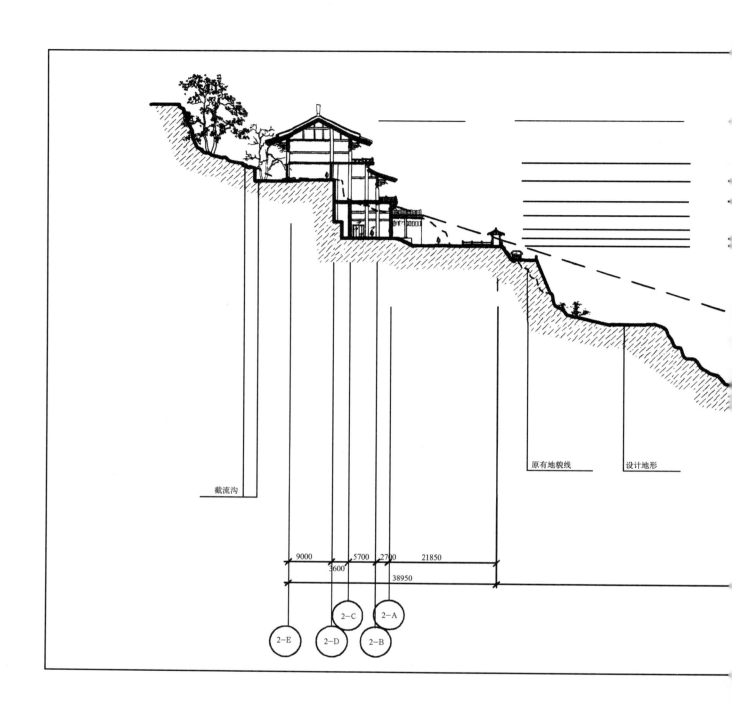

截流沟

原有地貌线

设计地形

9000　3600　5700　2700　21850

38950

2-E　2-D　2-C　2-B　2-A

四一　武则天陈列馆横剖面图

214

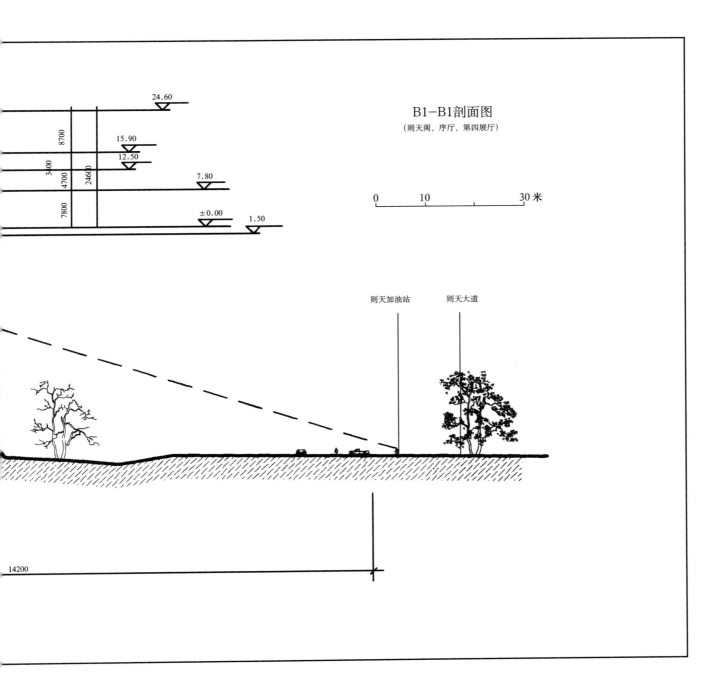

B1-B1剖面图

（则天阁、序厅、第四展厅）

24.60

8700

15.90

3400

12.50

4700

24600

7.80

7800

±0.00

1.50

0　　　　10　　　　30 米

则天加油站　　则天大道

14200

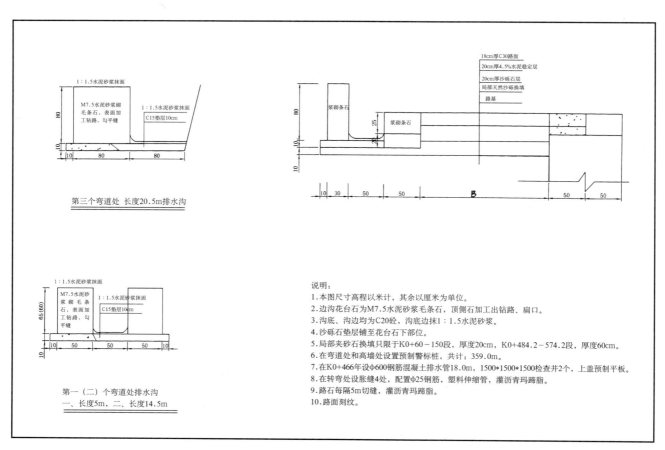

第三个弯道处 长度20.5m排水沟

第一（二）个弯道处排水沟
一、长度5m，二、长度14.5m

说明：
1.本图尺寸高程以米计，其余以厘米为单位。
2.边沟花台石为M7.5水泥砂浆砌条石，顶侧石加工出钻路、扁口。
3.沟底、沟边均为C20砼，沟底边抹1：1.5水泥砂浆。
4.沙砾石垫层铺至花台石下部位。
5.局部夹砂石换填只限于K0+60～150段，厚度20cm，K0+484.2～574.2段，厚度60cm。
6.在弯道处和高墙处设置预制警标桩，共计：359.0m。
7.在K0+466年设φ600钢筋混凝土排水管18.0m，1500*1500*1500检查井2个，上盖预制平板。
8.在转弯处设胀缝4处，配置φ25钢筋，塑料伸缩管，灌沥青玛蹄脂。
9.路身每隔5m切缝，灌沥青玛蹄脂。
10.路面刻纹。

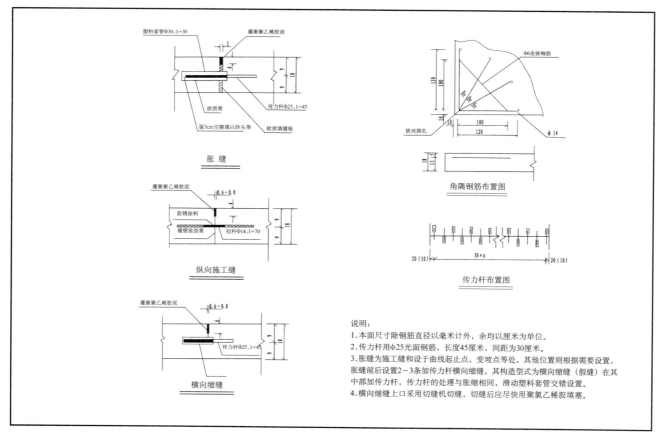

胀 缝

纵向施工缝

横向缩缝

角隔钢筋布置图

传力杆布置图

说明：
1.本面尺寸除钢筋直径以毫米计外，余均以厘米为单位。
2.传力杆用φ25光面钢筋，长度45厘米，间距为30厘米。
3.胀缝为施工缝和设于曲线起止点，变坡点等处，其他位置则根据需要设置，胀缝前后设置2～3条加传力杆横向缩缝，其构造型式为横向缩缝（假缝）在其中部加传力杆，传力杆的处理与胀缩相同，滑动塑料套管交错设置。
4.横向缩缝上口采用切缝机切缝，切缝后应尽快用聚氯乙稀胶填塞。

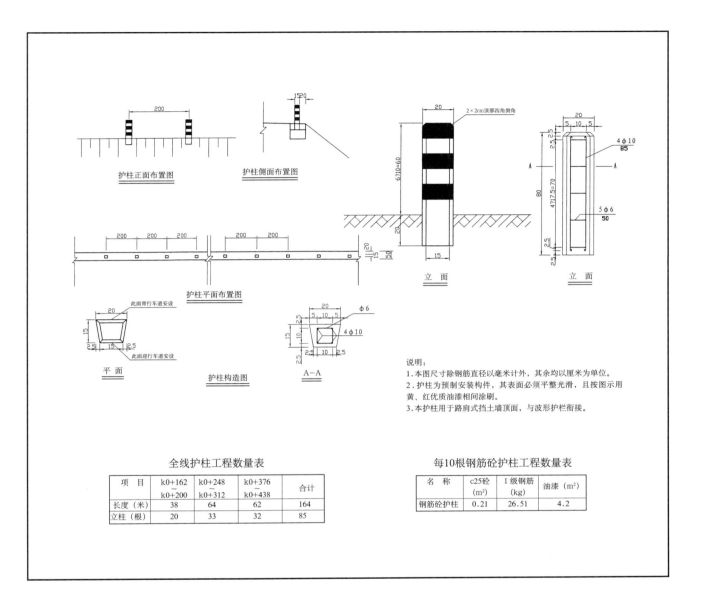

护柱正面布置图　　护柱侧面布置图

护柱平面布置图

立　面　　立　面

平　面　　护柱构造图　　A–A

2×2cm顶部四角倒角

4φ10
85

5φ6
50

φ6
4φ10

此面背行车道安设
此面迎行车道安设

说明:
1.本图尺寸除钢筋直径以毫米计外,其余均以厘米为单位。
2.护柱为预制安装构件,其表面必须平整光滑,且按图示用黄、红优质油漆相间涂刷。
3.本护柱用于路肩式挡土墙顶面,与波形护栏衔接。

全线护柱工程数量表

项　目	k0+162 ~ k0+200	k0+248 ~ k0+312	k0+376 ~ k0+438	合计
长度（米）	38	64	62	164
立柱（根）	20	33	32	85

每10根钢筋砼护柱工程数量表

名　称	c25砼 （m²）	I级钢筋 （kg）	油漆（m²）
钢筋砼护柱	0.21	26.51	4.2

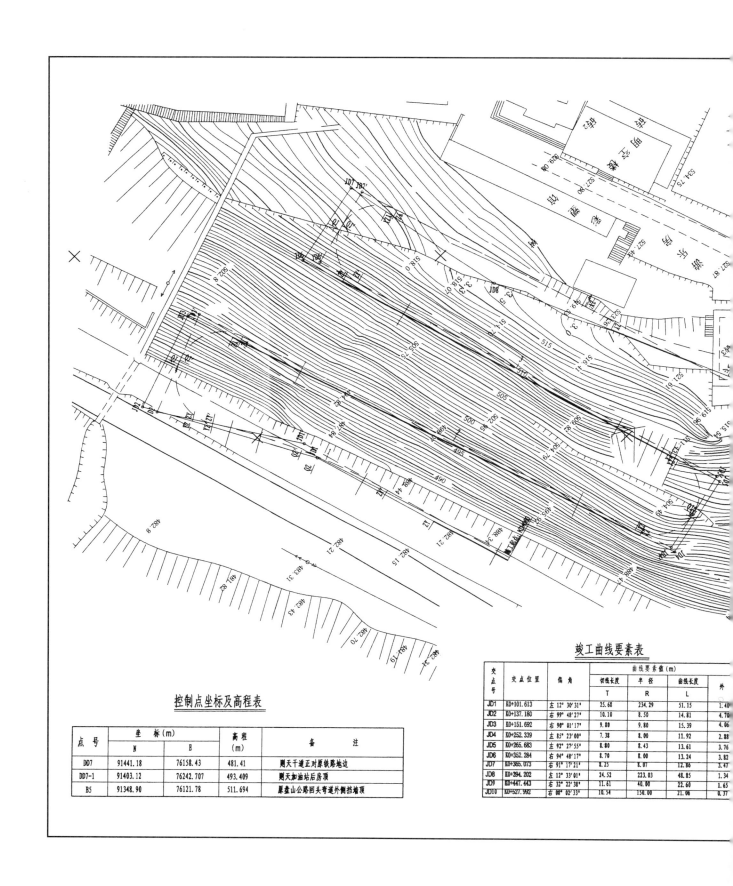

控制点坐标及高程表

点 号	坐 标(m)		高程 (m)	备 注
	N	E		
DD7	91441.18	76158.43	481.41	顺天干道正对原铁路地边
DD7-1	91403.12	76242.707	493.409	顺天加油站后房顶
B5	91348.90	76121.78	511.694	原盘山公路回头弯道外侧挡墙顶

竣工曲线要素表

交点号	交点位置	偏 角	曲线要素值(m)			
			切线长度 T	半 径 R	曲线长度 L	外
JD1	K0+101.613	左 12° 30′31″	25.68	234.29	51.15	1.40
JD2	K0+137.180	右 99° 48′27″	10.10	8.50	14.81	4.76
JD3	K0+151.692	右 90° 01′17″	9.80	9.80	15.39	4.06
JD4	K0+252.339	左 85° 23′00″	7.38	8.00	11.92	2.88
JD5	K0+265.683	右 92° 27′55″	8.80	8.43	13.61	3.76
JD6	K0+352.284	右 94° 48′17″	8.70	8.00	13.24	3.82
JD7	K0+365.073	右 91° 17′21″	8.25	8.07	12.86	3.47
JD8	K0+394.202	左 12° 33′01″	24.52	223.03	48.85	1.34
JD9	K0+447.443	左 32° 22′38″	11.61	40.00	22.60	1.65
JD10	K0+527.992	右 08° 02′33″	10.54	150.00	21.06	0.37

四五 景区道路平面竣工图

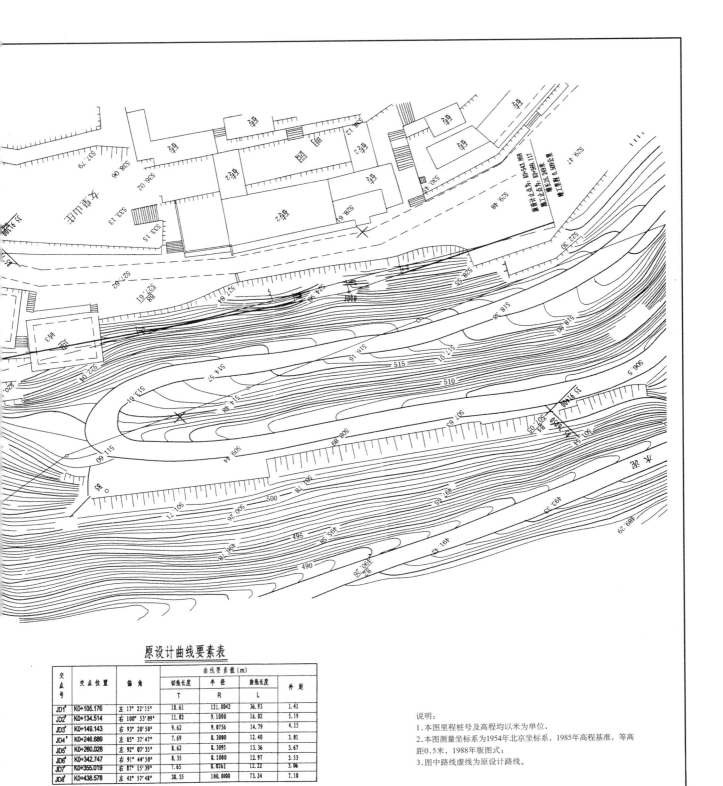

原设计曲线要素表

交点号	交点位置	偏角	曲线要素值（m）			
			切线长度	半径	曲线长度	外距
			T	R	L	
JD1	K0+105.176	左 17° 22′15″	18.61	121.8042	36.93	1.41
JD2	K0+134.514	右 100° 53′09″	11.02	9.1000	16.02	5.19
JD3	K0+149.143	右 93° 20′50″	9.62	9.0756	14.79	4.15
JD4	K0+246.689	左 85° 37′47″	7.69	8.3000	12.40	3.01
JD5	K0+260.028	左 92° 07′35″	8.62	8.3095	13.36	3.67
JD6	K0+342.747	右 91° 44′50″	8.35	8.1000	12.97	3.53
JD7	K0+355.019	右 87° 15′39″	7.65	8.0261	12.22	3.06
JD8	K0+438.578	左 41° 57′48″	38.35	100.0000	73.24	7.10

说明：

1. 本图里程桩号及高程均以米为单位；

2. 本图测量坐标系为1954年北京坐标系，1985年高程基准，等高距0.5米，1988年版图式；

3. 图中路线虚线为原设计路线。

219

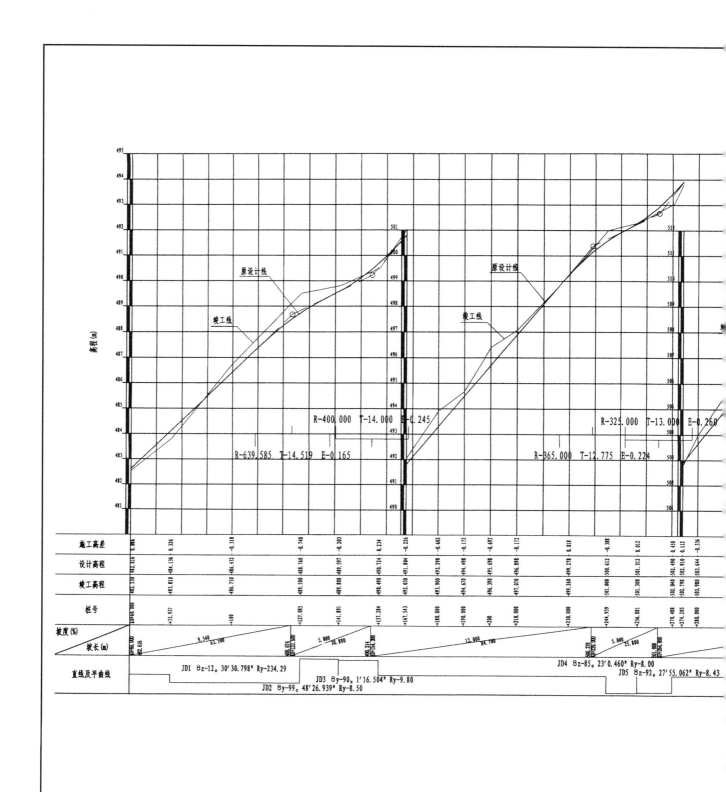

四六 景区道路纵断面竣工图

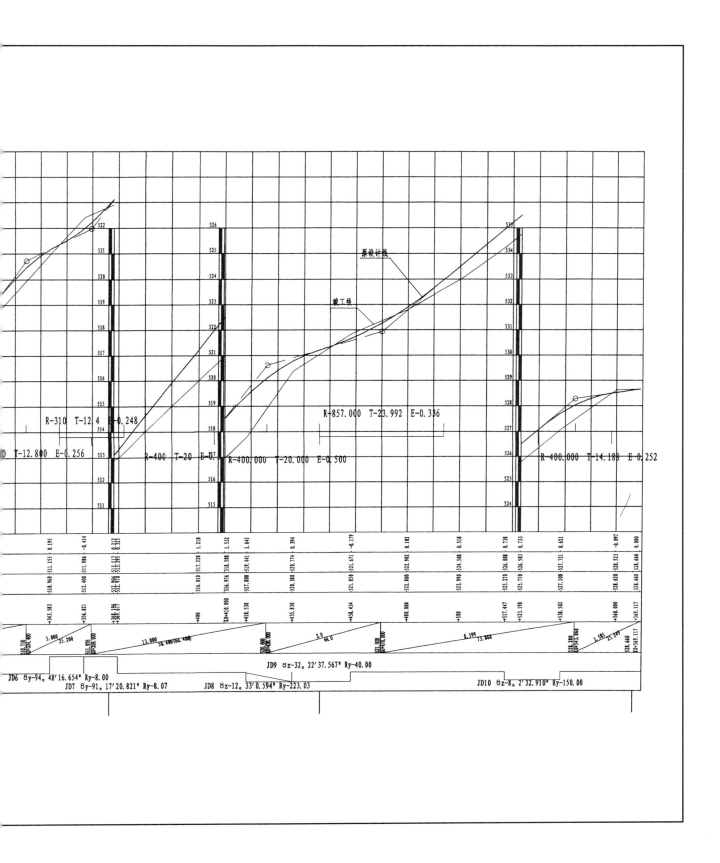

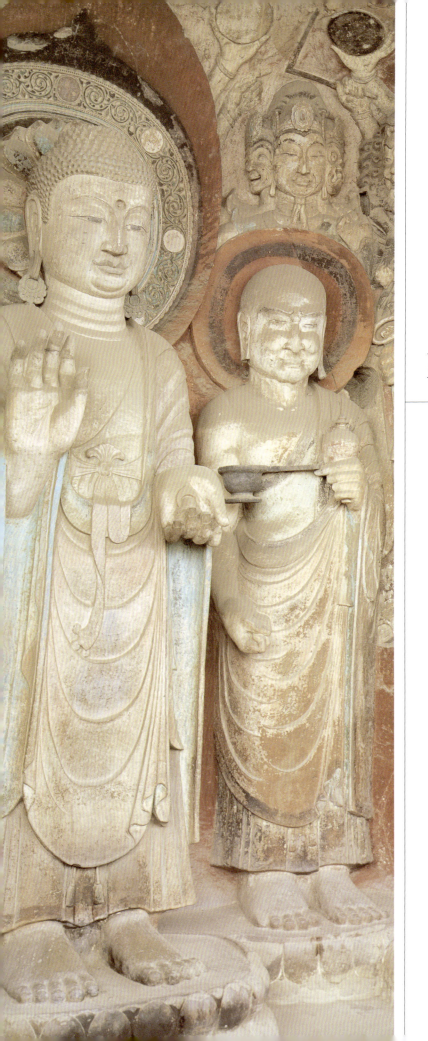

彩 色 图 版

一　广元皇泽寺大佛楼（20世纪六七十年代摄）

二　皇泽寺大佛楼（20世纪六七十年代摄）

三　皇泽寺武则天像（20世纪六七十年代梁思成摄）

四　维修前皇泽寺原状远景（20 世纪 80 年代摄）
五　维修前皇泽寺原状远景（20 世纪 80 年代摄）
六　维修前皇泽寺原状远景（20 世纪 80 年代摄）

七　维修前皇泽寺原状远景（20世纪80年代摄）

八　维修前大门原状（20世纪80年代摄）

九　维修前蚕桑亭原状（20世纪80年代摄）

一〇 维修前大佛楼原状（20世纪80年代摄）

一一　维修前大佛楼原状（20 世纪 80 年代摄）

一二　维修前观景亭原状（20世纪80年代摄）

一三　维修前五佛亭原状（20世纪80年代摄）

一四　维修前大门原状（20世纪90年代摄）

一七　28号窟

一八　28号窟大势至菩萨（局部）

一九　维修前则天殿原状（20世纪90年代摄）

二○　宋墓石刻（20世纪90年代摄）

二一　维修前崖壁裂隙原状

二二　维修前大佛楼结构受损原状

二三　维修前大佛楼屋面开裂原状

二四　维修中坡体病害整治工程施工现场
二五　维修中坡体病害整治工程施工现场

二六　维修中坡体病害整治工程施工现场
二七　维修中坡体病害整治工程施工现场

二八　维修中坡体病害整治工程施工现场
三九　维修中坡体病害整治工程施工现场
三〇　维修中坡体病害整治工程施工现场

三一　维修中坡体病害整治工程施工现场

三二　维修中坡体病害整治工程施工现场

三三　维修中坡体病害整治工程施工现场

三四　维修中坡体病害整治工程施工现场

三五　维修中坡体病害整治工程施工现场

三六　维修中大佛楼施工现场

252

257

四七　维修中大佛楼屋面护背灰施工现场

四八　维修中大佛楼三层屋面后坡开凿排水沟施工现场

四九　维修中大佛楼山体排水沟处理施工现场

五四　维修中大佛楼角梁兽面安装施工现场

五五　维修中仿建区施工现场远景

五六　维修中仿建区施工现场

五七　维修中仿建区施工现场

八五　维修中亭子施工现场

八六　维修中写心经洞区清理施工现场

288

八七　维修中写心经洞区挡土墙施工现场
八八　维修中写心经洞区挡土墙施工现场
八九　维修中写心经洞区挡土墙施工现场

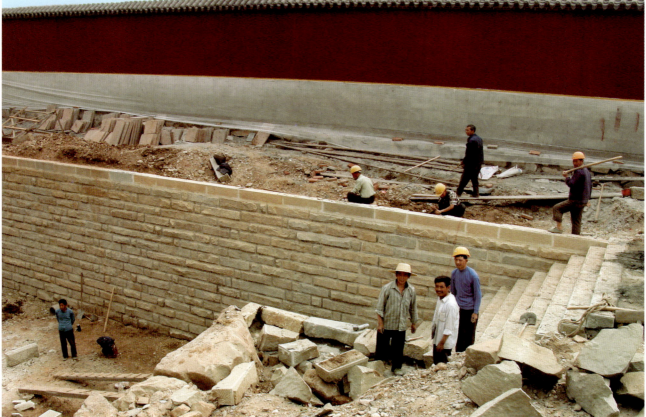

九三　维修中围墙施工现场

九四　维修中河堤施工现场远景

九五　维修中河堤施工现场远景

九六　维修中河堤施工现场

九七　维修中河堤施工现场
九八　维修中河堤施工现场
九九　维修中河堤施工现场

296

一〇〇　维修中河堤施工现场
一〇一　维修中河堤施工现场
一〇二　维修中河堤施工现场

299

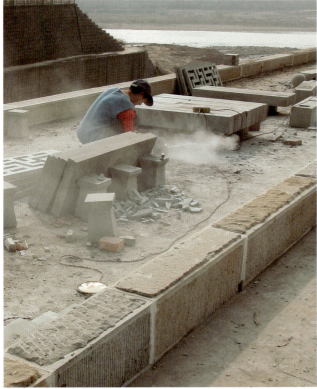

一一〇　维修中景区栏杆安装施工现场
一一一　维修中景区栏杆安装施工现场
一一二　维修中景区栏杆安装施工现场

一一六　"五·一二"震后滑坡治理保护施工现场

一一七 "五·一二"震后大佛楼维修加固保护施工现场

一一八 维修后皇泽寺现状远景

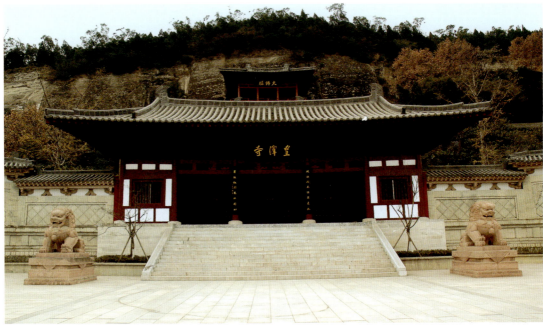

一二一　维修后大门现状

一二二　维修后大佛楼现状

316

一二三　维修后大佛楼南侧立面现状

一三〇　维修后大佛楼直棂窗现状
一三一　维修后大佛楼二层栏杆现状
一三二　维修后大佛楼三层楼梯现状（正面）

一三三　维修后大佛楼三层楼梯现状（侧面）

一三四　维修后大佛楼三层新加平座栏杆现状

一三五　维修后大佛楼三层石窟前栏杆和仿砖地面现状

328